CONNECT!

Menno Lanting

Connect!

De impact van sociale netwerken op organisaties en leiderschap

Uitgeverij Business Contact
Amsterdam/Antwerpen

Eerste druk, februari 2010
Tweede druk, februari 2010

Uitgeverij Business Contact, Amsterdam

Omslagontwerp: Studio Jan de Boer BNO
Omslagillustratie: iStockPhoto/Higyou
Foto auteur: Sanneke Fisser
Boekverzorging: LINE UP boek en media bv

ISBN 978 90 470 0306 9
D/2010/0108/303
NUR 800

www.businesscontact.nl
www.connectedworld.nl

Inhoud

Voorwoord

Toen Menno Lanting mij benaderde met de vraag of ik een voorwoord wilde schrijven voor zijn nieuwe boek *Connect!*, heb ik niet lang hoeven nadenken. Ik ken Menno al jaren als een van Nederlands meest vooruitstrevende denkers op het gebied van sociale netwerken. Maar meer dan alleen een theoreticus is Menno ook iemand die stilstaat bij de toepasbaarheid van zijn gedachtegoed in de praktijk. Daarmee is hij een van die zeldzame mensen die zowel strategisch als tactisch goed uit de voeten kunnen. Hij is dus de juiste persoon om complexe ontwikkelingen, zoals de opkomst van nieuwe sociale netwerken, in kaart te brengen – en de toepasbaarheid ervan in zakelijke omgevingen op een heldere en toegankelijke manier te ontleden.

Dat de wereld een digitale revolutie meemaakt, merk ik elke dag, zowel in mijn rol als manager als in mijn rol als vader. Sociale netwerken zoals Hyves en Facebook, die een paar jaar geleden nog niet bestonden, zijn nu niet meer weg te denken uit het leven van mijn kinderen. Het risico van een generatiekloof is groot, en de vraagstukken die Menno aansnijdt, staan dan ook hoog op mijn persoonlijke prioriteitenlijst. Vooral omdat de thematiek die Menno behandelt op meerdere niveaus relevant is voor mij in mijn dagelijkse werk als directeur bij Apple Benelux. In dit boek refereert Menno meerdere keren aan de aantrekkingskracht van innovatie, openheid en maatschappelijk verantwoord ondernemen op zowel het publiek als werknemers. Het succes van Apple onderstreept die stelling.

Als manager heb ik ook te maken met de dagelijkse toepasbaarheid van sociale netwerken in de bedrijfsvoering. En juist op dat gebied ben ik geïnspireerd door Menno's gedachtegoed. Steeds meer ontdekken we de waarde van wiki's en iChat in interne communicatie. Daarnaast werken we samen met onze partners om kanalen als Hyves en Twitter in te zetten bij de communicatie richting klanten. Inzet van deze middelen zonder beleid en een breed draagvlak voegt echter weinig toe. Mijn rol is het creëren van dat draagvlak en het uitdragen van het belang van een structurele verandering waar sociale media een deel van zijn; middelen in plaats van doelen op zichzelf. *Connect!* is een waardevolle bron voor mij gebleken bij het bepalen van mijn eigen doelstellingen voor de toekomst van onze organisatie.

De wereld is aan het veranderen en om te overleven moeten organisaties meegaan met veranderingen. Zoals Charles Darwin al zei: 'It is not the strongest of the species that survives, nor the most intelligent that survives. It is the one that is the most adaptable to change.' *Connect!* biedt managers een instrument om de nieuwe wereld die Menno zo duidelijk uittekent zelf verder in te vullen.

Ton van Garderen
directeur Apple Benelux

Inleiding

Stel je het volgende voor. Een helikopter hangt boven de Dam in Amsterdam. Zover het oog reikt zijn vanuit de hoogte mensen te zien. Het plein staat vol, van het paleis tot aan hotel Krasnapolsky. Tot ver in de zijstraten staan de mensen opeengepakt. Er zijn meer dan een kwart miljoen mensen bij elkaar gekomen. Niet om te demonstreren, nee, het zijn juist fans, fans van het modemerk H&M. Ze zijn samengekomen om hun enthousiasme voor het merk te delen. Er vormen zich groepjes die de nieuwste collectie bespreken. Er worden levensgrote foto's omhooggehouden van nieuw geopende winkels. Uit duizenden kelen wordt vol passie de merknaam gescandeerd. Het blijft nog lang onrustig op de Dam.

Een absurd verhaal? Wellicht wel in de fysieke wereld. Er is echter een andere wereld waar dergelijke taferelen zich voortdurend voordoen: de wereld van sociale netwerken. Hier komen miljoenen mensen met elkaar in contact op bijvoorbeeld Facebook, LinkedIn, Hyves en Plaxo. Zoals de ruim tweehonderdvijftigduizend Nederlanders die elkaar online vinden omdat ze fan zijn van het modemerk H&M. En dit is nog maar het topje van de ijsberg.

Sociale netwerken worden steeds belangrijker. Massaal zijn we via die netwerken virtueel met elkaar verbonden. Hierdoor ontstaat een open en onbegrensde wereld van samenwerking, creativiteit, communicatie over en weer en businesskansen. Doordat consumenten en medewerkers zich wereldwijd heel gemakkelijk kunnen groeperen, worden zij machtiger. Deze toenemende macht vraagt een aanpassing van bedrijven en organisaties.

Wat kun je verwachten?

In dit boek beschrijf ik hoe online sociale netwerken tot nu toe vooral in ons privéleven een steeds belangrijkere rol spelen en hoe deze ontwikkeling haaks staat op de manier waarop veel bedrijven en organisaties georganiseerd zijn. Zij werken voor een groot deel nog met een strategie, cultuur en processen die stammen uit de vorige eeuw. Hierdoor dreigen ze uiteindelijk de aansluiting met de werknemers en de consumenten te verliezen.

Maar er zijn ook bedrijven die de kenmerken van sociale netwerken adopteren. Juist zij blijken bijzonder succesvol: kennis en creativiteit kunnen er in vrijheid stromen en mensen stellen voor zichzelf en met elkaar doelen, en stimuleren, coachen en corrigeren elkaar. Een dergelijke organisatie noem ik een 'Connected!organisatie'.

Dit boek is niet bedoeld voor de doorgewinterde gebruikers van sociale netwerken. Ik richt me juist op de professional, manager, leider en ondernemer die zeker de kansen ziet, maar zich ook afvraagt hoe deze kansen te verzilveren zijn. Diverse mensen uit het bedrijfsleven delen in dit boek hun ervaringen, cases en tips. Hierbij ligt de focus vooral op organisaties in de Benelux. Mkb-ondernemers laten zien hoe ze door de inzet van sociale netwerken een heel nieuwe doelgroep weten aan te boren. Ceo's vertellen over hun uitdaging om deze nieuwe ontwikkelingen te integreren in hun strategie en wat hun persoonlijke uitdagingen zijn. Professionals delen hun ervaringen hoe ze door gebruik te maken van sociale netwerken beter hun vak kunnen uitoefenen. En afdelingsmanagers laten zien hoe zij sociale netwerken inzetten voor marketing, klantenservice of recruitment.

Ondanks de belofte is het vaak lastig de werkelijke kansen van online sociale netwerken te doorgronden en het kaf van het koren te scheiden. Het wordt ons ook niet gemakkelijk gemaakt. Een kleine incrowd weet, of denkt te weten, waar het over gaat en vliegt in enthousiasme snel vooruit. Begrijpelijk, want voor wie de dynamiek en de kansen van deze ontwikkeling doorziet, kan het tot een grote adrenalinekick leiden. Terwijl het voor veel mensen juist het tegenovergestelde bewerkstelligt.

De termen vliegen je al snel om de oren: Web 2.0, Enterprise 2.0, sociale media et cetera, et cetera. Met dit boek richt ik me echter niet zozeer op de technische kant van sociale netwerken. Ook zal ik niet diepgravend ingaan op de huidige trends. Toepassingen op het gebied van sociale netwerken volgen elkaar immers razendsnel op en de hype van vandaag ligt wellicht volgende maand alweer in de prullenbak. De werkelijke uitdaging ligt op het vlak van cultuur, organisatie en strategie. De centrale vraag in dit boek is dan ook: hoe kunnen organisaties gebruikmaken van de kracht van sociale netwerken? Ik laat zien hoe professionals, managers, leiders en ondernemers de geleerde lessen uit de vele cases in dit boek zelf kunnen toepassen.

Welke structuur volgt het boek?

Connect! is opgebouwd uit twee delen. Ik beschrijf de ontwikkelingen op het gebied van sociale netwerken van breed naar smal: van macro-economisch niveau via organisatieniveau tot uiteindelijk individueel niveau.

Deel 1 gaat over de kracht en de werking van de digitaal verbonden wereld. Welke gevolgen heeft de overgang van het industriële naar het digitale en creatieve tijdperk voor de manier waarop we leven en werken? Wat kunnen online sociale netwerken betekenen voor organisaties? Op welke manier kunnen ze ons ondersteunen om beter samen te werken? Verder komt aan bod hoe klanten zich op een nieuwe manier verhouden tot markten en merken. We kijken ook naar de kenmerken van de werknemer in de 21ste eeuw en hoe hij organisaties van buitenaf zal veranderen.

In deel 2 staat de praktijk centraal. Hier ga ik nader in op hoe organisaties kunnen inspelen op de kracht van sociale netwerken. Op het gebied van marketing, werving & selectie, product- en dienstontwikkeling, business development en klantenservice geef ik aan de hand van cases praktische voorbeelden.

Ten slotte richt ik me in de bijlage op de manier waarop mkb-ondernemers, managers en kenniswerkers kunnen omgaan met online sociale netwerken en hoe zij een persoonlijke of juist zakelijke sociale netwerkstrategie kunnen ontwikkelen.

Hoe is dit boek tot stand gekomen?

Vijftien jaar geleden zou ik dit boek op een volstrekt andere manier geschreven hebben. Waarschijnlijk had ik me maandenlang verschanst in een bibliotheek. Stapels boeken en artikelen zou ik doorgewerkt hebben, om vervolgens kopieën te maken van interessante passages en deze te accentueren met een markeerstift. Referenties naar andere artikelen hadden me weer naar andere bibliotheken gebracht, waar ik weer op dezelfde wijze aan de slag zou zijn gegaan. Nagenoeg alle ingangen bij te interviewen personen had ik moeten halen uit mijn directe relatiekring. Mijn reikwijdte aan ideeën, voorbeelden en contacten zou zowel fysiek als creatief beperkt geweest zijn.

Het zou vooral een solistische prestatie geweest zijn. Niet alleen een proeve van bekwaamheid op het gebied van het schrijven, maar vooral ook op het gebied van het opdiepen en rangschikken van alle kennis die ik na jaren van grondige studie had opgebouwd. Met als hoogtepunt de publicatie ervan in een heus boek. En dan maar wachten op eindelijk die erkenning voor zo ongelofelijk veel genie en inzicht.

Deels is het dat nog steeds, vooral wat betreft het genie en het inzicht, alleen zijn er enkele fundamenteel andere krachten aan het werk. Het internet bestond vijftien jaar geleden alleen nog maar in heel basale vorm. Er was nog geen digitaal platform waar ik mijn ideeën snel en gemakkelijk kon toetsen aan anderen en waar ik mijn eigen creativiteit kon laten vergroten door die van anderen.

Hoe ik nu dit boek geschreven heb, is ook een metafoor voor het thema en de inhoud van het boek, namelijk het mobiliseren van relevante online sociale netwerken. Eind 2008 begon ik mijn zoektocht naar content in een aantal groepen binnen LinkedIn. Ik richtte me op groepen zoals 'Het Nieuwe Werken', 'Web2.0', 'Innovatie2.0', 'social media' en nog een aantal andere. Daar stelde ik vragen in de trant van:

'Ik ben op zoek naar voorbeelden van (succesvolle) sociale netwerkstrategieën. Voor een te verschijnen boek kom ik graag in contact met leiders/ondernemers die in hun bedrijf ervaring hebben met de implementatie van een sociale netwerkstrategie en het effect daarvan op de organisatie en het leiderschap.'

Wat later volgde ik dezelfde strategie op Twitter. Mijn oproepen leidden tot een ware storm aan reacties. Vaak bevatten ze ook weer een verwijzing naar een andere bron. Zo spinde zich in relatief korte tijd een web van artikelen, contacten en links. Het werd me al snel te veel, de hoeveelheid informatie overspoelde me: wat was nu wel en niet relevant voor mijn boek? Wederom kwamen de online sociale netwerken mij te hulp.

Ik deelde weer via dezelfde netwerken cases, eigen inzichten, citaten en dergelijke die mij interessant leken voor het boek. Aan de hand van de reacties kreeg ik vervolgens een indruk van welke voorbeelden tot de verbeelding spraken en welke niet. Door het proces van vraagstelling, visievorming, combineren, verrijken, uitzenden en bundelen ontstond er uit een schijnbare wirwar van informatie een zekere structuur. Door mijn vragen en intenties transparant met anderen te delen vergrootte ik mijn inzicht vele malen.

Dankzij online sociale netwerken kon ik varend op mijn eigen creativiteit, visie en ervaring, gecombineerd met de input van mensen die ik vaak nog nooit ontmoet had, dit boek schrijven. Een boek waarvan de reikwijdte veel verder gaat dan ik in mijn eentje had weten te realiseren. Het werd een nieuw ongestructureerd netwerk van gerichte kennis en cocreatie rondom online sociale netwerken en de ongekende impact ervan op organisaties en individuen.

Behalve dat ik input heb gekregen van al deze online *co-creators*, heb ik een aanzienlijk aantal gesprekken gevoerd met ondernemers, ceo's, professionals, studenten, stafafdelingen, internet- en reclamebureaus en andere specialisten. Ik wil hen hartelijk bedanken voor hun tijd en energie.

Verder ben ik geïnspireerd door talloze auteurs en hun boeken over sociale netwerken. Speciaal wil ik noemen *Groundswell* van Charlene Li en Josh Bernoff (2008), *Jump Point* van Tom Hayes (2008) en *Iedereen* van Clay Shirky (2008).

Ik wens je veel leesplezier en ik hoop van harte dat dit boek een kleine bijdrage levert aan de werkelijke adoptie van online sociale netwerken door organisaties en het bijbehorende leiderschap – vanuit kracht en niet vanuit angst.

Tot besluit wil ik een aantal mensen nog in het bijzonder noemen. Bovenal Angela en Tess: *alles is liefde!* Vrienden en familie voor alle steun en enthousiasme. De collega's van de Baak en in het bijzonder Harry Starren voor het vertrouwen en het mede mogelijk maken van dit boek. Annemie Michels, Pim van Tol en Sandra Wouters van uitgeverij Business Contact die met hun persoonlijke en professionele hulp een enorme steun waren.

Verder Hans Mestrum, Bas van Berkesteijn, Berry Schipper, Job Slok, Roos van Vugt, Mark van Egmond en Bertrand Weegenaar voor het kritisch doorlezen van delen van het manuscript.

Danny Mekic en Sander van den Dries voor hun begeleiding bij de productie van www.connectedworld.nl. Martin Metselaar voor het delen van de uitkomsten uit zijn onderzoek naar online sociale netwerken binnen bedrijven en Ton van Garderen voor zijn bewogen voorwoord.

Deel 1
Connected!wereld

1

Van piramide naar schijnbare chaos

'Ik ben enthousiast en bang tegelijk', vertelde een 34-jarige collega mij niet zo lang geleden. 'Ik zie welke impact online netwerken hebben, maar weet zelf niet goed wat ik ermee moet. Ik heb het gevoel dat ik ouderwets ben en achterloop.'

Soortgelijke opmerkingen heb ik de afgelopen tijd veel gehoord. Soms van studenten waaraan ik gastcollege gaf en waarvan veel mensen ten onrechte denken dat ze helemaal digitaal leven. Een andere keer was het een ondernemer in de advocatuur die zag dat online concurrenten hem razendsnel de markt uit drukten. Of het was een ceo die tot de conclusie kwam dat het businessmodel van zijn bedrijf ondergraven werd door de eigen doelgroep.

Deze verwarring is niet zo gek. We leven in turbulente tijden, waarin we in hoog tempo afscheid nemen van het industriële tijdperk. Sinds zo ongeveer het einde van de twintigste eeuw vindt er een ongekende omkering plaats. De digitalisering van ons bestaan leidt tot een nieuw digitaal tijdperk, met het internet als representant. Wat begon als een communicatienetwerk voor een aantal universiteiten heeft zich ontwikkeld tot een wereld op zichzelf, een digitale wereld die als ochtendnevel over onze fysieke wereld hangt.

In september 2009 waren al meer dan 1,7 miljard mensen online (Internet World Stats, 2009). Een groot deel van hen is online met elkaar verbonden in sociale netwerken, waar ze met elkaar communiceren, spelen, handel drijven, content maken et cetera. En dat zonder dat de tussenkomst van organisaties noodzakelijk is. Dat veel mensen moeten wennen aan deze overgang is niet verwonderlijk. Het industriële tijdperk heeft immers bijna tweehonderdvijftig jaar geduurd. Onze samenleving en economie zijn daar volledig op ingericht. Hele generaties hebben we besteed aan het verbeteren van het proces. We zijn simpelweg een erfelijk belast product van dit tijdperk.

Oneindig krachtige communicatie

Om iets te begrijpen van hoe ingrijpend de huidige overgang naar het digitale tijdperk is, moeten we kijken naar twee ontwikkelingen. We beginnen met de invloed die het virtuele tijdperk heeft op de manier waarop we met elkaar communiceren. Mensen kunnen zich dankzij het internet online op een geheel nieuwe en oneindig krachtige manier organiseren. Al in 1999 concludeerde Jan van Dijk, socioloog en hoogleraar aan de Universiteit van Twente, dat nu voor het eerst in de geschiedenis van de mensheid interpersoonlijke communicatie, organisatiecommunicatie en massacommunicatie samenkomen. Dit betekent dat we door de voortdurende toegang tot het internet in staat zijn plaats- en tijdonafhankelijk te werken, consumeren en produceren. Hierdoor ontstaat een oneindig web van onderlinge contacten en verbindingen.

Dit noem ik de holistische omgeving. Het holisme gaat ervan uit dat elke entiteit haar 'zijn' ontleent aan de kenmerken van de delen waaruit ze is samengesteld. De manier waarop deze delen zich tot elkaar verhouden en communiceren met de omgeving heeft daarop een grote invloed. Niet de atomen zelf zijn van belang, maar de onderlinge samenhang tussen de atomen. Ze zijn niet alleen binnen het eigen netwerk met elkaar verbonden, maar ook weer met atomen die deel uitmaken van andere netwerken.

In de holistische omgeving zijn dus oneindig veel afzonderlijke bronnen van informatie, kennis en creativiteit nu in netwerken met elkaar verbonden. Veel van deze bronnen waren tot voor kort exclusief in handen van organisaties. Zij hadden het kapitaal en daarmee de organisatiekracht om deze bronnen te exploiteren. Nu informatie, kennis en creativiteit vrij beschikbaar zijn, leidt dat tot een kanteling van de klassieke, hiërarchische machtspiramide.

Nieuwe waarde van kennis en kapitaal

Een ander kenmerk van de virtuele wereld is dat kennis en kapitaal een geheel nieuwe waarde hebben gekregen. Het waren de drijvende krachten van het afgelopen tijdperk. De uitvinding van de stoommachine stelde ons in staat de productie van goederen op grote, geconcentreerde schaal toe te passen. Zo ontstonden de eerste industriële bedrijven. Deze bedrijven verschaften werk en zorgden voor een stijgende welvaart.

De Amerikaanse auteur Alvin Toffler (1980) beschrijft drie fasen in de waarde van kennis in het industriële tijdperk. In fase 1 wordt kennis ingezet om de productie zo efficiënt mogelijk te organiseren. Deze fase beslaat grofweg de periode van 1775 tot 1900. In fase 2, van 1900 tot 1950, wordt kennis vooral ingezet om het productieproces te verbeteren. In fase 3 ten slotte dient kennis vooral om alle vergaarde kennis te beheren.

Om kennis en kapitaal efficiënt te gebruiken werden ze consequent op een vaststaande manier toegepast, volgens een lineair en sterk hiërarchisch principe. In dit traditionele piramidemodel bundelen kennis en kapitaal zich samen in een relatief smalle top die sturing geeft aan de mensen eronder. In combinatie met onze beperkte mobiliteit zorgde dit principe ervoor dat we ons leven in een aantal beperkte en rigide 'zuilen' leefden. Onze relatie met de rest van de wereld werd vooral bepaald door onze directe omgeving: gezin, familie, vrienden, buren, kerk, vereniging, bedrijf en politieke partij – overzichtelijk ingedeeld in zuilen. We waren met anderen verbonden, maar op beperkte schaal.

'Onder invloed van technologie verschuift de macht van uitgevers, het establishment en de media-elite naar de massa.'
Rupert Murdoch, mediamagnaat

De maatschappelijke zuilen zijn al in de jaren zeventig ontmanteld. En nu loopt ook het tijdperk waarin kennis binnen organisaties vooral lineair en hiërarchisch gebruikt wordt ten einde. De productiewaarde van kennis is aan het verdampen. De informatie die nodig is voor het ontwikkelen van kennis komt binnen handbereik van iedereen die er gebruik van wil maken. 'Information wants to be free' is een slogan die veel gebruikt wordt door de *free content movement*, die pleit voor het vrij kunnen gebruiken van informatie voor elk doel. Het gaat ze er niet zozeer om dat informatie gratis moet zijn, maar wel om de vrijheid om informatie vrijelijk en naar eigen inzicht te kopiëren, (her)gebruiken en distribueren. Om zo de mensheid te verrijken.

De machtspiramide waarbij bedrijven en instellingen zich in de top bevinden kantelt. Consumenten, medewerkers en kiezers wenden zich en masse af van gevestigde instituties zoals de kerk, politieke partijen, media en vakbonden. Maar ook de houding ten opzichte van bedrijven en merken verandert. Mensen vertrouwen en bouwen weer op elkaar. Zoals ze dat ook deden in het pre-industriële tijdperk, de tijd van gilden, broederschappen en orden. Ze willen gehoord worden en zich authentiek verbonden voelen met bedrijven en merken.

Oneindige conversaties

In het standaardwerk over sociale netwerken *The Cluetrain Manifesto* uit 1999 omschrijven Rick Levine, Christopher Locke, Doc Searls en David Weinberger het al als volgt: 'Het internet maakt "conversaties" tussen mensen mogelijk op een schaal die simpelweg niet mogelijk was in het tijdperk van de massamedia.'* In online sociale netwerken hebben mensen de mogelijkheid een nieuwe betekenis te geven aan informatie, kennis en creativiteit.

Al sinds de vroegste tijden vormen we sociale netwerken. Wat begon als een netwerk rond de 'familiestam' breidde zich uit naar relaties gebaseerd op andere wederzijdse afhankelijkheden: waarden, visies, ideeën of transacties. Lang geleden lag de sociale en economische macht bij kleine sociale netwerken zoals familie en gilden. Na een afwezigheid van tweehonderdvijftig jaar komt deze macht terug, alleen is de situatie natuurlijk volstrekt anders. Sociale netwerken kunnen zich nu in heel korte tijd ontwikkelen. Omdat ze deels gebruikmaken van het internet, zijn ze nauwelijks gebonden aan landsgrenzen, tijdszones, cultuur of taal.

'De toekomst is er al, het is alleen oneven verdeeld.'
William Gibson, auteur

* *The Cluetrain Manifesto* is gratis te downloaden van www.cluetrain.com.

Wij! Macht in de Connected!wereld

Miljoenen mensen zoeken elkaar online op in bijvoorbeeld netwerken van consumenten, medewerkers, leveranciers en kiezers. In hun interactie met organisaties en instellingen trekken zij het initiatief en de macht naar zich toe. Deze netwerken beginnen soms zelf kenmerken van een bedrijf te ontwikkelen. Ze produceren nieuwe producten en diensten en verbeteren of verrijken bestaande. In de netwerken wisselen mensen hun ervaringen uit. Ze vragen politici ten overstaan van een groot publiek naar hun standpunten. Ze vragen, nee eisen, maximale transparantie.

Charlene Li en Josh Bernoff omschrijven deze ontwikkeling in hun boek *Groundswell* (2008) als volgt: 'Een sociale trend waarbij mensen technologie gebruiken om dingen die ze willen hebben van elkaar te krijgen in plaats van van bedrijven.' Willen ze niet definitief de boot missen, dan zullen bedrijven en maatschappelijke organisaties moeten anticiperen op deze kanteling. Tot nu toe wordt dit bemoeilijkt door het Angelsaksische organisatiemodel, dat gericht is op maximalisatie van aandeelhouderswaarde. *Accountability* en *compliance*, strakke regels, rapportages en een kortetermijnstrategie, allemaal aspecten die in dit model centraal staan, staan voor een groot deel haaks op de principes van openheid, transparantie, gedeeld eigendom, vrijheid, verantwoording en verantwoordelijkheid die vooropstaan in sociale netwerken.

Ronald Latenstein van Voorst, ceo van SNS Reaal, omschrijft de impact van deze nieuwe *connectivity* als volgt: 'Voor vooral grote organisaties en dus ook SNS Reaal, ligt er een uitdaging om ons niet alleen binnen het bedrijf verticaal via de hiërarchische lijnen met elkaar te verbinden, maar vooral ook horizontaal met andere netwerken. Dit kunnen bedrijven zijn, maar ook maatschappelijke en politieke instellingen. In een tijd waarin verbinding en verwijdering heel dicht bij elkaar liggen, kan een bedrijf als het onze een verschil maken. Om dat extern met onze klanten te kunnen doen moeten we ook intern met elkaar verbonden zijn. We zijn tot nu toe wellicht wel wat te veel op onszelf als individu gericht geweest. We dienen weer terug te gaan naar het DNA van dit bedrijf en de maatschappelijke relevantie, die afstoffen en op een eigentijdse manier presenteren en zo andere mensen verleiden zich daaraan te verbinden. Het gaat om de visie, alle technologie is daarbij slechts een hulpmiddel.'

Verwarring en volop vragen

Zoals gezegd brengt de Connected!wereld veel mensen in verwarring. Ze vragen zich af wat deze voor henzelf betekent, maar ook voor de organisatie waar ze werken. De meeste managers, professionals, leiders en ondernemers voelen onderhand wel de druk van de Connected!wereld en realiseren zich dat er behoefte is aan een andere leiderschapsstijl en organisatiecultuur

Maar er zijn meer vragen dan antwoorden. Welke competenties hebben mijn collega's en ikzelf nodig om mee te kunnen bewegen met deze nieuwe ontwikkelingen? Zijn het enkel voorbijgaande trends of hebben ze echt gevolgen voor mijn organisatie? Wat betekenen al deze veranderingen voor onze bedrijfscultuur, de manier waarop we georganiseerd zijn? Welke kansen bieden ze? Wat zijn de gevolgen voor de wijze van leidinggeven in onze organisatie?

De Connected!wereld zorgt niet vanzelf voor de mate van verbinding en betrokkenheid die je zou verwachten. Veel mensen zijn op drift. Marketeers weten niet meer hoe ze hun doelgroep kunnen bereiken. Medewerkers met weinig digitale ervaring voelen zich achtergesteld en ouderwets, jongeren die opgegroeid zijn met het internet voelen zich miskend en kunnen maar niet begrijpen dat er nooit iets verandert. De recruitment officer ervaart dat juist de mensen die zijn organisatie zoekt, niet meer op vacatures reageren. De ceo wordt op een dag wakker en realiseert zich hoe eenzaam en geïsoleerd hij is aan de top.

Kenmerken van de Connected!wereld

De Connected!wereld jaagt vijf belangrijke ontwikkelingen aan. Samen hebben die grote gevolgen voor de manier waarop we leven, werken en ondernemen. Hierna zal ik ze kort beschrijven.

Collectieve expressie

Onze fysieke identiteit wordt begrensd door allerlei factoren, zoals tijd, ruimte en geld. Onze virtuele identiteit in de Connected!wereld kan echter grenzeloos zijn. Sterker nog, we kunnen er relatief gemakkelijk verschillende virtuele identiteiten op nahouden. Tot voor kort was het communiceren met een massa voorbehouden aan een selecte groep mediapartijen, maar nu 'praten' velen met velen. Iedereen kan een mediakanaal zijn en zo zijn virtuele identiteit verder voeden.

Met deze virtuele identiteiten komen we in contact met anderen in sociale netwerken, waar we vervolgens onze passie voor en kennis van maatschappelijke kwesties, favoriete merken, hobby's, bedrijven et cetera met elkaar delen. Net als in de fysieke wereld bepaalt deze interactie voor een belangrijk deel onze identiteit. De mogelijkheden hiervoor zijn online echter oneindig veel groter. In de fysieke wereld draagt meestal een kleine groep mensen voor een groot deel bij aan onze identiteit, maar in de Connected!wereld is het mogelijk om heel veel mensen te kennen die allemaal een klein beetje bijdragen. Daarbij is onze virtuele identiteit steeds meer in kleine brokjes verdeeld. Op allerlei plekken op het internet zijn stukjes van die identiteit te vinden.

Collectieve creativiteit

Door het internet is informatie alom aanwezig en onafhankelijk van positie of status voor iedereen bereikbaar. Het verwerven van kennis wordt hierdoor steeds minder een doel en steeds meer een – simpel – middel. Een onuitputtelijke bron voor creativiteit dus. Het zakenblad *BusinessWeek* schreef in 2005: 'De kenniseconomie geeft het stokje over aan de creatieve economie. Informatie is een commodity geworden, net als kolen of mais.'

We zijn gewend aan een situatie waarin kennis schaars is. Een deel van ons economisch model is daarop gebaseerd. Tegelijk hebben we ingezien dat het van belang is om kennis te delen. De afgelopen pakweg twintig jaar heeft dit inzicht dan ook tot allerlei kennismanagement- en kennisdelingsprogramma's geleid. Alleen nu, in een situatie waarin iedereen oneindig toegang heeft tot informatie, hebben die weinig zin. Want ik kan de informatie die jij hebt, ook zelf vinden. Waarom heb ik jou dan nodig om die met mij te delen? Daarbij impliceert het delen van kennis ook deels het weggeven van kennis, wat zich moeilijk verhoudt met het achterliggende gevoel van schaarste: er is beperkte informatie aanwezig en die moet goed verdeeld worden zodat de daaruit voortvloeiende kennis daar komt waar die de meeste waarde kan toevoegen. Enkel het delen van kennis, laat staan het verkopen van kennis, wordt dus steeds minder relevant. Iedereen heeft in principe dezelfde uitgangspositie. Uiteraard is dit nog maar deels realiteit, er zijn nog steeds kennisgebieden die succesvol kunnen worden afgeschermd, maar het aantal slinkt.

In de Connected!wereld zal het vooral gaan om het met elkaar verrijken van de beschikbare kennis. Daarvoor is het van belang patronen te kunnen herkennen en associaties en nieuwe combinaties van informatie te kunnen maken. Kortom, er is creativiteit nodig: het vermogen om nieuwe en/of ongebruikelijke oplossingen te vinden voor bestaande uitdagingen.

Een voorbeeld van collectieve creativiteit is het project 'The Sheep Market' van kunstenaar Aaron Koblin. Hij vroeg mensen online om hem tegen een vergoeding van twee dollarcent een tekening te sturen van een schaap dat naar links kijkt, om te gebruiken voor een kunstwerk. Het nieuws van dit vreemde verzoek verspreide zich met de snelheid van het licht over het internet, wat leidde tot een stroom van meer dan tienduizend inzendingen van tekeningen van naar links kijkende schapen. Koblin verzamelde al deze tekeningen en verwerkte ze in een groot kunstwerk. Afdrukken ervan hingen in belangrijke musea en waren op festivals te zien. Op Koblins website www.sheepmarket.com zijn alle afzonderlijke tekeningen te bekijken en te bestellen.

Op de fotosite Flickr.com geven bezoekers hun mening over elkaars foto's. Ze geven tips en feedback en verwijzen weer door naar ander werk. Zo ontstaan er naast een netwerk van autonoom werk, adviezen en beoordelingen ook weer netwerken van nieuwe, collectieve creativiteit. Een voorbeeld hiervan is het 'wdydwyd?'-project. 'Wdydwyd?' staat voor 'Why do you do what you do?' Deze vraag werd in 2004 gesteld aan bezoekers van het jaarlijkse alternatieve festival Burning Man in de Nevadawoestijn in de Verenigde Staten. Vijfhonderd bezoekers werden gefotografeerd met steeds in beeld, op bijvoorbeeld een stuk karton, het antwoord op de vraag 'Why do you do what you do?' Alle afzonderlijke foto's werden in de loop van het festival samengebracht op een grote, twintig meter brede, fotomuur om zo weer een gezamenlijk kunstwerk te worden. Dit experiment kreeg al snel een vervolg op het internet (zie www.wdydwyd.org), waar nog steeds dagelijks mensen foto's bijdragen met hun antwoord op de vraag 'Why do you do what you do?' en zo het gezamenlijke kunstwerk verrijken.

Collectieve productie

Waar bij collectieve creativiteit het eindresultaat niet per definitie praktisch toepasbaar hoeft te zijn, is dit bij collectieve productie wel het geval. Daar is het resultaat voor zowel degenen die hebben bijgedragen als voor derden praktisch bruikbaar.

Geografische, etnische en culturele grenzen zijn in de Connected!wereld nauwelijks nog een belemmering om samen te werken. Een van de bekendste voorbeelden van deze ontwikkeling is Wikipedia. Deze online encyclopedie startte in 2001 en groeide uit tot een enorme verzameling van lemma's over de meest uiteenlopende onderwerpen. De Nederlandse versie bevatte in september 2009 al meer dan 550.000 artikelen. De Engelstalige versie bestaat uit een duizelingwekkend aantal van 3 miljoen artikelen. Alle Wikipedia-versies bij elkaar beslaan in totaal meer dan 12,5 miljoen artikelen in 264 talen.

'De impact van technologie op korte termijn wordt over het algemeen overschat, terwijl deze op lange termijn wordt onderschat.'
Peter Schwartz, futurist

Wat we met elkaar produceren is vervolgens weer vrij beschikbaar om te delen. Wat we delen is onze eigen content, die volstrekt uniek kan zijn, maar is in de meeste gevallen een *mash-up* van allerlei andere, al bestaande content. Hierbij voegen we allerlei afzonderlijke elementen weer samen tot iets nieuws.

Doordat we elkaar voortdurend wijzen op interessante content, ontstaat een web van verwijzingen. Dit vele samenwerken en delen leidt weer tot een fenomeen op zich, de linkeconomie. In ons dagelijks leven maken we ontelbare malen gebruik van hyperlinks. Met een hyperlink wordt een verbinding, een koppeling, bedoeld tussen twee verschillende stukjes informatie. Verwijzingen in teksten naar andere teksten bestaan al eeuwen. In het midden van de jaren zestig werden hyperlinks voor het eerst toegepast in computersystemen. Pas met de komst van het internet werden de fysieke barrières doorbroken. Je hoefde niet meer af te reizen naar de juiste bibliotheek om daar het boek te vinden met de tekst waarnaar verwezen werd. Ook kun je nu verwijzen naar informatie buiten je eigen computersysteem.

Door te linken delen we informatie. Links hebben onderling een bepaalde relevantie, er worden geen willekeurige verbindingen gelegd. De informatie wordt niet alleen gedeeld, maar ook verrijkt. Het web van informatie dat ontstaat door alle links, heeft weer een eigen waarde en identiteit.

Collectieve macht

Wie zei ooit dat de kiezer niet betrokken is, of wie sprak van de ontrouwe consument? Mensen raken steeds meer gewend aan het zelf kunnen produceren van content, aan het delen van content en aan het met elkaar samenwerken. Ze willen nog meer macht, ze willen werkelijk deelnemen, zelf de richting bepalen van bijvoorbeeld merken en bedrijven, maar ook invloed uitoefenen op de ontwikkeling van hun leefomgeving. Ze willen zich producten en diensten werkelijk 'eigen' maken, die aanpassen of helemaal opnieuw vormgeven naar eigen inzicht en behoefte. Dit gevoel van collectieve macht wordt gevoed door een overweldigende keuzevrijheid. Waarom zou ik nog trouw zijn aan een bedrijf of merk? Wat is nog van wie?

'De toekomst komt te snel en in de verkeerde volgorde.'
Alvin Toffler, publicist en futoroloog

'Ik heb invloed dus ik besta.' Een voorbeeld hiervan zijn de vele recensies die op het internet te vinden zijn. Of het nu gaat om hotels, restaurants of elektronica, we laten graag weten wat onze ervaringen zijn. Hiermee geven we uiting aan de wens om enige invloed uit te oefenen. Op een andere manier zien we dit ook terug in de online discussiefora van kranten.

Collectieve oneindigheid

We kunnen in principe 24 uur per dag virtueel met elkaar verbonden zijn. Tot voor kort was het noodzakelijk dat er een laptop of desktopcomputer in de buurt was. Door de enorme opkomst van het mobiele internet dragen we nu letterlijk ons sociale netwerk voortdurend bij ons. Dit heeft grote gevolgen voor onze beleving van tijd en tijdsbesteding. Met onze BlackBerry of iPhone kunnen we op elk gewenst moment met vrienden en familie communiceren. Op dezelfde intensieve manier willen we ook contact onderhouden met merken, bedrijven en organisaties, ook buiten de kantoortijden van negen tot vijf. We verwachten dat we ons met hen kunnen verbinden wanneer wij dat willen.

Al deze ontwikkelingen zullen een grote invloed hebben op hoe bedrijven en organisaties zich organiseren en hoe het leiderschap wordt ingevuld. Een aantal ontwikkelingen heb ik hier al aangestipt. In de komende hoofdstukken zal ik daar dieper op ingaan.

2

De opkomst van sociale netwerken

Zoals gezegd zijn miljoenen mensen online in netwerken met elkaar verbonden, netwerken waar ze met elkaar samenwerken, ondernemen, recenseren, produceren en consumeren, als onderdeel van een Connected!wereld. Uit een onderzoek van mediabureau Universal McCann uit 2008 blijkt hoe groot de online interactie is. In het onderzoek gaven internetgebruikers tussen de 16 en 54 jaar aan welke activiteit ze wel eens online verricht hadden. De belangrijkste resultaten zijn in de volgende tabel samengevat.

Online actie	Wereldwijd	Nederland
Online video bekeken	394 miljoen	4,8 miljoen
Online profiel bijhouden	272 miljoen	3,7 miljoen
Wel eens een video geüpload	248 miljoen	1,9 miljoen
Wel eens een foto geüpload	Onbekend	2,8 miljoen
Eigen blog gestart	184 miljoen	1,7 miljoen (wereldwijd staat Nederland hiermee op de zesde plek)
Blog van anderen gelezen	321 miljoen	Onbekend
Profiel van anderen bezocht	307 miljoen	Onbekend

Van folderbak tot communicatieplatform

Tot aan het eind van de jaren negentig was het internet vooral een verzameling websites die eigenlijk niet meer waren dan digitale folders. Het internet was slechts een folderbak, maar wel een van een onmetelijke omvang en rijkdom en alleen daardoor al revolutionair. Het bouwen en onderhouden van een site was vooral voorbehouden aan organisaties. De benodigde investeringen waren aanzienlijk, de techniek was nog heel pril en het kennisniveau was beperkt. De content op het internet werd dus door een beperkte groep geplaatst en beheerd. Deze eerste fase wordt nu ook wel Web 1.0 genoemd, het internet als een verzamelplaats van teksten en vooral het domein van organisaties, merken en instellingen, alles gericht op eenrichtingscommunicatie.

Vanaf zo ongeveer de millenniumwisseling zien we een belangrijke ontwikkeling: het aantal mensen dat gebruikmaakt van het internet bereikt een kritische massa. Nu steeds meer mensen en bedrijven online aanwezig zijn, raakt men steeds meer vertrouwd met het medium. Daardoor stijgt de behoefte om te communiceren, participeren en produceren. Het wordt net zo gemakkelijk om een bedrijf een mailtje te sturen als de telefoon te pakken. En waarom zouden we niet zelf een website over onze hobby of voor ons bedrijfje beginnen? Om tegemoet te komen aan deze zowel sociale als technische ontwikkeling ontstond een nieuwe visie op het bouwen en functioneren van websites en de onderliggende technologie. Deze Web 2.0-techniek maakte het mogelijk een nieuw type sites te ontwikkelen, namelijk interactieve en open platformen.

'Behoeftes van mensen zijn niet veranderd, het bereik en de impact van gedrag echter wel.'
Sytse Kooistra, social-mediastrateeg Pickle Factory

Kenmerken van Web 2.0

Nu zijn we een aantal jaren verder en heeft Web 2.0 voet aan de grond gekregen. De volgende kenmerken vormen het hart van Web 2.0:

- Openheid: alle content is voor iedereen toegankelijk en aanpasbaar. Verder hebben gebruikers invloed op de gebruikte sites, toepassingen en software. Het 'eigendom' behoort deels toe aan het online sociale netwerk.
- Dynamische content: de inhoud van de website verandert, is fluïde en wordt mede bepaald door de gebruikers.

- Van onderaf: in plaats van dat een beperkte groep bedrijven en individuen de content van websites bepaalt, wordt deze juist van 'onderaf' ingevuld.
- Cocreatie: het samen en in openheid creëren van nieuwe content of verrijken van bestaande content.
- De netwerkfactor: hoe meer mensen participeren, hoe waardevoller de interactie en de door cocreatie verzamelde content worden.
- Holistisch: verschillende toepassingen worden met elkaar gecombineerd of samengevoegd. De ervaring van de gebruiker vormt het uitgangspunt. Grenzen tussen verschillende sites vervagen en concepten worden samengevoegd.
- Waardeperceptie: niet alleen het bevredigen van de eigen behoefte staat centraal. Er is ruimte om content te creëren en te delen met anderen. Er wordt belang gehecht aan het bijdragen aan het grotere geheel.

Vormen van online identiteit en interactie

Interessegroepen

Begin jaren negentig had ik een huisgenoot die actief was als hacker. Daarbij richtte hij zich vooral op het kraken van het telefoonnet. Door telefoontonen te simuleren kon hij gratis over de hele wereld bellen. Hoe dit moest leerde hij via zogenaamde bulletinboards. Met een computer kon je via een modem en een telefoonlijn inloggen op een terminalprogramma, waarna je, eenmaal ingelogd, data kon up- en downloaden, met elkaar kon communiceren of nieuws kon lezen. Hij was lid van een van de eerste online sociale netwerken waar groepjes mensen zich verzamelden om hun passie of interesse met elkaar te delen.

Naast deze interessegroepen ontstonden er drie andere belangrijke toepassingen van online interactie op het internet.

Profielsites

Al in de jaren tachtig waren er sites waar persoonlijke profielen centraal stonden. Vooral datingsites zijn op dit principe gebouwd.

Met sites zoals Sixdegrees.com eind jaren negentig en LinkedIn in 2003 werden profielsites ook geïntroduceerd in een zakelijke context.

Communicatieplatformen

Eind jaren negentig kwamen de online communicatieplatformen op. Een van de populairste was ICQ, zeg maar de voorloper van MSN. Behalve dat ze online met elkaar konden chatten, beschikten de gebruikers ook over een eigen vriendenlijst, al werd deze nog niet gedeeld met anderen.

Persoonlijke webpagina of online dagboeken

De voorlopers van de huidige weblogs waren websites waar individuen chronologisch verslag deden van wat hen persoonlijk bezighield. Met de toename van het aantal persoonlijke webpagina's begon men zich ook in groepen te verzamelen om zo over gedeelde interesses te communiceren en elkaar te wijzen op interessante content.

Het bereiken van de kritische massa van gebruikers viel ongeveer samen met de introductie van het snelle breedbandinternet. De veel hogere snelheden maakten niet alleen nieuwe, door technologie gedreven, Web 2.0-toepassingen mogelijk, ze zorgden er ook voor dat de vier verschillende vormen van online identiteit en interactie (deels) konden worden samengebracht om vervolgens te worden doorontwikkeld tot overstijgende platformen.

Het sociale web en virtuele identiteit

Hoewel het internet lange tijd gedomineerd werd door organisaties, vonden ook individuen vanaf het begin een plek online. Dat leidde ertoe dat mensen voorzichtig een virtuele identiteit begonnen te ontwikkelen. Die identiteit wordt bepaald door drie zaken: online contact leggen met andere virtuele identiteiten, zelf content, producten en diensten produceren en met elkaar communiceren. De plaatsen waar mensen op deze manier met hun virtuele identiteit samenkomen, noemen we online sociale netwerken. De optelsom van al deze netwerken wordt dan weer het sociale web genoemd.

Je virtuele identiteit binnen het sociale web wordt volgens Shaun Connolly (2008) gevormd door een aantal elementen:

- Identiteit: wie ben je?
- Reputatie: wat vinden anderen van je? Vertrouwt men je?
- Aanwezigheid: wanneer ben je waar?
- Relaties: met wie ben je verbonden? Wie vertrouw jij?
- Groepen: hoe zijn je relaties met elkaar verbonden?
- Content: welke content maak je, haal je en deel je?
- Conversaties: wat bespreek je met anderen?

Mensen verenigen zich in het sociale web rondom *social objects*, thema's waaraan zij zich met hun virtuele identiteit verbinden en waarover ze online met anderen communiceren. Dit kunnen heel uiteenlopende zaken zijn, zoals leeftijd, hobby, beroep, geslacht en geaardheid. Wanneer er geen social object is, ontstaat er ook geen sociaal netwerk.

De eerste online sociale netwerken

Door de overgang van Web 1.0 naar Web 2.0 ontstond er deels een nieuw technisch fundament voor websites. Het gebruik van het internet verschoof van passief surfen naar actieve interactie. Nu de mogelijkheden er waren, leidde dat tot een explosieve toename in de mate waarin men elkaar online wilde ontmoeten.

Zo ontstonden de eerste online sociale netwerken. Dit waren sites die al een of meer van de vier bestaande sociale toepassingen combineerden. LinkedIn bijvoorbeeld combineerde in de begintijd profielen met een vriendenlijst en de mogelijkheid om met die vrienden te communiceren. Smulweb.nl voegde aan de database van recepten profielen toe en gaf gebruikers de mogelijkheid een persoonlijk kookdagboek bij te houden.

'Sociale media is een hype, het is namelijk een logische stap in de evolutie en democratisering van een (communicatie)medium.'
Marcel Kampman

Online sociale netwerken kunnen heel breed zijn. Wanneer een sociaal netwerk zich op een specifiek thema richt, hebben we het over een *community*. De betrokkenheid van de deelnemers bij dit thema bepaalt dan in meerdere of mindere mate hun identiteit.

Sociale media

Op zich zijn sociale netwerken statisch. De leden hebben een taal nodig om met elkaar in contact te kunnen komen en te kunnen communiceren. Sociale media vormen deze taal. Verschillende online sociale netwerken, zoals YouTube, Twitter en Flickr, faciliteren de belangrijkste onlinebehoeften van mensen, namelijk samenwerken, delen, spelen, ontmoeten en creëren. De sites die deze uitwisseling mogelijk maken, worden ook wel sociale media genoemd. Per deelgebied zijn verschillende soorten sociale media te benoemen:

Samen produceren en delen

- Wiki's: dit zijn online 'werkplaatsen' waar mensen met elkaar kennis opbouwen rondom uiteenlopende onderwerpen. Deze kennis wordt dan bijvoorbeeld binnen een bedrijf of branche gedeeld en is dan vaak ook alleen voor een beperkte doelgroep beschikbaar. Via het project Wikiwijs van het ministerie van Onderwijs kunnen bijvoorbeeld docenten in het onderwijs met elkaar leermaterialen ontwikkelen en uitwisselen. De opgebouwde kennis kan ook juist voor iedereen beschikbaar zijn, denk maar aan Wikipedia (www.wikipedia.org).
- Reviewsites: hier staat het beoordelen van producten en diensten in de vorm van recensies centraal. In veel gevallen beoordelen andere gebruikers de recensies weer op hun bruikbaarheid. Daarom worden het ook wel expertsites genoemd. Voorbeelden zijn Iens (www.iens.nl) en SpecialBite (www.specialbite.com) voor het beoordelen van restaurants, Kieskeurig (www.kieskeurig.nl) voor uiteenlopende producten en diensten en Hotels.com voor hotels.
- Social-newssites: op deze sites delen, categoriseren en prioriteren mensen nieuwsitems die hen interesseren. Voorbeelden zijn MSN Reporter (http://reporter.nl.msn.com) en eKudos (www.ekudos.nl).

- Blogs: chronologisch bijgehouden (persoonlijke) websites.
- Realtime blogs/microblogs: korte berichtjes (in het geval van Twitter maximaal honderdveertig tekens lang) op een persoonlijke pagina. Alle berichten en reacties daarop zijn openbaar en te bekijken op de persoonlijke pagina. Iedereen die dat wil, kan zich 'abonneren' op deze pagina; men wordt dan een *follower*. Voorbeelden zijn Twitter (http://twitter.com), Numpa (www.numpa.nl) en IRL Connect (www.irlconnect.com).
- Social-bookmarkingsites: sites waar mensen hun bookmarks (favoriete sites) met elkaar delen. Dit kunnen overigens ook nieuwsitems zijn, waardoor dit type site dicht aansluit bij socialnewssites. Een voorbeeld is Delicious (http://delicious.com).

Spelen

- Massive Multiplayer Online Role Playing Game (MMORPG)-sites: sites waar mensen samenwerken in online games om zo individueel voortgang te boeken. De bekendste MMORPG is World of Warcraft (www.worldofwarcraft.com).
- Virtuele werelden: deze lijken op MMORPG's, alleen ligt de nadruk vaak meer op het ontmoeten dan op de game. Een bekend voorbeeld is Second Life (http://secondlife.com).

Ontmoeten en creëren

- Social-networkingsites: sites voor het onderhouden en delen van bestaande contacten en het leggen van nieuwe contacten. De informatie bestaat uit online in kaart gebrachte privé- en/of zakelijke netwerken. Voorbeelden zijn Hyves (www.hyves.nl), LinkedIn (www.linkedin.com) en Xing (www.xing.com).
- Multimediasites: netwerksites om creatief werk te maken en/of te delen, bijvoorbeeld voor foto's Flickr (www.flickr.com) en voor video's YouTube (www.youtube.com).

Steeds meer schuiven deze verschillende toepassingen in elkaar. Hyves is bijvoorbeeld begonnen als een social-networkingsite, een handige manier om je vriendennetwerk in kaart te brengen. Vervolgens kon je ook met elkaar communiceren en nu kun je ook je foto's en video's met je netwerk delen. LinkedIn heeft de afgelopen jaren het basisconcept van je netwerk online in kaart brengen uitgebreid met de mogelijkheid om elkaar te ontmoeten en kennis te delen in groepen en zelf content te verspreiden door presentaties toe te voegen aan je profiel. YouTube richtte zich in het begin op het online beschikbaar stellen van video's. Intussen ontwikkelt het zich ook als platform voor samenwerking doordat mensen commentaar geven op de geplaatste video's, maar ook tot een social-networkingsite waar 'vrienden' zich abonneren op elkaars persoonlijke videokanaal. Flickr was vooral een plek om je foto's op te slaan en eventueel aan anderen te laten zien. Nu bestaan er binnen dezelfde site diverse wiki-achtige omgevingen waar mensen kennis opbouwen en delen rondom verschillende aspecten van fotografie.

'De wereld wordt kleiner, mijn wereld alleen maar groter.'
Edwin Hofs

De term 'social networking' is overigens misschien wat ongelukkig gekozen en leidt soms tot verwarring met de term 'sociale netwerken'. Bij social-networkingsites staat het netwerken centraal: het op een aantrekkelijke manier bijhouden, visualiseren en uitbouwen van een bestaand netwerk. Een voorbeeld daarvan is LinkedIn. Het zijn ook altijd sociale netwerken omdat meerdere mensen daar met elkaar in contact komen. Veel sociale netwerken zijn echter geen social-networkingsites omdat daar iets anders centraal staat dan netwerken. Zo is bij YouTube het publiceren en delen van video's de basis.

Naast het feit dat sociale media het communicatiekanaal zijn van online sociale netwerken, kunnen ze ook een grotere impact hebben door samen content te produceren. Tot voor kort was er een beperkt aantal media-aanbieders die zich richtten op de consument. Door de toegang tot en het gebruik van online sociale netwerken is dezelfde consument voor een deel ook producent geworden van media. Omdat deze media ontstaan in online sociale netwerken en door mensen gezamenlijk tot stand worden gebracht, noemen we dit sociale media. Sociale media kunnen dus een communicatiekanaal zijn en/of een eindproduct.

Extreme zelfprofilering

Door gebruik te maken van online sociale netwerken zijn miljoenen mensen zelf een communicatiekanaal geworden. Alleen heeft het begrip 'kanaal' in de wereld van de online sociale netwerken een heel andere betekenis gekregen.

Al in 1968 zei Andy Warhol: 'In de toekomst zal iedereen vijftien minuten wereldberoemd zijn.' Deze opmerking getuigt van inzicht. De opkomst van de massamedia was net begonnen. Via een aantal mediakanalen was een groot publiek te bereiken. Als je maar even op een van die kanalen je boodschap kwijt kon, was je zo vijftien minuten bekend. Alleen de grote organisaties echter hadden die mogelijkheid, zij beschikten over het budget dat nodig was om via deze massamedia het publiek te bereiken.

In de loop van de tijd namen de keuzemogelijkheden alleen maar toe. Keken er in 1951 hooguit een paar duizend mensen per dag naar het enige Nederlandse tv-kanaal, nu hebben we heel veel tv-zenders tot onze beschikking, en ontelbare sites. Tot voor kort was het vooral eenrichtingsverkeer. Dankzij de komst van de radio en vooral die van tv waren bedrijven in staat met een gerichte boodschap de grote massa te bereiken. En daar is dan ook gretig gebruik van gemaakt.

Er wordt dus vooral om onze aandacht gevraagd. Per dag krijgen we per persoon meer dan vijfduizend reclameboodschappen te verwerken, en dan tellen we andere impulsen zoals nieuwsberichten nog niet mee. In een jaar krijgen we meer informatie te verwerken dan onze grootouders in hun hele leven. De massaliteit waarmee er om aandacht wordt gevraagd, doet vermoeden dat er iets bijzonders en unieks aangeboden wordt. Dat lijkt in ieder geval de gedachte bij de aanbieders. Aandacht vragen is überhaupt vele malen gemakkelijker dan aandacht geven. Tot voor de komst van het internet was het absurd om te denken dat organisaties een op een zouden communiceren met consumenten of medewerkers. Het ging om de grote gemene deler, schaalvoordelen en efficiency, terwijl er juist nu veel ruimte is voor persoonlijk contact.

3

Digital natives en digital immigrants

Unilever, Shell, Heineken, het Rijk, KLM, Boston Consulting Group, Philips, Rabobank, de Verenigde Naties en de Europese Unie. Dit waren, volgens de Monitor Arbeidsmarktonderzoek, in 2009 de tien populairste werkgevers onder studenten. Ik voorspel echter dat binnen vijf jaar de helft van deze bedrijven niet meer in de top tien zal voorkomen, en zelfs niet meer in de top twintig. Ze zullen worden opgevolgd door bedrijven die we nu nog maar nauwelijks kennen of die zelfs nog niet bestaan. Ik acht de kans zelfs groot dat er een naam in voorkomt van een entiteit die we naar de huidige maatstaven geen bedrijf zouden noemen. Misschien wel een sociaal netwerk dat opereert als een bedrijf, maar dan zonder overhead zoals gebouwen en managers.

Tijdens mijn gastcolleges spreek ik veel met studenten. Vaak hebben ze al één of soms zelf meerdere bedrijfjes opgezet. Ze zijn volledig vergroeid met alle communicatie- en samenwerkingsmogelijkheden die het internet ze biedt. Ze leven in wat ik een *voortdurend discontinuüm* noem. Daarmee bedoel ik dat zij niet meer kunnen en willen leven en werken in lineaire en hiërarchische systemen. En laat dat nu juist de manier zijn waarop veel bedrijven nog georganiseerd zijn.

Nieuwe tweedeling

In de Connected!wereld zien we een nieuwe tweedeling ontstaan, die van de *digital natives* en de *digital immigrants*. Het principe van digital natives werd in 2001 beschreven door Marc Prensky. Hoewel het niet per definitie een omschrijving is van een generatie, zijn het veelal mensen geboren na 1980. Digital natives zijn opgegroeid in de Connected!wereld, anders dan de digital immigrants, die opgegroeid zijn in het industriële tijdperk zonder internet. Zij moeten dus integreren in deze nieuwe, digitale wereld.

Deze integratie is voor een steeds sneller groeiende groep digital immigrants overigens al ronduit geslaagd. Hele horden digital immigrants zijn hard bezig hun inburgeringcursus met succes te voltooien. In Nederland is bijvoorbeeld al 74 procent van de vijftigplussers online en weet goed de weg op het internet. Een steeds kleiner deel van Nederland moet nog min of meer beginnen aan hun integratie in de Connected!wereld.

Digital natives: altijd verbonden

Het is een populair misverstand dat bij digital natives alles draait om het internet en traditionele media zoals tv, radio en kranten er niet meer toe doen. De werkelijkheid is een stuk genuanceerder. Voor digital natives is het internet slechts een middel om met elkaar in contact te staan en te communiceren. Of ze dat doen via sms, online gaming, MSN of allerhande sociale netwerken is minder relevant.

Dit streven naar (online) verbonden zijn zegt dus niet zo heel veel over hun consumptie van traditionele media. Er circuleren verschillende onderzoeken over dit onderwerp, die elkaar soms ook nog tegenspreken, maar het algemene beeld lijkt dat digital natives in totaal zelfs meer media consumeren dan digital immigrants. Ze gaan er alleen heel anders mee om. Ze zijn bijvoorbeeld meesters in het tegelijk 'consumeren' van verschillende media, bijvoorbeeld skypen en tegelijk tv kijken.

Connected zijn is heel belangrijk voor digital natives. Ze bewegen zich in verschillende online sociale netwerken en hebben daardoor een uitgebreide online *presence*. Hierdoor zien ze ook weinig verschil tussen een online en een offline persoonlijkheid. Via het internet communiceren zij op dezelfde manier als wanneer ze hun vrienden fysiek ontmoeten. Waar het dollen met elkaar bij het fietsenhok in de jeugd van de digital immigrant tot daar beperkt bleef, is eenzelfde soort interactie nu te bekijken door iedereen met een internetverbinding. Wat privé was of tot een kleine groep behoorde, is nu publiek.

Opgegroeid met *Big Brother*, *De Gouden Kooi* en *Expeditie Robinson* weten ze niet beter dan dat (via sociale netwerken) de hele wereld hun podium is. Aanwezig zijn op dat podium is in principe al genoeg. Niet aanwezig zijn en geen online identiteit hebben is ondenkbaar.

Het online podium kan zelfs leiden tot wereldfaam. Esmée Denters hield haar hele leven al van muziek. Op haar kamertje in Oosterbeek zong ze covers van bekende artiesten zoals Christina Aguilera, Alanis Morissette en Alicia Keys. Geïnspireerd door andere filmpjes zette ze in augustus 2006, ze was toen zeventien, een muziekvideo van haarzelf op YouTube. Dat filmpje maakte ze op haar slaapkamer met de camera van haar zus. Binnen een aantal weken was het door duizenden mensen gezien. Ze plaatste meer video's en na enkele maanden waren haar homemade opnames door een miljoenenpubliek bekeken. Inmiddels staan er meer dan zestig video's van haar online. In 2007 tekende ze, pas tien maanden nadat ze haar eerste cover op YouTube plaatste, een platencontract met Tennman Records, het platenlabel van de bekende artiest Justin Timberlake.

Mijn neefje van acht heeft een Wii-spelcomputer. Een *digital skeptic* zou wellicht zeggen dat hij lekker moet voetballen met vrienden. Dat doet hij ook, maar lang niet altijd op het trapveldje achter zijn huis. Hij speelt op zijn spelcomputer net zo makkelijk een potje voetbal, met dezelfde vriendjes of misschien wel nieuwe vriendjes uit zijn sociale netwerk dat drie continenten omspant. Deze generatie ziet weinig verschil tussen hun online en hun offline identiteit. Een ontmoeting in elk van beide werelden is gelijkwaardig voor mijn neefje. Hij denkt er overigens niet eens over na.

'Ik (boos): Ga lekker spelen met je vriendjes. Eva (bozer): Maar ik bén met mijn vriendjes aan het spelen.'
Eva (10 jaar) en haar vader
Remco van der Steen,
manager HR Nederland WE Fashion

Een paar jaar ouder zijn de tieners die hun vriendschappen steeds meer rond MSN en Hyves opbouwen. Aan de andere kant maken ze steeds minder gebruik van e-mail. Het zijn niet alleen trivialiteiten die digital natives met elkaar uitwisselen, met MSN-vrienden bespreken ze bijvoorbeeld ook persoonlijke problemen. En dat gebeurt niet alleen in het redelijk afgeschermde MSN, maar bijvoorbeeld ook op Hyves, dat – tenzij je het actief afschermt – voor iedereen te lezen is. Onbeantwoorde verliefdheden, problemen op school, scheidende ouders et cetera, sociale netwerken staan er vol mee. Voor veel digital immigrants is het nagenoeg ondenkbaar dat ze semipubliekelijk hun diepste zielenroerselen zouden delen. Die maken de gang naar de psychiater of therapeut.

Digital natives passen het adagium 'aandacht geven in plaats van vragen' als vanzelf toe. De website Trendwatching.com (2009) noemt ze de generatie G(even): 'Deze generatie benadrukt het belang van het "geven" als een leidend principe in de maatschappij en economie. Als consumenten keren zij zich vol afschuw af van de hebzuchtige praktijken die mede gezorgd hebben voor de economische crisis. Er is een groot verlangen naar duurzame organisaties die "zorgdragen". De behoefte aan "geven" vloeit precies samen met de opkomst van online verbonden individuen die delen, geven, creëren en samenwerken.'

Digital immigrants: steeds meer actief in sociale netwerken

Ook digital immigrants zijn in groten getale online aanwezig. Ze volgen in hoog tempo het voorbeeld van de digital natives en verbinden zich massaal met elkaar. Al 22 procent van de Nederlandse vijftigplussers behoort tot minstens één sociaal netwerk. En nog een veel groter aantal is bekend met de verschillende sociale netwerken. Het netwerk met de grootste naamsbekendheid is MySpace (38 procent), maar slechts 5 procent is er lid van. Ook bij Facebook zien we een hoge bekendheid (17 procent) en een lage activiteit: slechts 1 procent is lid. Hyves scoort lager op bekendheid (13 procent), maar telt wel het hoogste aantal leden (8 procent). In België ligt het percentage vijftigplussers dat actief is op minimaal één online sociaal netwerk met 27 procent nog wat hoger dan in Nederland. Beide landen blijven echter nog achter bij bijvoorbeeld het Verenigd Koninkrijk, waar maar liefst 40 procent van de vijftigplussers participeert (InSites Consulting, 2008).

Het is dus een mythe dat sociale netwerken alleen gebruikt worden door jongeren. Het aantal vijftigplussers op Hyves stijgt bijvoorbeeld enorm. Mijn voorspelling is dat het ook in de komende jaren alleen nog maar verder zal toenemen.

Geen leaseauto, maar mobiel internet

Wat betekent het wanneer de digital natives het bedrijfsleven gaan betreden? Kunnen zij uit de voeten in organisaties die voornamelijk bevolkt en geleid worden door digital immigrants? Deels zullen ze zich onbegrepen voelen. Zij zullen eenzelfde omgeving verwachten, of in ieder geval wensen, als die ze nu in een groot deel van hun leven ervaren, een omgeving waarin samenwerken, delen, creëren, publiceren et cetera normaal is. In de huidige situatie zullen ze daarin bij veel organisaties voor een groot deel teleurgesteld worden. Hun ingebakken behoefte om te delen zal maar beperkt beantwoord worden. Omdat ze veel minder gevoelig zijn voor organisatorische hiërarchie, zullen ze regelmatig botsen met hun leidinggevenden of met hen die zich senior aan hen achten.

Digital natives maken weinig onderscheid tussen werk en privé. Door hun adoptie van nieuwe media kunnen ze overal en altijd werken, maar ook net zo makkelijk omschakelen naar een privéactiviteit. Ze denken en werken non-lineair. Ook zijn ze moeilijk te vangen in bestaande structuren en functieprofielen. Igor Milder, ceo van Lost Boys, daarover: 'Veel van onze medewerkers werken vier dagen in de week. Vaak heeft dit te maken met de zorg voor kinderen of ouders. Echter, veel van de jonge twintigers die nu binnenkomen, willen ook maximaal vier dagen werken. Mijn eerste reactie was: Vier dagen? Je begint net, dan wil je jezelf bewijzen en werk je toch zeven dagen in de week?' Het bleek Milder al snel dat de meesten inderdaad heel hard werkten, maar slechts vier dagen daarvan voor zijn bedrijf. 'Ze hebben soms wel twee of drie banen. Wat trouwens ook steeds meer geldt voor de wat oudere medewerkers.'

> *'Papa, dit lijkt Bol.com wel, maar je kunt de boeken hier aanraken!'*
> Jeroen de Haas (7 jaar)
> op boekenafdeling de Bijenkorf

De digital natives combineren dus bijvoorbeeld een baan in loondienst van drie dagen met een dag werken als freelancer en een rol als vrijwilliger in het weekend. Ze zien deze rollen ook niet per definitie als gescheiden van elkaar. Sociale netwerken stellen hen in staat al deze rollen virtueel met elkaar te verbinden. Ze vinden het dan ook heel belangrijk om daar vrij toegang toe te hebben. Gusta Timmermans van het ING expertise- en innovatiecentrum recruitment: 'Als we jonge, toekomstige medewerkers spreken, dan willen ze weten of ze op hun werkplek toegang hebben tot hun online sociale netwerken. Als ze horen dat dat bij ons maar beperkt kan, geven ze aan dat dat een reden zou kunnen zijn om dan maar niet voor de ING te kiezen.'

Deze ervaring wordt onder andere ondersteund door een onderzoek van Accenture uit 2008 (Curtis, Dempski & Farley, 2009). Vierhonderd digital natives werden ondervraagd over hun verwachtingen ten aanzien van (toekomstige) werkgevers op het gebied van technologie en *connectivity*. Een belangrijke uitkomst was de stijgende behoefte om via hightech communicatiemiddelen contact te houden met collega's, vrienden en familie in plaats van via direct persoonlijk contact. Verder gaf maar liefst 75 procent aan dat zij zelf via gratis websites communicatie- en samenwerkingssoftware downloaden omdat de werkgever daar niet in voorziet of de beschikbare bedrijfssoftware in hun ogen niet voldoet. Gevraagd naar verdere werkgerelateerde technologie die door de werkgever niet aangeboden wordt, noemden ze mobiel internet, online sociale netwerken, open-source software en instant messaging.

'Jack, 5 jaar, kijkend naar mamma achter computer: Mamma, is dit je feestboek?'
Johanneke

Meer dan de helft van de ondervraagde digital natives gaf aan dat de mate waarin werkgevers voorzien in de bovengenoemde middelen een belangrijke afweging is bij de keuze voor een werkgever. Op dit gebied bestaat er nog een aanzienlijke kloof tussen de digital native en de werkgever. Zo biedt slechts 6 procent van de bedrijven chatmogelijkheden aan en enkel 5 procent RSS-feeds.

De focus bij bedrijven ligt nog vooral op e-mail en op overleg in de vorm van vergaderingen. Uit het onderzoek blijkt echter dat het gebruik van e-mail onder digital natives steeds meer daalt. Gebruiken 'oudere' digital natives, zo eind twintig, nog gemiddeld 9,5 uur per week e-mail, bij begin twintigers is dat al gedaald naar 7,7 uur, terwijl tieners nog maar gemiddeld 2 uur per week e-mailen. Deze generatie wisselt e-mail steeds meer in voor instant messaging en communicatie via online sociale netwerken.

Er bestaat dus een aanzienlijke mismatch tussen wat digital natives verwachten en wat bedrijven bieden. Uiteindelijk zullen digital natives kiezen voor werkgevers die hen voorzien van geavanceerde technologie. Voorzien bedrijven daar niet in, dan zullen de digital natives het – in het gunstige geval – gewoon zelf regelen of deze bedrijven simpelweg links laten liggen.

Andere instelling en talenten

Niet alleen op het gebied van technologie hebben digital natives andere verwachtingen dan veel bedrijven gewend zijn, ook denken ze vaak anders over zaken als hiërarchie en organisatievormen dan meestal gebruikelijk is binnen bedrijven. Digital natives zijn bijvoorbeeld door hun uitgebreide ervaring met sociale netwerken vooral gericht op *peers*, niet op experts. Experts worden in hun wereldbeeld namelijk experts door het verzamelen en vooral ook behouden van kennis in plaats van door die te delen. Wellicht zijn zij de eerste generatie die al langer bestaande collaboration tools in organisaties werkelijk gaan gebruiken. Voor hen zijn dat onmisbare tools om te communiceren en te werken. Wat voor ons terzijde is, is voor hen ter zake (of de enige zaak).

Aan de andere kant kunnen en moeten ze ook veel leren. Hoewel het bijzonder goede multitaskers zijn, worstelen ze vaak ook met de overstelpende hoeveelheid informatie. Dit is overigens een belangrijke reden waarom hun vermogen om echt aandacht te geven erg beperkt is. Hierdoor zijn ze weer nauwelijks benaderbaar voor ongevraagde impulsen zoals reclame.

Digital natives zijn gewend aan een wereld van bijna onbegrensde mogelijkheden. In hun werk willen ze dus ook van alles tegelijk en vaak kunnen ze meerdere disciplines goed aan. Veel digital natives hebben meerdere, uiteenlopende talenten ontwikkeld, terwijl digital immigrants gewend zijn zich in hun carrière meer op enkele specialismen te richten.

Veel – vooral grote en bekende – organisaties gaan er nog steeds van uit dat jong talent wel vanzelf naar hen toekomt. Uiteraard worden er wel allerlei wervingspogingen gedaan. Het probleem is echter dat daarbij nauwelijks sprake is van gesprekken, terwijl de digital native juist gewend is aan persoonlijk, informeel en authentiek contact.

Digital natives maken nog steeds gebruik van traditionele media, maar hebben alle achterliggende beïnvloedingsmechanieken feilloos door. Ze zijn bijvoorbeeld minder vatbaar voor traditionele marketing- of wervingstechnieken. Of zoals een student het zei tijdens een van mijn gastcolleges: 'We hebben een heel goede bullshitradar ontwikkeld.' Hoewel ze dus nog wel traditionele media consumeren, zijn ze er niet of nauwelijks mee verbonden. Het zijn wegwerpartikelen geworden. Wanneer digital natives zich er niet op een diepere laag mee kunnen verbinden, laten ze het niet toe in hun leven. Precies dit dreigt te gebeuren in de relatie tussen veel bedrijven en jongeren. En het is dubbel ernstig, want er is niet alleen sprake van een verwijdering tussen bedrijven en jongeren in hun rol als (potentiële) medewerker, maar ook tussen bedrijven en jongeren in hun rol als consument.

Als organisaties echter de moeite nemen om echt een band met hen aan te gaan, dan zullen de digital natives dat belonen. Ze zijn namelijk erg trouw als er eenmaal een connectie is. Daarbij zijn ze gewend om feedback te geven. Dat hebben ze immers al heel vroeg op school en van hun ouders geleerd. Ze kunnen daarbij direct en 'hoekig' communiceren, maar de betrokkenheid is heel oprecht. Door hun connected levensstijl kunnen ze vooral op dit gebied organisaties waardevolle lessen leren.

Het is belangrijk te beseffen dat voor digital natives werk vooral ook een manier is om hun netwerk verder uit te bouwen. Ze redeneren dan ook vanuit de gedachte: 'Het is belangrijker wie je kent dan wat je weet.' En: 'Wie je kent is wie je bent.' Het zijn ultieme netwerkbouwers en daarin willen ze niet belemmerd worden.

Verder willen digital natives een coach en geen baas. Ze vinden het belangrijk dat het bedrijf waar ze werken een duurzame reputatie heeft. Vrijheid en verbondenheid gaan bij hen samen. Ze willen in vrijheid verbonden zijn. Ze zoeken een werkplek waar ze 'vrienden' kunnen vinden.

Binnen een organisatie zijn voor digital natives de regels en normen van het sociale netwerk belangrijker dan de formele en hiërarchische afspraken. Ze stellen ook veel belang in het bouwen en onderhouden van netwerken omdat dat weer bijdraagt aan de waardering die ze krijgen van ditzelfde netwerk.

Deel 2
Connected!organisatie

4

Kenmerken van de Connected!organisatie

'Wisdom of the pilots!' riep ik tegen Alex Peltekian, directeur van dertien basisscholen, toen hij me het concept van de decentrale luchtverkeersleiding uitlegde. Hij gebruikt het voorbeeld vaak in zijn eigen presentaties, om te illustreren hoe bedrijven zich moeten organiseren in de 21ste eeuw. Zijn theorie ontleent hij aan een onderzoek van Jacco Hoekstra, werkzaam aan het Nationaal Lucht- en Ruimtevaartlaboratorium. Het uitgangspunt daarvan was om te zien hoe de kennis en ervaring van piloten beter gebruikt kan worden bij het beheer van het luchtruim.

Traditioneel is de luchtverkeersleiding een centraal georganiseerd systeem. Een verkeersleider beheert een deel van het luchtruim, een zogenoemde sector, en geeft aanwijzingen aan de piloten. Deze volgen enkel de aanwijzingen op. Om de vliegtuigen bij elkaar uit de buurt te houden wordt er met 'luchtwegen' gewerkt, zeg maar snelwegen voor vliegtuigen. Deze luchtwegen liggen op verschillende hoogten om zo het verkeer te scheiden. Deze voorgeprogrammeerde en centraal beheerde vaste paden zijn zelden de optimale route voor een vlucht. Daarbij kan er maar een bepaald aantal vliegtuigen in elke sector aanwezig zijn, waar ze verdeeld worden over de verschillende luchtwegen. De beperkte capaciteit zorgt vaak voor vertragingen.

In zijn promotieonderzoek pleit Jacco Hoekstra voor een nieuw concept: Free Flight. Deze aanpak houdt in dat vliegtuigen op de voor hen ideale hoogte en koers vliegen en daar alleen van hoeven af te wijken als ze op het pad van een ander toestel terechtkomen.

Alle vliegtuigen zenden digitaal hun exacte locatie en koers uit. Piloten zien deze gegevens in de cockpit. De verantwoordelijkheid voor het uit elkaar houden van de vliegtuigen ligt dan bij de vliegers zelf. Als extra veiligheidsmaatregel worden ze daarbij ondersteund door het Airborne Separation Assurance System (ASAS), dat eventueel waarschuwt of adviseert.

Men vermoedt dat het Free Flight-concept ervoor kan zorgen dat het beschikbare luchtruim vele malen beter en veiliger benut kan worden dan nu gebeurt. Op dit moment wordt op Europees niveau gekeken of en zo ja, wanneer het Free Flight-systeem kan worden ingevoerd.

Macht verschuift

Free Flight is een perfecte metafoor voor organisaties in de 21ste eeuw. Door zich te verenigen in online sociale netwerken kunnen mensen aanzienlijke krachten mobiliseren, krachten die mogelijk op termijn vele malen groter zijn dan organisaties kunnen realiseren. Organisaties zullen niet meer leidend zijn, maar volgend en faciliterend. Zoals ik in hoofdstuk 1 omschreef, zullen consumenten en medewerkers zich de participatie in merken en organisaties toe-eigenen. Gestaag nemen zij de controle over. Sociale netwerken zullen bestaande organisaties gaan vervangen en zelf producten en diensten gaan produceren. De huidige organisaties zullen niet meer *in charge* zijn, want een fysieke samenklontering van enkele tientallen, honderden of zelfs duizenden mensen in een organisatie is geen partij voor online sociale netwerken gevormd door een ontelbare menigte mensen.

IKEA kan bijvoorbeeld niet anders dan accepteren dat een designplatform zijn ontwerpen 'hackt'. Wellicht zit de Zweedse meubelgigant niet te wachten op een GYNEA, een tot gynaecologiestoel verbouwde IKEA-bureaustoel, maar verzet heeft weinig zin. Platform21 heeft met zijn netwerk namelijk besloten dat het een doorkijkje wil geven naar wat het zelf omschrijft als: '(...) het private leven van de alomtegenwoordige IKEA-producten. Daar wordt de hyperonpersoonlijke IKEA-stoel tot de plaats waar de intiemste en juist meest persoonlijke activiteiten plaatsvinden. De transformatie van een allemansmeubel tot een privédomein.'*

Hierdoor verdwijnt het onderscheid tussen wat zich 'buiten' en wat zich 'binnen' een organisatie afspeelt. Nog bestaande barrières onder het mom van vertrouwelijkheid, betrouwbaarheid en veiligheid zullen de komende tijd overwonnen worden. Daarna bevinden we ons in een tijdperk waar maatschappelijke en economische ontwikkelingen zich voor een groot gedeelte buiten de huidige beinvloedingssfeer van de bedrijven afspelen.

Klanten en medewerkers bepalen vanaf dan het gesprek. 'The end of business as usual' noemen Rick Levine et al. (2000) het in *The Cluetrain Manifesto*: 'Er is een krachtige conversatie begonnen. Door het internet ontdekken mensen nieuwe manieren om relevante informatie met de snelheid van het licht te delen. Als een gevolg daarvan worden markten slimmer en sneller dan de meeste bedrijven.'

De Connected!wereld stelt organisaties dus voor een enorme uitdaging. Dat is vaak behoorlijk schrikken. We zijn zo gewend aan hoe we de zaken de afgelopen honderdvijftig jaar hebben aangepakt. Organisaties bevinden zich op een punt dat Tom Hayes (2008) het *jump point* noemt: 'Een verandering zo enorm ingrijpend dat we geen keuze hebben dan te hergroeperen en de toekomst opnieuw te overdenken.'

Invloed op bedrijven

Organisaties krijgen op twee manieren te maken met de macht van sociale netwerken. Om te beginnen zullen consumenten, zoals in het voorbeeld van IKEA, meer macht krijgen over producten en diensten. Daarnaast zullen zij voor een aanzienlijk deel de strategie van een bedrijf gaan bepalen, niet vanuit de organisatiehiërarchie, bijvoorbeeld omdat ze aandeelhouder zijn, maar doordat ze in sociale netwerken de opinie beïnvloeden. In hoofdstuk 11 zal ik laten zien hoe sociale conversaties een enorme impact hebben op de koers van organisaties, zowel in positieve als

* Zie www.platform21.nl.

negatieve zin. Organisaties zullen steeds minder invloed hebben op hun eigen bestaan.

Omdat werknemers consumenten zijn en veel consumenten ook werknemer, krijgt een organisatie ook als werkgever te maken met de Connected!wereld. Miljoenen Nederlanders maken gebruik van sociale netwerken en sociale media en werken naar hartenlust online met elkaar samen, doen er zaken en ontmoeten elkaar. De volgende ochtend op hun werk komen ze echter in veel gevallen in een andere wereld. Een wereld die meestal nog gebaseerd is op het industriële model, waar vaak de toegang tot bedrijfsinformatie beperkt is en afhankelijk van je positie. Een omgeving waar macht vooral gebouwd is op het vergaren en behouden van kennis, niet op het delen ervan.

Uiteindelijk verwachten mensen dat bedrijven transparant worden en publiekelijk verantwoording afleggen. We nemen afscheid van puur individualisme en gaan naar een meer samenhangende en verbonden maatschappij. Bedrijven zullen daarop moeten inspelen. Ook de kredietcrisis, waardoor mensen veel bedrijven echt zijn gaan wantrouwen, speelt daarin mee, net als overigens de trend naar duurzaamheid – het komt allemaal samen. Bedrijven worden erdoor gedwongen zich aan anderen dan de traditionele stakeholders te binden en daar verantwoording aan af te leggen. Dat veroorzaakt veel deining, want tot voor kort hadden bedrijven maar een paar stakeholders en nu staan ze in verbinding met de hele wereld. Dat leidt tot een enorme worsteling hoe daarmee om te gaan, en vaak tot een terugtrekbeweging.

Reactie van organisaties

Er ontstaat dus nu in hoog tempo een Connected!wereld met daarin *disconnected* organisaties. De ontwikkelingen in de Connected!wereld gaan zo snel dat de meeste organisaties het niet bij kunnen houden. Ze ontleenden hun bestaansrecht aan het feit dat zij als een van de weinigen iets konden. De concurrentie in een wereld met beperkte verbindingen was veel gemakkelijker dan in een hyperverbonden wereld. Er ontstaan nu product-marktcombinaties die niet meer door bedrijven bedacht zijn. Als gevolg hiervan hebben organisaties de neiging zich juist nog meer naar binnen te keren, in plaats van contact te maken met de snelgroeiende groep mensen die zich online manifesteren en aan een toekomst werken waarin producten en diensten gemaakt worden door en voor de consument, niet alleen als individu, maar vooral ook als groep.

Een treffend voorbeeld daarvan is de manier waarop organisaties omgaan met de toegang tot sociale netwerksites. Het internetbeveiligingsbedrijf ScanSafe deed er onderzoek naar (ScanSafe, 2009). Tot voor kort beperkten werkgevers zich tot het blokkeren van pornosites, discriminerende sites en sites waar illegale activiteiten worden gepromoot. Inmiddels zorgt 76 procent van de werkgevers ervoor dat hun medewerkers ook niet meer tijdens kantoortijden naar sociale netwerksites kunnen surfen. Niet alleen vinden de werkgevers dat werknemers er veel tijd aan kwijt zijn, ook vormen deze sites een te grote belasting voor de bandbreedte.

'Social media is de wandelgang van je kantoor, alleen deel je die gang met de hele wereld in plaats van een paar collega's.'
Elise de Brest

Het afschermen of beperken van toegang tot sociale netwerken op het werk staat volgens mij niet alleen haaks op de filosofie van een Connected!organisatie, maar vermindert ook de productiviteit. Dit blijkt uit een onderzoek uitgevoerd aan de University of Melbourne in 2009. Werknemers die maximaal 20 procent van hun werktijd besteden aan sociale netwerksites, zijn 9 procent productiever dan hun collega's die dat niet (kunnen) doen. Uit hetzelfde onderzoek blijkt dat 70 procent van de werknemers het internet op kantoor ook voor privédoeleinden gebruikt. Maar pas op, want als het privé surfen op het werk leidt tot een internetverslaving, dan daalt de productiviteit juist met 14 procent, zo blijkt uit hetzelfde onderzoek.

Uiteraard is het te begrijpen dat organisaties enig idee willen hebben van wat hun medewerkers doen op het werk. Veel bedrijven zien online sociale netwerken als puur tijdverdrijf. En zo is het natuurlijk ook begonnen, tot niet zo lang geleden was de impact ervan op ons leven heel beperkt. Maar inmiddels hebben de massale online verbindingen tussen mensen een enorme impact op onze samenleving en economie, en die zal de komende jaren alleen nog maar groter worden. Al jaren proberen veel bedrijven kennisdelings- en kennismanagementtoepassingen te introduceren met als doel kennis beter te laten circuleren onder de medewerkers. Nu blijkt dat de achterliggende filosofie van verbondenheid wordt opgepakt, alleen wordt deze verbondenheid nu niet gefaciliteerd door de al binnen het bedrijf aanwezige instrumenten, maar door nieuwe, beter geschikte software die – vaak gratis – via open websites wordt aangeboden. In hoofdstuk 3 zagen we al dat 75 procent van de digital natives deze software downloadt als alternatief voor wat er binnen bedrijven beschikbaar is.

Jeroen Versteeg, ceo van ICT-dienstverlener Sogeti, heeft een geheel eigen kijk op hoe bedrijven met de impact van connectivity kunnen omgaan: 'Kennisintensieve bedrijven zouden moeten stoppen met al die krampachtigheid zoals het klokken van tijd en afschermen van sites voor hun medewerkers. Wij blokkeren bij Sogeti niets. Dat doen we heel bewust, zo hebben we geen bezoekersbadges en rekenen medewerkers in het bedrijfsrestaurant zelf af. Als je je wilt verbinden met de nieuwe wereld, begint dat met dit soort symbolische statements. Als een van onze kernwaarden hebben we vertrouwen geïntroduceerd. Dat woord komt natuurlijk in meer visiedocumenten voor, maar het management heeft direct de opdracht gekregen om het, anders statische begrip, te operationaliseren. Ik wil vertrouwen in de praktijk zien aan de hand van concrete voorbeelden.'

Het kenmerk van een Connected!wereld is het feit dat grenzen vervagen. Want alles staat met alles in verbinding. Traditionele scheidingen tussen organisaties, consumenten en werknemers vervloeien. Richard Dennison, hoofd kennismanagement bij British Telecom, verwoordt het op de volgende manier: 'We hebben de filosofie dat persoonlijke informatie ook zakelijke informatie is. We denken dat het mixen van deze twee je een profiel geeft waarmee anderen zich makkelijker kunnen verbinden. Zodat mensen daardoor in staat gesteld worden om diepere en meer persoonlijke relaties te ontwikkelen. Anders zijn we eendimensionale *suits*. We proberen weg te blijven van een houding dat je op je werk een andere persoon moet zijn.'

Om deze filosofie invulling te geven is British Telecom in 2007 begonnen met een 'web liberalisation'-offensief. Alle medewerkers kregen op hun werk toegang tot online sociale netwerken. Het bedrijf ziet juist in deze netwerken de mogelijkheid voor medewerkers om op een meer persoonlijke manier contact te leggen met klanten, partners en leveranciers, in het geloof dat ze daardoor effectiever zullen opereren. De belangrijkste reden voor dit besluit was dat vierduizend medewerkers zich autonoom op Facebook hadden verzameld in een British Telecom-groep. Er was dus een grote behoefte om zich, onder de vlag van het bedrijf, online te verenigen.

Diverse sociale en demografische ontwikkelingen veroorzaken een groeiende behoefte aan flexibiliteit wat betreft het werk. Werknemers hebben de zorg voor kinderen of ouders of willen simpelweg om een andere reden op andere tijden werken. Heel veel organisaties belonen en beoordelen nog op basis van aanwezigheid: het werk dient gedaan te worden tussen negen en vijf; wat er gedaan wordt is vaak nog wel redelijk inzichtelijk, maar of het op de meest efficiënte manier gebeurt is vaak helemaal niet duidelijk. Uiteraard zijn er ook functies waarbij het niet anders kan, maar toch is het verbazingwekkend om te zien hoe vaak het, met enige creativiteit, juist wel mogelijk is om flexibel te zijn met werktijden.

Het nieuwe werken

Bedrijven komen nu langzaamaan met oplossingen voor de behoefte aan flexibiliteit in het werk. Neem de recente opkomst van 'het nieuwe werken'. In 2007 formuleerde Dik Bijl hiervoor in zijn boek *Het nieuwe werken* de volgende definitie: 'Het is die manier van werken waarbij het soort werk – kenniswerk – en het soort werker – kenniswerker – optimaal op elkaar afgestemd zijn, zodat de nodige resultaten behaald worden: substantiële en duurzame productiviteitsverbeteringen van de kenniswerker met daaraan gekoppeld een beter welzijn en een betere balans werk/privé voor diezelfde kenniswerker.'

Meestal is er een concrete noodzaak voor organisaties om over te gaan op het nieuwe werken, zoals bij SNS Reaal. Door diverse overnames werkt het personeel verspreid over veel verschillende locaties. Hierdoor wordt er veel gereisd en door de files gaat er veel kostbare tijd verloren. Daarbij speelt ook het verlangen van medewerkers om meer balans te vinden tussen werk en privé en meer zelf hun tijd te kunnen indelen.

Daarom is besloten om gefaseerd over te gaan op het nieuwe werken. Het belangrijkste kenmerk hiervan is om tijd- en plaatsonafhankelijk te gaan werken. Medewerkers hebben dan geen eigen bureau of kamer meer, maar krijgen een laptop en smartphone en kunnen dan op diverse locaties aan het werk op flexplekken. Er werd in 2009 gestart met een eerste groep van vijfhonderd medewerkers op een totaal van achtduizend die op deze manier gaan werken. De visie op het nieuwe werken is ontstaan in verschillende managementsessies, waar enkele gezamenlijke doelen geformuleerd werden. Manja Jongsma, directeur het nieuwe werken bij SNS Reaal, zegt hierover:

'We kwamen uit een tijd waarin thuiswerken niet bespreekbaar was. Een aantal leidinggevenden was ten opzichte van hun medewerkers toch nog wel sterk gericht op controle en aanwezigheid. Dan is het zoeken naar het momentum waarbij je genoeg mensen mee krijgt. Uitgangspunt hierbij was dat als medewerkers beter presteren, ze ook onze klant beter van dienst zijn. Een goede balans tussen werk en privé speelt daarbij voor heel veel van hen een doorslaggevende rol. Uit ervaring weten we dat die balans of onbalans ook direct de medewerkertevredenheid beïnvloedt.
Naast het verder verhogen van prestaties van medewerkers is ook een van de doelstellingen het beter kunnen aantrekken van de groep digital natives als werknemer. Aan de andere kant waren er ook afgeleide doelen zoals kostenefficiency en het verhogen van de productiviteit.'

Na deze vijfhonderd medewerkers volgen de raad van bestuur en de managementlaag daaronder. Ook zij zullen geen eigen kamer meer hebben en van flexplekken gebruik gaan maken. Geen eigen kamer hebben wordt over het algemeen, zeker in de financiële sector, als iets ingrijpends gezien. Een eigen kamer wordt toch vaak als een statussymbool beschouwd. Het nieuwe werken verandert ook de manier waarop medewerkers hun dagelijkse werk inrichten. Het kantoor wordt vooral een ontmoetingsplek, terwijl bijvoorbeeld werk dat veel concentratie vereist, juist thuis wordt gedaan.

Hewlett-Packard (HP) heeft rond 2007 een dergelijke grootscheepse overgang naar het nieuwe werken doorgevoerd. Net als bij SNS Reaal was er een praktische aanleiding: de verhuizing van het Nederlandse hoofdkantoor van Utrecht naar een kleinere locatie in Amstelveen. Uiteraard had dit gevolgen voor de werknemers wat betreft bijvoorbeeld reistijd. Peter Prakken, HR-directeur: 'We besloten de verantwoordelijkheid bij de medewerkers zelf te leggen. Zij werden in de gelegenheid gesteld hun werk-privébalans op een goede manier in te vullen. Per slot van rekening zijn we een IT-bedrijf, dus in staat om tijd- en plaatsonafhankelijk werken te faciliteren.'

HP maakte onderscheid in twee typen flexwerkers: medewerkers die 40 procent of meer van hun tijd flexibel werken en medewerkers die minder dan 40 procent van hun tijd of helemaal niet flexibel kunnen werken. 'We hebben van tevoren met elkaar besproken welke functies wel en welke niet op die manier uit te voeren zouden zijn. Bij bepaalde functies is het praktisch gezien niet wenselijk dat mensen thuis werken', aldus Prakken. De eerste groep werd gefaciliteerd met een thuiswerkplek en apparatuur zoals laptop en smartphone. De andere groep kreeg de middelen die nodig zijn om af en toe vanuit huis te werken.

Veranderingen in de bedrijfscultuur

Ongeveer 1000 van de in totaal 2400 medewerkers behoren nu na twee jaar tot de flexgroep die regelmatig vanuit huis of vanaf een andere plek dan kantoor werkt. Prakken noemt de hele overgang één grote organisatieverandering. De introductie van het nieuwe werken bleef niet beperkt tot een aangepaste kantoorruimte en het aan de medewerkers ter beschikking stellen van de juiste technische hulpmiddelen, het had vooral gevolgen voor de cultuur in het bedrijf. In het veranderproces dat gepaard ging met de overgang naar het nieuwe werken, stonden de zogenaamde vier V's centraal: verantwoordelijkheid, vertrouwen, vrijheid en verbondenheid.

Prakken concludeert: 'We zien dat het werk dat gedaan moet worden, nog steeds gebeurt. Net zoals dat ook het geval was voor de overgang naar het nieuwe werken. Het is een misvatting om te denken dat mensen alleen hard werken als hun leidinggevende in de buurt is. We hoeven mensen niet te controleren of ze werken en checken dus ook niet wanneer iemand in- en uitlogt. Het is eerder omgekeerd: doordat mensen flexibel kunnen werken, gaan ze juist regelmatig te lang door. We hebben daar ook met elkaar over gesproken. Zo is het min of meer een stilzwijgende afspraak dat je, uitzonderingen daargelaten, na zeven uur 's avonds niet meer online bent. Wat we ook bewust gedaan hebben, is het openbaar maken van alle agenda's. Wederom niet als controle-instrument, maar omdat medewerkers elkaar maximaal moeten kunnen vinden. Aangezien ze nu vaak niet meer bij elkaar op de afdelingen zitten, kunnen ze zo toch makkelijk onderling afspraken maken en zien waar collega's mee bezig zijn.'

Bij de Brabantse Vitalis WoonZorg Groep wordt op een andere manier met collectieve zelfplanning geëxperimenteerd. Een deel van het personeel kan zelf met elkaar het werkschema bepalen. Voorheen was dat het werk van een manager. Het is een lastige en complexe taak wanneer die door één persoon wordt uitgevoerd. Bovendien gaf de oude werkwijze de medewerkers geen enkel gevoel van controle. Viel er bijvoorbeeld iemand door ziekte uit voor de weekenddienst, dan was het voor de andere medewerkers afwachten wie er, vaak pas op vrijdagmiddag, gebeld zou worden met de vraag de dienst over te nemen. Met de invoering van het zelfplanningssysteem kwam er een eind aan deze lastige situatie. De leidinggevenden zetten de planning van diensten online en medewerkers kunnen zelf via het internet de diensten met elkaar afstemmen en op diensten intekenen.

'Social-mediadynamiek ondermijnt hiërarchie in relaties en in omgangsvormen.'
Wilco Turnhout, oprichter Rapid Circle

Ook de overheid start initiatieven op het vlak van het nieuwe werken. In 2010 wordt de rijkswerkplek gelanceerd. Met de persoonlijke rijkspas kunnen ambtenaren toegang krijgen tot elk departement en later ook gemeenten en provincies en daar op flexplekken inloggen. Ze beschikken dan direct over hun eigen applicaties. 'Naast een positieve impact op het milieu en een bijdrage aan het terugdringen van de files, zorgt het er ook voor dat het Rijk een aantrekkelijke werkgever blijft. Mensen willen simpelweg meer controle over waar en wanneer ze werken. Daarbij geloven we ook dat als ambtenaren beter digitaal verbonden zijn, ze ook de maatschappij beter van dienst kunnen zijn', aldus Nicole Stolk, directeur bedrijfsvoering en chief information officer van het ministerie van Binnenlandse Zaken.

Weerstand

Een innovatiemanager van een multinational vertelde mij dat volgens hem het middenmanagement de grootste belemmering vormt voor de overgang naar het nieuwe werken. Zij zouden het meeste te verliezen hebben en daarom de meeste weerstand vertonen. De top is vaak visionair of in ieder geval strategisch genoeg om te zien waar het heen gaat. De professionals op de 'werkvloer' hebben vaak in de privésfeer al ruime ervaring met sociale netwerken zoals Hyves of Facebook en LinkedIn en zien ook de extra waarde die ze kunnen hebben voor hun werk, maar het middenmanagement bestaat vaak uit digital immigrants en is bovendien bang overbodig te worden. Of zoals Manja Jongsma van SNS Reaal het formuleert: 'In veel bedrijven ligt de nadruk bij de overgang naar het nieuwe werken te veel op de ICT en huisvesting. Het belang van de cultuur wordt te vaak onderschat. Medewerkers zijn al snel voor, want die hebben vaak op het eerste oog veel te winnen. Ze kunnen bijvoorbeeld thuis werken en op tijden die hen het best uitkomen. Meestal komt eventuele weerstand bij deze groep pas later in het proces. Het middenmanagement staat direct vanaf het begin in de vuurlinie. Zij kunnen het gevoel hebben de controle te verliezen. Voor sommige leidinggevenden is de stap groot.'

Andere manier van leidinggeven

In dergelijke grote verandertrajecten, want daar hebben we het over, is er vaak te weinig aandacht voor de leidinggevende. De medewerkers zien, zoals ook Jongsma aangeeft, de voordelen wel, die willen graag zelf hun werk indelen. Mijn ervaring is dat als ze die vrijheid krijgen, ze zelf ook om heldere doelstellingen vragen en vervolgens aan het eind van de rit verantwoording afleggen over de resultaten. Leidinggevenden zullen meer aandacht moeten besteden aan hoe ze dit proces van verantwoordelijkheid en verantwoording kunnen sturen en zullen daarin ook zelf het voorbeeld moeten geven.

Ook binnen de ministeries die overgaan naar het nieuwe werken wordt onderkend dat dat leidt tot een totaal andere manier van leidinggeven. Nicole Stolk: 'Er zijn directeuren en afdelingshoofden die het prettig vinden om al hun medewerkers binnen te hebben tussen 9 en 5 en zo te kunnen sturen. In een situatie waarin je medewerkers vaker niet dan wel op de afdeling zijn, is dat niet vol te houden. Het is dus nodig om ruimte te geven en op resultaat te sturen, waarbij het dan niet uitmaakt hoe en waar dat resultaat tot stand komt. Dat is best lastig, want veel managers zijn hier toch meer gewend om zo precies mogelijk opdrachten te geven en tussentijds de voortgang nauwgezet te volgen. De vraag is of je meer grip hebt op wat mensen doen als ze vijf dagen op de afdeling zitten. Ik geloof niet dat mensen er de kantjes van aflopen als ze meer vrijheid krijgen. Sterker, de meeste medewerkers verzetten juist meer werk aangezien je ook in de avonden en weekenden kunt inloggen. Daarbij wordt het door de verbinding in online netwerken heel transparant wat iedereen doet en kun je je gewoon niet verstoppen.'

Bij HP bespraken managers in workshops cases over leidinggeven en het nieuwe werken en kregen ze praktische tips over hoe ze medewerkers op afstand kunnen aansturen en begeleiden. Belangrijk hierbij was de focus op de verschuiving van het managen op input – de aanwezigheid van negen tot vijf – naar het sturen op output gebaseerd op van tevoren met elkaar afgesproken doelstellingen. Sturen op verantwoording en verantwoordelijkheid is bij HP, in tegenstelling tot wat men aanvankelijk dacht, niet het belangrijkste, dat is de zorg voor verbondenheid. Wanneer medewerkers elkaar nog maar beperkt zien, kan er een gevoel van eenzaamheid ontstaan. Het bewaken van de onderlinge verbondenheid wordt bij HP als een van de belangrijkste aandachtsgebieden van de leidinggevenden gezien. Elke afdeling en elk team pakt dat op een eigen manier op, bijvoorbeeld door een afdelingsborrel te organiseren of regelmatig samen te gaan lunchen. Verder worden er centraal kwartaalbijeenkomsten georganiseerd voor alle medewerkers.

Op naar de Connected!organisatie

In de Connected!wereld voegen we op nieuwe, virtuele manieren waarde aan elkaar toe. Het is een volledig nieuw spelveld waarvan we de spelregels nog maar tot op zekere hoogte kennen. Elke organisatie zal ermee te maken krijgen. Je tegen de Connected!wereld verzetten heeft weinig zin. Het komt erop aan de ontwikkelingen snel te onderkennen en te absorberen in de organisatie. Het is zaak aansluiting te vinden bij de relevante sociale netwerken rondom je dienst of product, want anders hebben consumenten jouw organisatie straks misschien helemaal niet meer nodig.

Een Connected!organisatie maakt optimaal gebruik van de kracht van de verbinding met netwerken van klanten, medewerkers, leveranciers en concurrenten. Een Connected!organisatie verkoopt niet zozeer een product of dienst – of doet dat wellicht wel, maar dan is het niet de corebusiness – maar biedt mensen de mogelijkheid zich met haar te identificeren, met haar samen te werken en uiteindelijk te participeren in de organisatie. Om dit te realiseren moeten organisaties transformeren van een hiërarchische, naar binnen gekeerde en aanbodgestuurde organisatie naar een niet-hiërarchische, naar buiten gekeerde en vraaggestuurde organisatie. Voordat het zover is, moeten bestaande structuren verdwijnen. Of zoals Pablo Picasso het zei: 'Every act of creation is first an act of destruction.'

Dit is voor een deel de manier waarop John Chambers, ceo van Cisco, het aanpakt. Hij heeft voor Cisco een visie geformuleerd die voor mij dicht in de buurt komt van een Connected!organisatie. Chambers spreekt over zijn belangrijkste rol als ceo als die van 'het aanwakkeren van het menselijk netwerkeffect'. Om dit te realiseren is hij onder andere bezig om het leiderschap en de besluitvorming binnen Cisco te herverdelen.

Tot nu toe was Chambers als ceo verantwoordelijk voor een groot deel van de beslissingen die genomen werden in het bedrijf, daarbij ondersteund door een relatief kleine groep van ongeveer tien topmanagers. Dit is een voorbeeld van een commandoketen in een klassieke, hiërarchische organisatie. Echter, wanneer hij aftreedt, moet er niet één opvolger zijn, maar moeten diverse werkgroepen met in totaal ongeveer vijfhonderd managers zijn rol overnemen. Althans, dat is de metafoor die hij veelvuldig gebruikt. In zijn visie is het doorbreken van deze keten van essentieel belang voor het voortbestaan van Cisco.

Door kennis en bevoegdheden opnieuw te verdelen en interne afdelingsgrenzen weg te nemen wordt bij Cisco een 'neuraal' netwerk gecreëerd. Waar leiders van businessunits eerst vochten om macht en resources, delen ze nu de verantwoordelijkheid voor elkaars succes. Kennis delen is niet iets vrijblijvends, maar een plicht. Als alle bedrijfsinformatie voor iedereen binnen het bedrijf beschikbaar is, kan het zomaar zijn dat een talentvolle stagiair eerder en sneller een analyse maakt van de commerciële prestaties van een afdeling dan de betrokken manager. Het geheel moet resulteren in een zelfdenkend en zelfsturend organisme – of in een *beehive*, zoals social-networkgoeroe Seth Kahan het noemt.

Door dagelijks een intern videoblog in te spreken (hij schijnt dyslectisch te zijn) geeft Chambers zelf het goede voorbeeld. Zo wordt belangrijke interne informatie op alle niveaus gedeeld. Daarbij rapporteert Chambers over de voortgang van zijn voornemens, namelijk het tot stand brengen van een Connected!organisatie. Hij gebruikt sociale media zoals blogs om te laten weten waar hij heen wil en welke stappen hij zelf neemt om daar te komen. De doelstellingen van het bedrijf en de strategie om die te realiseren worden zo keer op keer uitgedragen. Chambers nodigt zijn management uit om hetzelfde te doen. Zo wordt informatie continu door alle lagen van de organisatie heen gedeeld. En dan niet enkel de zaken die al afgerond zijn dan wel besloten, het gaat juist om het delen van de dilemma's, de uitdagingen en de nog onbeantwoorde vragen. Zo ontstaat een cultuur waarin vragen om hulp als iets positiefs wordt gezien in plaats van als een teken van zwakte. Medewerkers voelen zich meer betrokken bij het bedrijf en kunnen hun dagelijkse werkzaamheden beter relateren aan de bedrijfsstrategie.

Branchegenoot IBM behoort net als Cisco tot die bedrijven die gezien de aard van hun dienstverlening al van nature bepaalde kenmerken hebben van een Connected!organisatie. Bij mijn gesprek met Harry van Dorenmalen, ceo van IBM Benelux, is ook zijn executive assistant, digital native Nicoline Braat, aanwezig. 'Ik zit hier nu vier jaar en Nicoline is mijn negende executive assistant. Het zijn steeds jonge medewerkers die voor een aantal maanden met mij meelopen. Ze zijn nagenoeg overal bij en krijgen zo een kijkje in de keuken. Je hebt als organisatie mensen nodig die een reflectie zijn van de toekomst, maar ook zelf als ceo blijf ik zo heel goed aangesloten bij wat er bij deze generatie speelt', aldus Van Dorenmalen.

'Vroeger volgde inhoud op relatie. Nu creëer je sociale relaties met mensen wier inhoud je interesseert.'
Wiebe de Jager, directeur/uitgever Eburon

IBM bestaat in 2011 honderd jaar en is net als de meeste bedrijven ontstaan in het industriële tijdperk. De afgelopen decennia heeft het een enorme ontwikkeling doorgemaakt, van computerfabrikant tot een kennisorganisatie met vierhonderdduizend medewerkers, actief op heel uiteenlopende gebieden. Van Dorenmalen:

'We zijn een open en wereldwijd bedrijf. We doen heel veel dingen één keer ergens heel erg goed en de rest van de organisatie maakt daar gebruik van. Dat vraagt dus om een *global brain*. We hebben het in huis, maar waar is het? We moeten dus zorgen dat we het heel snel en makkelijk kunnen vinden. Ook commercieel gezien is dit vindbaar maken en verbinden van de enorme hoeveelheid beschikbare informatie een interessante kans.
Bij deze uitdaging gaan online sociale netwerken ons helpen en je hebt mensen nodig die begrijpen welke dynamieken er spelen in deze netwerken en hoe ze werken. Als ik zelf bijvoorbeeld een rapport niet begrijp, dan vraag ik online in een sociaal netwerk of iemand de essentie in een paar zinnen kan samenvatten. Vroeger werd de meeste kennis toegedicht aan de top van het bedrijf. Als leider diende je alles te weten, of dat dacht je zelf. Online sociale netwerken ontsluiten nu voor mij de kennis van mensen die ik vaak niet ken en dus anders niet zou weten te bereiken. Kennis komt daarmee steeds meer los te staan van positie. Door deze netwerken kunnen mensen ook makkelijk laten zien waar ze goed in zijn en vervolgens kan ik ze daar dan weer op bevragen.'

Braat vult aan: 'Wanneer je hier komt werken, krijg je twee belangrijke boodschappen mee: 1) alles wat er in dit bedrijf is, kun je gebruiken, en 2) alles is mogelijk als jij er zelf achteraan gaat. We worden ook gestimuleerd om ons zoveel mogelijk met de buitenwereld te verbinden. Ik haal mijn kennis dus niet alleen uit het netwerk van IBM, maar ook uit online sociale netwerken erbuiten.'

Die externe oriëntatie ervoer ik ook zelf. Tijdens het schrijven van dit boek werd ik namelijk, afzonderlijk van elkaar, door welgeteld drie IBM-medewerkers benaderd. In alle drie de gevallen was de insteek hetzelfde: ze hadden via een online sociaal netwerk begrepen dat ik met een boek bezig was en informeerden of ze iets voor me konden betekenen. Zonder dat ik daar actief om gevraagd had, maar puur op eigen initiatief.

Belangrijkste kenmerken van de Connected!organisatie

Wat zijn nu samengevat de belangrijkste kenmerken van een Connected!organisatie?

Authentiek

Online sociale netwerken zijn plekken waar echte mensen samenkomen. Authenticiteit, passie, betrokkenheid en interesse zijn belangrijke aspecten. Omdat organisaties steeds meer de kenmerken van deze netwerken zullen aannemen, worden deze aspecten ook daar nog belangrijker. De Connected!wereld is onvoorspelbaar. Strak gecontroleerde organisaties hebben het er moeilijk. Merken, organisaties en werkgevers moeten weer 'mens' worden. Eigenlijk is dat een passende definitie van authenticiteit: menselijk zijn. Het toenemende belang hiervan vraagt om een andere verhouding tot macht en positie, want juist op deze gebieden is vaak eerder sprake van verwijdering dan verbondenheid.

Deze authenticiteit vraagt ook om een nieuw evenwicht in de relatie tussen werknemer en werkgever. Met uitzicht op de A10 vertelde Pim van der Feltz, country manager Google Nederland, mij zijn visie daarop:

'Nog steeds heerst er de gedachte dat werknemers op een of andere manier beschermd moeten worden tegen werkgevers. Terwijl mijn uitdaging een heel andere is. Ik ben voortdurend bezig hoe ik mensen behoud. Dat is een volledige omkering. Niet dat er geen mensen bij ons willen werken – we krijgen wereldwijd één miljoen sollicitaties per jaar. Toch heb ik moeite om goede mensen te vinden en doe er veel aan om ze, als ik ze heb, binnen te houden. Mensen komen hier niet alleen om mee te werken aan de doelstellingen van dit bedrijf, ze willen iets bereiken in hun leven. Iets wat verder reikt dan de functie die ze hier nu uitvoeren. Die twee zaken, de organisatiedoelstelling en de ambitie in brede zin van een werknemer, probeer ik te matchen.
Dat lukt het best als je allemaal weer wat meer 'mens' wordt, authentieker. Er is veel meer dan alleen werk. Het heeft bijvoorbeeld helemaal geen zin om iemand hier te houden als een kind ziek is, sterker nog: ouders moeten dan naar huis. Mensen doen niet enkel de goede dingen wanneer ze van negen tot vijf op je bedrijf zijn. Wij denken niet in tijd, we werken aan dingen die ons als mens inspireren en gelijk ook een bijdrage leveren aan dit bedrijf.'

Transparant en open

Veel macht is nu gebouwd op het (vermeende) bezit van kennis en bedrijfsinformatie. Dit zien we vaak bij professionals zoals consultants, advocaten en accountants. Het duurt jaren om deze kennis te verwerven. Je begint als junior medewerker en beklimt de treden van de hiërarchische ladder. De te nemen stappen zijn vooral gekoppeld aan de hoeveelheid verworven kennis. Omdat in het piramidemodel het aantal plekken aan de top beperkt is, is het van groot belang om meer kennis te verwerven dan de concurrenten, die mogelijk op dezelfde positie azen. Want hoe meer kennis je vergaart, hoe groter de kans om een plekje omhoog op te schuiven. Met als gevolg nog meer symbolen van macht. En zo gaat het maar door.

Managers hebben vaak een bevoorrechte toegang tot bedrijfsinformatie. Deze informatie loopt meestal als een pijplijn van boven naar beneden door de organisatie. De toegang hiertoe geeft de manager een voorsprong op anderen, lager in de rangorde, die deze informatie niet of in mindere mate hebben. De manager kan door deze informatievoorsprong beter en sneller op zaken anticiperen dan zijn minder informatierijke collega's. Hij kan met suggesties naar zijn bazen stappen, kan bepalen wat lagen onder hem wel of niet te horen krijgen en kan ook bepalen welke informatie hij al dan niet op welke wijze weer doorgeeft aan het echelon boven hem.

Het is essentieel dat je op zoveel mogelijk niveaus en plekken in de organisatie toegang hebt tot vitale bedrijfsinformatie, maar nog belangrijker is dat je inzicht hebt in elkaars werkzaamheden en resultaten. In organisaties met professionals is dit inzicht vaak beperkt en is het alleen te verkrijgen door een fysieke afstemming in de vorm van bijvoorbeeld een vergadering of een bijeenkomst van een projectteam. En zelfs dan geeft het vaak alleen nog maar inzicht in de activiteiten van die collega's die zich bezighouden met activiteiten die aansluiten op die van jou. De werkelijke potentie van het neurale netwerk wordt hierdoor maar heel beperkt gebruikt. Want hoe kun je meedenken met een collega als je niet weet waar die mee bezig is?

'Het gaat niet om sociale netwerken, maar om andere manieren van organiseren en samenwerken.'
Davied van Berlo, initiatiefnemer Ambtenaar 2.0

Een Connected!organisatie is niet alleen intern transparant, maar is ook transparant naar de buitenwereld. Want waar liggen nog precies de grenzen tussen producten en consumenten, werkgever en werknemer, privé en zakelijk, binnen en buiten? Hoe gaan we bijvoorbeeld om met de vaak krampachtige houding ten aanzien van salarisinformatie binnen bedrijven als deze informatie, op functieniveau bijvoorbeeld, eenvoudig te vinden is in het Salariskompas van *Intermediair*?

Faciliteren in plaats van bepalen

Wanneer een organisatie niet langer zelfstandig de richting bepaalt, zal ze op een andere manier waarde moeten toevoegen. Waar mensen elkaar in sociale netwerken ontmoeten is behoefte aan afstemming en coördinatie. Dit biedt kansen voor organisaties: ze kunnen consumenten en medewerkers faciliteren om elkaar te kunnen vinden. Van producent naar *facilitator* dus. Om deze rol goed te kunnen vervullen moet een organisatie heel goed verbonden zijn met de klanten, maar ook intern met haar medewerkers. Hoe beter verbonden, hoe beter een organisatie zicht heeft op de behoefte van consumenten en medewerkers. De aandacht verschuift dus van het behartigen van het eigen organisatiebelang naar het vervullen van het belang van de leden in het sociale netwerk.

In een transparante en open organisatie is zoveel mogelijk informatie vrij toegankelijk. Dit heeft een schaduwkant. 'Er kleeft ook een aanzienlijk risico aan het beschikbaar stellen van veel informatie. Er is al snel te veel informatie. Je kunt er mensen nodeloos mee vermoeien. Daarbij voed je tevens allerlei andere interesses van mensen, wat dan weer kan leiden tot focusverlies', stelt Hans Dijkman, HR-directeur van Philips.

Nu is dit geen pleidooi om weer controle te gaan uitoefenen op de flow van informatie. Het is juist een kans voor de organisatie om de rol van facilitator op te pakken, om de sociale netwerken binnen en buiten de organisatie te ondersteunen. Organisaties kunnen daarbij op twee manieren een belangrijke bijdrage leveren. Ten eerste kunnen ze de beschikbare informatie zo filteren dat iedereen de informatie krijgt die voor hem of haar relevant is. Ten tweede kunnen organisaties sociale netwerken faciliteren om inzicht te krijgen in elkaars taken, doelstellingen en resultaten.

Aandacht geven in plaats van vragen

Het voorgaande klinkt wellicht logisch, maar in de praktijk blijkt dat organisaties erg veel tijd kwijt zijn aan zichzelf. Een hiërarchische structuur wordt niet voor niets vaak als piramide getekend. De aandacht richt zich van onder naar boven. Er wordt naar de top gekeken voor richting, zo wordt aandacht gegeven. En andersom wordt er vanuit de top van de piramide om aandacht gevraagd. Eenzelfde verhouding bestond er tot voor kort tussen product en consument. Producenten kochten aandacht van consumenten, veelal door massale marketinginspanningen: 'Kijk, ik heb hier een heel mooi product dat je moet kopen.'

Binnen een organisatie kunnen diverse symbolen een uiting zijn van aandacht vragen, bijvoorbeeld een indrukwekkende functiebenaming of de beschikking over een secretaresse. Recent was ik bij een bedrijf waar de senioriteit van de medewerkers onder andere bepaald werd door het aantal ramen van hun kamer: twee ramen voor een manager, drie voor de vicepresident, een hoekkamer met vier ramen voor de directeur, en de raad van bestuur bevolkte een hele verdieping (met vast heel veel ramen) en had toegang via een eigen lift.

In een Connected!organisatie worden hiërarchische structuren vervangen door netwerken. Hoe beter informatie door de netwerken stroomt, hoe beter de organisatie functioneert. En aandacht geven stimuleert dit proces. Essentieel hierbij is dat zoveel mogelijk informatie vrij binnen de organisatie beschikbaar is.

Vertrouwen

Wanneer bedrijven een flink deel van de controle loslaten, komt het aan op vertrouwen, het vertrouwen dat mensen, als ze gepassioneerd en betrokken zijn, hun uiterste best zullen doen, ook zonder controle. Sogeti werkt met een wereldwijd sociaal netwerk waar negentienduizend mensen in participeren. De genoemde kernwaarde van vertrouwen staat ook hier centraal. Daarbij wordt heel veel gebruikgemaakt van fora, waarin allerlei zaken besproken worden. Medewerkers merken vaak dat ook de directie deze actief volgt en er conclusies uit trekt. 'Medewerkers weten dat we ze niet afrekenen op wat ze daar zeggen. Dat zorgt er ook voor dat mensen bijvoorbeeld authentiek en gemeend hun ongenoegen uiten. Daar kunnen we dan vaak ook wat mee doen. De enige regel is dat je mensen niet direct schoffeert', aldus ceo Jeroen Versteeg.

Bij veel organisaties hoor ik de roep om vertrouwen. Een overheidsinstelling is vanuit deze gedachtegang van plan alle uit te voeren activiteiten van een afdeling op een interne online marktplaats te plaatsen. Het achterliggende idee is dit: medewerkers werken niet standaard hun eigen takenlijst af die past bij hun functieomschrijving en zetten niet lineair de stappen zoals ze die door hun leidinggevende opgedragen krijgen. Als alternatief loggen ze in op de marktplaats om te kijken welke werkzaamheden er beschikbaar zijn. Vervolgens kiezen ze iets waaraan ze willen werken. De manager schetst de visie, faciliteert het proces, beslecht eventuele conflicten en stuurt op hoofdlijnen. Bovenal geeft de manager de medewerkers zijn vertrouwen.

Samenwerken

Een Connected!organisatie bestaat uit verschillende sociale netwerken, multifunctionele samenklonteringen van kennis en vaardigheden die geen specifieke plek hebben in een organisatie. Een holistische omgeving dus, net zoals onze hersenen ook holistisch werken. Valt ergens in het brein een functie uit, dan zijn andere delen in staat deze over te nemen en vaak net zo goed uit te voeren. Afgebakende afdelingen met specifieke taken zullen minder aan de orde zijn of langzaam verdwijnen. Kennis en informatie zijn niet zozeer meer een doel op zich, maar een halffabricaat. Niet het behoud en de opstapeling van kennis bepalen je waarde voor de organisatie, maar juist de mate waarin en de snelheid waarmee je deze kennis deelt en verrijkt.

Door informatie weg te geven creëer je ruimte voor nieuwe informatie. Zo stimuleer je niet alleen de creativiteit en onderlinge synergie, er ontstaan ook nieuwe vormen van samenwerking. Om te kunnen vermenigvuldigen moet je kunnen delen.

Bij veel organisaties ligt de verantwoordelijkheid voor het faciliteren van deze omslag bij managers en stafdelingen zoals HRM. Dat kan lastig zijn omdat zij ook het product zijn van een organisatievorm uit het industriële tijdperk en eigenlijk eerst zichzelf moeten veranderen. Jeroen Versteeg van Sogeti zegt hierover:

'Ook bij ons is zoiets als kennisdeling een enorme uitdaging. Na een aantal initiatieven hebben we als directie de grote lijnen geschetst en vervolgens de medewerkers zelf aan het stuur gezet om het te realiseren. Stafafdelingen zoals HRM en ICT heb ik verboden zich ermee te bemoeien. Uiteindelijk werkte deze aanpak uitstekend. We mobiliseerden het zelforganiserend vermogen van de medewerkers en gaven ze een kader waarbinnen ze konden werken. Vertrouwen en participatie, maar geen totale vrijheid. Het dient wel de overall strategie te ondersteunen.
Het is voor stafafdelingen moeilijk om daarmee om te gaan. Ze zijn erg gewend om zelf te bepalen. Ik laat ze zoveel mogelijk deze

nieuwe bewegingen aan den lijve ondervinden. De afdeling HRM gaat bijvoorbeeld zelf ook over op het nieuwe werken. Zo kunnen ze vanuit eigen ervaring mede de strategie uitdragen.'

In een Connected!organisatie zullen zij die het meest delen en het best samenwerken het best beloond worden. Ze zijn transparant in wat ze doen en stellen daardoor anderen in staat een bijdrage te leveren aan hun werk. Zo wordt het kennis- en netwerkpotentieel van de organisatie bevrijd. Hierdoor wordt het eigen handelen leerzaam gemaakt en verbonden aan de strategische doelstellingen van het collectief.

5

Connected!leiderschap: benodigde strategie en leiderschapsstijl

'Gezocht: level 60 tauren warrior voor functie als teamleider in de zorg.' Het lijkt wel geheimtaal. Slechts een beperkt aantal ingewijden zal begrijpen waar het over gaat. Toch is het niet ondenkbaar dat een dergelijke zinsnede binnen een aantal jaren in een personeelsadvertentie zal verschijnen. Voordat ik je meeneem in de wondere wereld van elfen met magische krachten, *zombie warriors* en dwergen met helende krachten eerst een blik op het leiderschap van de 21ste eeuw.

De leider van de toekomst

Nu de babyboomers massaal afzwaaien, is er in veel bedrijven ruimte voor nieuw leiderschap, voor mensen die organisaties transformeren naar een Connected!organisatie. Het is niet vreemd dat organisaties voor die opvolging kijken naar de huidige generatie dertigers en veertigers, maar dat is wel ten onrechte. Ik acht de kans namelijk groot dat een flink deel van deze groep de boot gaat missen. Voor de meesten zie ik geen rol van betekenis weggelegd in de top van organisaties. Ze vallen tussen wal en schip. Ze hebben te lang gewacht om deel te worden van de nieuwe werkelijkheid, te lang geprofiteerd van de schijnbare verworvenheden van een verstreken tijdperk.

Ronald Heifetz noemt in een interview over de leider van de toekomst (Taylor, 1999) twee verschillende stijlen van leidinggeven voor de komende decennia. Hij onderscheidt aan de ene kant leiders die opereren vanuit het idee dat leiderschap betekent dat je de organisatie beïnvloedt zodat die de visie van de leider volgt, en aan de andere kant leiders die opereren vanuit het idee dat leiderschap betekent dat je de organisatie beïnvloedt zodat die haar problemen onder ogen ziet en haar potentieel waarmaakt. Volgens hem is de tweede stijl, het mobiliseren van mensen om uitdagende problemen te lijf te gaan, het leiderschap van de toekomst. Voor velen zal dit een grote stap zijn. Het is alsof ze een volstrekt nieuwe taal moeten leren. Of zoals Alvin Toffler (Gibson, 1998) het zegt: 'De ongeletterden van de 21ste eeuw zijn niet zij die niet kunnen schrijven en lezen, maar degenen die niet kunnen ontleren en herleren.'

Te vaak zijn 'leiders' binnen bedrijven het contact met hun medewerkers deels of geheel kwijtgeraakt. Net zoals de organisaties waar ze werken in veel gevallen het contact met hun klanten verloren hebben. Hoe hoger in de hiërarchie van een bedrijf, hoe groter de kans op *macro leading*. Er is dan sprake van top-down, autoritair leiderschap door leiders die niet meer connected zijn. Dit 'niet-verbonden' zijn staat haaks op de sociaaleconomische ontwikkelingen zoals ik die geschetst heb in hoofdstuk 1, op een wereld waarin online sociale netwerken enorm aan belang winnen.

Ook in de Connected!organisatie is er behoefte aan leiderschap. Het is een misvatting om te denken dat er geen visie en sturing nodig is. Maar dan wel op een andere manier dan we tot nu toe ervaren hebben. We beginnen al glimpen te zien van het *nieuwe* leiderschap. Daarvoor moeten we soms kijken op plekken waar we het misschien niet direct zouden verwachten.

Guild leaders

Toen mijn vrouw in verwachting was van onze dochter, maakte ik een World of Warcraft-account voor haar aan. Dat leek me wel een leuke manier voor haar om de zinnen wat te verzetten. World of Warcraft (WoW) is wat we noemen een Massive Multiplayer Online Role Playing Game (MMORPG). Duizenden gamers spelen tegelijk met een eigen karakter, een zogenoemde avatar, in een virtuele wereld. Zoals dat soms gaat, kwam mijn vrouw er eigenlijk niet meer bij aan te pas en speelde ik zelf verder met een vrouwelijk karakter. Want ik werd al snel gegrepen door de opzet van het spel. In tegenstelling tot games die solitair gespeeld worden, zijn MMORPG's een platform voor communicatie en identificatie. In het verloop van het spel bouwen spelers voortdurend aan de ontwikkeling van hun gamepersonage. De voortgang wordt gemeten in levels, beginnend bij level 1 en doorlopend tot boven de 60. Je kunt zelf helemaal bepalen hoe je avatar eruitziet. Wil je een magiër zijn, een krijger, elf, dwerg of monster? Het is aan jou. Op zich kun je je daar alleen al dagen mee vermaken.

Echter, om werkelijk wat te bereiken in het spel is het van cruciaal belang om samen te werken met andere spelers. Om deze samenwerking te faciliteren vormen zich *guilds*. Dit zijn groepen die bestaan uit ongeveer veertig tot tachtig spelers, vaak van over de hele wereld. Samen gaan ze uitdagende opdrachten aan die vaak een voorwaarde zijn om – individueel – weer verder te komen in het spel. Elk guild heeft een leider in de vorm van een *guild leader*.

Online games zoals WoW zijn een vorm van sociale netwerken waarin intensief wordt samengewerkt. Wat zijn hier nu de kenmerken van het leiderschap? Byron Reeves, Thomas W. Malone en Tony O'Driscoll deden hier onderzoek naar en beschreven hun bevindingen in het artikel 'Leadership's Online Labs' voor *Harvard Business Review* (2008). Daarin is een aantal kenmerken terug te vinden die aansluiten bij de eigenschappen van de leider van de toekomst zoals Ronald Heifetz die omschrijft. Om te beginnen initiëren en bewaken guild leaders de uitgangspunten van het guild. Ze nemen groepsleden aan, plannen de uitvoering van opdrachten, bepalen ieders taak en inzet, motiveren en stimuleren, evalueren en geven feedback. Net zoals leiders dat in werkelijkheid doen.

'Over sociale netwerken moet je niet lullen. Je moet het doen.'
@marjolein

In het spel worden de guild leaders geconfronteerd met enorm veel informatie en een complex geheel van spelers met bijhorende speciale kwaliteiten, wapens en andere attributen die elk een bijdrage kunnen leveren aan het uitvoeren van de opdracht. Daarbij is de snelheid van het spel hoog en moeten er constant beslissingen genomen worden. Ook al is de guild leader in WoW vaak een speler met veel ervaring en een hoog level, hij kan onmogelijk alle kennis en vaardigheden bezitten om tot een oplossing te komen.

Opdrachten zijn vaak alleen te vervullen met de inzet van heel verschillende kwaliteiten van een grote hoeveelheid spelers. De rol van de guild leader is eerder faciliterend dan dominant sturend. De guild leader zorgt ervoor dat op het juiste moment de spelers met de juiste eigenschappen aanwezig zijn. Echter, ook dit doet hij niet alleen. In een guild is er een grote mate van transparantie. Alle informatie die nodig is voor het nemen van de juiste beslissingen, is aanwezig op een overzichtelijk dashboard dat niet alleen voor de guild leader, maar voor de hele groep toegankelijk is. Elke speler kan daardoor deelnemen in de besluitvorming. Tijdens het uitvoeren van een opdracht wisselen de spelers in een chatmodule informatie met elkaar uit die niet op het dashboard beschikbaar is.

Uit een aanvullend onderzoek, ditmaal van IBM (2007), blijkt dat de guild leaders in WoW vaak juist niet het archetype leider zijn zoals we die bij bedrijven tegenkomen. Natuurlijk zijn er ook de charismatische leiders die zeer zichtbaar naar buiten treden. Bij het leiden van dergelijke virtuele teams kunnen extraverte en goede relationele vaardigheden ook een belangrijke leiderschapscomponent zijn, maar ze zijn in WoW duidelijk in de minderheid.

Meer lijkt er sprake van wat Linda A. Hill, professor aan de Harvard Business School, het principe van 'leading from behind' noemt: de leider staat 'achter' het team in plaats van 'ervoor' (Hill & Hemp, 2009). De leider creëert een context waarin elk teamlid maximaal zijn eigen potentieel inzet. Niet de leider is het boegbeeld, maar de context die gezamenlijk wordt bepaald. De leider geeft hooguit in grote lijnen de richting aan. Hij verzamelt voortdurend informatie van binnen en buiten het team, maakt de eerste schiftingen en indelingen en faciliteert de afwegingen die gemaakt worden. De leider blijkt dan vaker een introvert karakter te hebben.

'De wereld is toe aan een nieuwe manier van leidinggeven.'
Niki van Wijk, vice president e-commerce Transavia.com

Bij leiderschap in online gameomgevingen gaat het om leren door te doen en niet om leren over. De kans op falen is groot, maar omdat het een afgeschermde omgeving is, zijn de risico's klein en is de feedback direct. De leiders worden flexibeler in hun denken en sensitiever voor intermenselijke signalen. 'Ik maakte me zorgen dat ik niet over de juiste vaardigheden beschikte om de baan goed uit te voeren. Nu heb ik geleerd het te zien als een *quest* uit WoW. Door, net als daar, bereid te zijn om te improviseren, kan ik meestal de juiste mensen en middelen vinden die mij helpen bij het realiseren van mijn taken.' Zo omschrijft een jonge guild leader hoe hij zijn ervaring uit WoW succesvol toepast in zijn eerste baan.

Voorzichtig beginnen organisaties deze kwaliteiten te ontdekken. Juist omdat dit soort leiders uitermate geschikt zijn om een organisatie te transformeren naar een netwerkorganisatie. Maar voor vacatures met de zinsnede 'Gezocht: level 60 tauren warrior voor functie als teamleider in de zorg' is het in Nederland nog wat te vroeg.

Ik acht de kans groot dat een flink deel van het leiderschap binnen organisaties de komende tien jaar zal verschuiven naar de huidige twintigers. Zij zijn in staat de benodigde collectieve kennis en creativiteit te mobiliseren. Zij kunnen waar nodig bestaande hiërarchische structuren afbreken. Zij hebben de kracht en het inzicht om de grenzen tussen 'binnen' en 'buiten' bedrijven te laten vervagen.

In de Verenigde Staten zijn organisaties al een stapje verder. Het bedrijf Best Buy, een online aanbieder van elektronica, was op zoek naar iemand voor de functie van senior manager emerging media marketing. Een van de functie-eisen was dat de kandidaten konden aantonen dat ze minimaal twee jaar professioneel en aantoonbaar actief waren in online sociale netwerken. (Meer over de totstandkoming van dit functieprofiel in hoofdstuk 9.) Het voorbeeld geeft aan dat organisaties langzaam beseffen dat ze andere competenties nodig hebben, competenties die tot voor kort niet of nauwelijks voorkwamen in profielschetsen.

Kenmerken van Connected!leiderschap

Er zijn veel leiderschapsstijlen en -typologieën beschreven en er zijn ontelbare definities van leiderschap. Mijn eigen favoriet is: 'leiderschap is het proces van sociale beïnvloeding'. Leiderschap wordt vaak verward met management. Een manager heeft meestal tot taak de resources van het bedrijf zo te organiseren dat een vooraf gestelde taak wordt uitgevoerd. Een leider heeft als taak anderen hem te laten volgen in een visie die hij schetst en die bijdraagt aan het realiseren van een bepaalde doelstelling. Als we kijken naar macht, dan ontleent de manager deze meer aan zijn positie en de leider meer aan zijn invloed.

Doordat mensen zich verenigen in sociale netwerken en sociale media in opmars zijn, ontstaat er behoefte aan andersoortige organisaties en een nieuwe vorm van leiderschap. De implementatie van dergelijke organisaties en een nieuwe leiderschapsstijl slaagt alleen als de achterliggende drivers – sociale netwerken en sociale media – omarmd worden. Het is het bekende kip-of-eiverhaal. Dat maakt het voor veel digital immigrants ook zo lastig. Zij moeten zich eerst een nieuwe taal machtig maken voordat wij met elkaar de volgende stap kunnen zetten. Niemand heeft ons voorbereid op het leren van die taal en er zijn ook nog maar weinig scholen voor.

'Ook IBM komt uit een historie waarbij leiderschap hiërarchisch en top-down werd bepaald. Onder invloed van de connectivity zijn we de afgelopen tijd een horizontaal verbonden organisatie geworden, waarbij we veel meer leunen op de online sociale netwerken van mensen. Als bedrijf halen we onze voorsprong uit het zo optimaal mogelijk faciliteren van deze netwerken. Hoe sneller onze kennis stroomt, des te succesvoller we worden. Een andere generatie leiders krijgt daardoor nu een kans. Authentiek, persoonlijk en verbindend zijn daarbij kernwoorden voor de bijpassende leiderschapsstijl. Het is een meer feminiene stijl van leidinggeven, eerder de nadruk op dienen dan bepalen. Doordat deze leiders zo goed verbonden zijn in allerlei online sociale netwerken, krijgen ze in minder tijd meer gedaan', aldus Harry van Dorenmalen, ceo van IBM Benelux.

Connected!leiderschap zou je dus ook kunnen beschrijven als het enthousiasmeren, interesseren en stimuleren van sociale netwerken om bij te dragen aan collectief gedragen doelstellingen. Connected!leiders passen vooral situationeel en horizontaal leiderschap toe. Dit betekent dat ze per situatie de meest geschikte leiderschapsstijl toepassen, eerder vanuit een collegiale dan een hiërarchische positie. Dit in tegenstelling tot klassieke leiders, die vooral de positie van iemand in de hiërarchie centraal stellen.

Verder is er in een Connected!organisatie niet één leidende, centraal uitgesproken doelstelling. De doelstellingen worden veel meer gedurende het proces in afstemming met elkaar bepaald. Hierdoor wordt dus ook het belang van een overstijgende visie belangrijker. Mensen moeten ergens op kunnen terugvallen.

Een visie faciliteren

Het feit dat veel Connected!leiders eerder introvert dan extravert zijn, betekent niet dat ze geen richting geven. Dat een netwerk geen leiding nodig heeft is een misvatting. Een Connected!leider is in staat om in grote lijnen een visie te schetsen voor zijn organisatie, afdeling of team. Alleen is deze visie niet direct maatgevend, laat staan in steen gehouwen. Ze is meer een stimulans voor de teamleden om zelf na te denken over de visie. Interessant daarbij is dat er waarschijnlijk nooit een gezamenlijke visie zal ontstaan. Toen ik zelf bij leiderschapsinstituut de Baak een nieuwe unit opzette, communiceerde ik dagelijks mijn visie daarop. Toch kwam uit het team bijna voortdurend de vraag naar voren: 'Wie zijn we en waar staan we voor?' Mijn visie was zeker belangrijk, al was het maar voor mijzelf als richtsnoer, maar de belangrijkste functie van mijn visie was dat die een reactie ontlokte aan mijn collega's: 'Als hij dat zo sterk vindt, wat vind ik dan?' Natuurlijk spraken we daar met elkaar over. Maar helemaal eens werden we het nooit.

Mijn uiteindelijke antwoord op die zoektocht was iets van de volgende strekking: 'We hebben allemaal een eigen idee over wat de visie is voor deze afdeling. We hebben die met elkaar gedeeld en zoveel mogelijk geprobeerd die samen te smeden tot een overkoepelende visie. Dat lukt ons niet. Is dat erg? Ik zie elke keer een groep professionals rond deze tafel die gepassioneerd bezig zijn om iets nieuws op te zetten. Terwijl we elke dag voor iets anders kunnen kiezen, en toch doen we dat niet. Dat is voor mij als "leider" genoeg. Ik weet waar ik gepassioneerd over ben en draag dat op mijn manier uit.'

Platformen bouwen

Connected!leiders bouwen en faciliteren platformen, ontmoetingsplaatsen voor mensen van zowel binnen als buiten de organisatie, fysieke en virtuele netwerken waar zij elkaar kunnen ontmoeten, kennis uitwisselen en samenwerken. Wanneer organisaties, via netwerkleiders, dergelijke platformen aanbieden, hebben ze toegang tot de kennis, informatie en creativiteit die uit het netwerk voortkomen.

Connected!leiders weten hun netwerken uit te breiden met waardevolle connecties. Deze connecties zijn mensen die atypische kennis of vaardigheden hebben of zelf weer een gevarieerd en rijk netwerk hebben. Goede netwerkleiders staan eerder aan de rand van de organisatie dan in het midden. Zij zijn de verbindingsofficieren met netwerken buiten de organisatie. Zij haken aan bij ontwikkelingen die gaande zijn en kijken welke nieuwe connecties kunnen zorgen voor de verbinding met die ontwikkelingen. Zij staan zowel 'in' de organisatie als 'erbuiten'.

Roger Dassen, ceo van Deloitte, zit midden in het proces om nieuwe leiderschapscompetenties te benoemen die belangrijk worden voor het bedrijf: 'We zijn nu behoorlijk geconditioneerd in onze rollen. De specialismen staan voorop, alleen vragen klanten niet om een accountant of fiscalist, maar om een oplossing. We moeten in staat zijn om de juiste ingrediënten in de ketel te krijgen en een oplossing te brouwen. Dat is het vermogen om snel verbindingen te leggen, ideale teams te formeren, bronnen binnen en buiten de organisatie aan te boren et cetera. Eigenlijk gaat het om het bouwen en faciliteren van platformen.'

'Het is beter om een piraat te zijn dan om bij de marine te gaan.'
Steve Jobs, ceo Apple

De leiderschapsstijl van Steve Jobs, ceo van Apple, is een mooi voorbeeld van hoe je dergelijke platformen bouwt. 'Er werken 25.000 mensen bij Apple; 10.000 daarvan werken in de Apple Stores. Mijn taak is het om te werken met zeg maar de top honderd mensen in de organisatie. Wat overigens niet betekent dat ze allemaal *vice president* zijn. Sommigen zijn gewoon individuele *key players*. Dus als er een goed idee voorbijkomt, is het mijn taak om het te laten rouleren, al was het maar om te zien wat verschillende mensen ervan vinden; om mensen er met elkaar over in gesprek te krijgen; om er met hen over te discussiëren en ideeën te laten rondgaan in die groep van honderd medewerkers.'

Ownership

In een Connected!wereld hebben mensen een nieuw begrip van vrijheid. Doordat ze zo intensief met elkaar verbonden zijn, hebben ze ook oneindige keuzemogelijkheden. Mensen streven naar duurzame verbindingen. Ze willen onderdeel zijn van hetgeen waaraan ze werken, zelf ondernemen en *ownership* ervaren. Steve Jobs zegt hierover:

'Als je echt goede mensen in dienst neemt, moet je ze een stuk van de business geven. En ze ermee aan de slag laten gaan. Dat betekent niet dat ik me er niet mee bemoei, maar het basisidee is dat je ze aanneemt om ze de teugels te geven. Ik wil ze zo goed maken dat ze even goede of betere beslissingen nemen dan ikzelf. Dat lukt alleen door ze overal bij te betrekken en over te informeren. Niet beperkt tot het stuk waar zij verantwoordelijk voor zijn, maar bij het gehele bedrijf.
Dus wat we doen is elke maandag met elkaar de voortgang van het gehele bedrijf bespreken. We kijken naar elk afzonderlijk product dat in productie is. Naar producten waar we problemen mee hebben, producten waar de vraag groter is dan het aanbod dat we kunnen creëren. Alle producten die in ontwikkeling zijn nemen we door. En dat doen we elke week. Ik stuur elke keer een agenda en 80 procent van de punten is hetzelfde als de week ervoor en we lopen het elke keer helemaal door. We hebben weinig processen bij Apple, maar dit is iets wat we doen om allemaal verbonden te blijven.'

Om ownership te kunnen nemen is het dus van belang dat medewerkers op gelijke basis toegang hebben tot zoveel mogelijk, relevante informatie. Immers, als ze weten wat er binnen en buiten hun aandachtsveld speelt, kunnen ze proactief handelen. 'De mensen die aan mij rapporteren hebben dezelfde of vaak meer informatie beschikbaar dan ikzelf', aldus Harry van Dorenmalen.

Communicatieve zelfsturing

Wanneer mensen zo actief meewerken aan de vormgeving en realisatie van een strategie, is het van essentieel belang dat zij in real time van elkaar weten waar iedereen mee bezig is. Het komt aan op transparantie en leiderschap.

De combinatie van transparantie en leiderschap vormt de basis van wat filosoof dr. Arnold Cornelis (2000) als eerste beschreef als het concept van communicatieve zelfsturing. In de visie van Cornelis zal de mens zichzelf in de toekomst meer en meer autonoom gaan sturen. Tot nu toe kwam deze sturing juist van externe factoren, zoals de impliciete of expliciete verwachtingen van kerk, buurt, familie, bedrijf en/of politieke beweging waartoe je behoorde. Doordat deze instituties voor een deel weggevallen zijn, is er meer en meer ruimte ontstaan voor sturing van binnen uit. Het communicatieve zit in het feit dat de keuzes, beslissingen en doelstellingen die voortkomen uit de 'zelfsturing', consequent met anderen gedeeld worden: men neemt verantwoordelijkheid en legt vervolgens transparant verantwoording af over de ervaringen en resultaten. Zoals Hans Dijkman, HR-directeur van Philips, het stelt: 'Het gaat om vertrouwen dat voortkomt uit transparantie. Mijn medewerkers geven mij dit vertrouwen doordat ze hun pure gedrevenheid tonen in het werk. Daarbij zorgen ze zelf voor de transparantie door zichtbaar te maken voor mij, de andere collega's en steeds meer ook de buitenwereld wat ze doen. Die mensen ga ik niet micromanagen, we spreken de hoofdlijnen af en daarbinnen probeer ik ze naar beste vermogen te faciliteren.'

Verder is het belangrijk dat de verantwoordelijkheden waaraan leiders communicatieve zelfsturing verbinden, aansluiten bij de overstijgende strategie van de organisatie. Op die manier wordt de strategie een onderdeel van de dagelijkse praktijk van een organisatie in plaats van een aantal mooie zinnen in een strategienotitie.

Wanneer je laat zien wat je doet en je gangen navolgbaar maakt, geef je anderen de ruimte om daarin te participeren. Dit is een van de pijlers van een netwerkbedrijf. Daarom is het ook belangrijk dat vooral leiders hierin het goede voorbeeld geven. Jonathan Schwartz, ceo van Sun Microsystems, heeft het principe van transparantie goed begrepen. Hij gebruikt onder andere Twitter* om iedereen die interesse heeft te informeren over zijn werkzaamheden. Hij formuleert zijn motivatie als volgt: 'Communicatie is een heel belangrijk onderdeel van het leiderschap van een ceo. Ik dien in verbinding te staan met de markt, binnen en buiten het bedrijf. Met de technologische inspanning die het grootste bereik oplevert. Door blogs, online nieuws, social-networkingsites en Twitter heeft het internet de manier waarop we met elkaar communiceren ingrijpend veranderd. Vandaag staan duizenden medewerkers in verbinding met klanten en ontwikkelaars over de hele wereld, 24 uur per dag. En of het nu is door middel van een half uur durende streaming video of een bericht van 140 karakters via Twitter, we moeten iedereen bereiken in het netwerk. Op de manier die zij kiezen en niet wij.'

Elkaar in een organisatie laten zien wat je doet, kan heel eenvoudig, maar vraagt om discipline. De eerste stap is om de agenda's openbaar te maken. Met bijvoorbeeld Outlook is het heel simpel om elkaars agenda's in te zien. En dan natuurlijk ook die van het management, die zijn nog maar heel zelden openbaar. Sterker nog: er heerst aanzienlijk veel weerstand tegen deze vorm van transparantie. Dat geeft te denken. Uiteraard kunnen er afspraken of activiteiten zijn die je niet direct met iedereen wilt delen, maar dat zullen er waarschijnlijk maar weinig zijn, als je er goed naar kijkt. En mocht iets echt niet openbaar zijn, dan is het heel makkelijk om het als privé aan te vinken. Van Dorenmalen: 'De waarheid komt naar boven door de connectivity. Op basis van transparante feiten stel je met elkaar vast hoe iemand functioneert en daar heb je dan het gesprek over. Wanneer je de dingen zo zichtbaar maakt in het publieke domein, worden mensen soms bang. Dat vraagt dan weer een leiderschapsstijl die in zichzelf ook transparant is, want hoe kun je dat anders van je medewerkers vragen? Eigenlijk wil je mensen leren om niet meer "met de handrem erop te rijden". Dat ze het niet meer eng vinden om bijvoorbeeld beter te zijn dan hun baas en dat ook laten zien. Of voor een andere functie of ander bedrijf kiezen als ze zich in hun huidige rol niet gelukkig voelen.'

---

* Zie http://twitter.com/SunCEOBlog.

Vanuit het perspectief van de leider is transparantie vaak een zaak met twee kanten. Iedereen is voor openheid, maar niet iedereen zal de afwegingen die tot een besluit hebben geleid begrijpen of het ermee eens zijn. Transparantie is dus niet hetzelfde als totale openheid. Jeroen Versteeg van Sogeti:

'Ik vraag me wel eens af hoe eerlijk je kunt zijn. Volstrekte openheid doet vaak ook pijn en is strategisch gezien vaak ook niet handig. Je hebt tenslotte toch te maken met een markt en concurrenten. Wat ik probeer is zo transparant mogelijk te zijn in de strategische afwegingen die ik maak. Dat is in sommige gevallen best lastig. Als bestuurder ben je heel goed op de hoogte van de financiële parameters van het bedrijf, maar heel veel mensen begrijpen die niet. Het is dan lastig om je keuzes uit te leggen. Je moet het wel doen, maar het risico is dat je toch wat blijft hangen in algemeenheden. De politieke bewegingen zoals hoe je je gaat positioneren, de relaties met zusterbedrijven et cetera, die deel je niet.
Verder zoek ik wel de grenzen op. Ik blog, twitter, houd chat- en inbelsessies, en als ik vragen krijg, dan bel ik altijd op om ze te beantwoorden. Daarbij is ook mijn agenda openbaar. Ik geloof daar stellig in, maar de consequentie is ook dat je in een glazen huis woont. Het is bij wijze van spreken de nationale hobby in dit bedrijf om mijn agenda te spotten om te zien of men er iets uit kan afleiden.
Ik denk er wel eens over om voor de grap het woord "sanering" erin op te nemen om te zien wat er dan gebeurt. Ik ga er überhaupt van uit dat alle schriftelijke communicatie die ik doe binnen vijf minuten op het internet staat. Daar heb ik geen moeite mee. Alles wat je intern doet is ook extern.
Het blijft balanceren, maar we kunnen en willen niet anders. Een derde van onze medewerkers is jonger dan dertig jaar. Die zijn virtueel zo goed verbonden, daar wil je aansluiting bij houden.'

Vaardig omgaan met moderne communicatiemiddelen

Niet iedereen is even vaardig als het aankomt op het gebruik van moderne communicatiemiddelen. Mocht je tot die groep behoren, dan is er werk aan de winkel. Om als leider te kunnen opereren in een Connected!organisatie moet je meer dan gemiddeld uit de voeten kunnen met de communicatietools die er zijn.

Tot voor kort waren veel communicatiemiddelen vooral het domein van *geeks*. De technologie stond centraal en veel leiders konden het zich permitteren om zich er niet mee bezig te houden. Er is soms nog steeds een bepaalde minachting voor online middelen. Ik vergelijk het wel eens met de komst van de mobiele telefoon. Toen was het enige tijd 'chic' om te verklaren dat je toch echt niet zo voortdurend bereikbaar zou willen zijn. Het was vooral iets voor het plebs. Tot voor kort zagen we dezelfde reactie als het ging om sociale netwerken en sociale media. Connected!leiders zien in dat BlackBerry's, iPhones en andere middelen hen in staat stellen om meer en sneller verbindingen aan te gaan en te onderhouden. Dat doel staat centraal, niet het middel dat daarvoor gebruikt wordt. Versteeg: 'Ik heb voor mezelf gezegd dat ik altijd voor iedereen bereikbaar wil zijn. Toch moet je je als eindverantwoordelijke realiseren dat er, zeker in grote organisaties, toch vaak een afstand blijft tussen "de top" en de medewerkers. Hoewel het ook te maken heeft met je eigen instelling. De drempel wordt lager als mensen merken dat ze je ook "domme vragen" kunnen stellen, zonder dat dat consequenties heeft. Dat praat zich dan wel rond. Het ergste voor een organisatie is dat de ceo denkt dat het om hem gaat, dat is verschrikkelijk. Ik denk dat de beweging van hiërarchisch naar meer horizontaal en authentiek leiderschap beter is voor organisaties. Mijn ervaring is wel dat het op deze manier verbonden zijn met de organisatie heel veel tijd kost. Je moet er gewoon erg je best voor doen.'

'Online sociale netwerken hebben verstrekkende consequenties voor hoe leiders hun relaties met klanten, medewerkers en zakenpartners managen.'
Henning Kagermann, ceo SAP

Dat inzicht betekent ook, zoals ik hierna zal illustreren, iets voor de manier waarop we ons werk en de organisatie inrichten. Laatst nog werd ik door een secretaresse gebeld dat mijn afspraak in de file stond en later zou komen. Toen de desbetreffende marketingdirecteur een half uur na de afgesproken tijd aanschoof, legde zij het nieuwste model iPhone op tafel. Op mijn vraag waarom ze zelf niet even had gebeld, reageerde ze licht beschaamd dat dat inderdaad makkelijk had gekund (mijn nummer stond gewoon in het adresboek). Maar ze had uit een automatisme haar secretaresse gebeld. Die had mijn nummer niet, wat ze blijkbaar niet tegen mijn gesprekspartner had verteld, en was dus op het internet op zoek gegaan naar het nummer van de Baak, om zo via onze receptie mij te berichten dat haar manager wat later zou komen.

Connected!leiderschap en Connected!professionals

In een Connected!organisatie worden medewerkers gefaciliteerd in het gebruiken van interne en externe sociale netwerken. Hierdoor kunnen ze zelf richting en invulling geven aan hun activiteiten. Ik voorspel dat ze daarbij steeds vaker de rol van het management ter discussie gaan stellen. Steeds meer professionals die ik ontmoet, stellen niet langer vertrouwen in autoriteit maar vooral in elkaar. Pas wanneer ze met elkaar vinden dat een manager waarde toevoegt, zullen ze hem eventueel uit eigen beweging volgen. In een intern personeelsbulletin las ik een opmerkelijk stukje dat dit mooi illustreert. Twee professionals beschreven daarin openlijk dat zij samen met hun collega's besloten hadden hun nieuwe leidinggevende als zodanig te erkennen: 'Tijdens de, in eerste instantie, informele lunch hebben wij als team onze business manager gevraagd de rol als onze leider van de unit expliciet in te nemen. Wij hebben hem toegezegd zijn leiderschap te accepteren en hem ook gevraagd ons uit te dagen in het oppakken van onze eigen verantwoordelijkheid om leiderschap te ontvangen.'

'Door sociale media krijgen feminiene eigenschappen meer ruimte.'
Jeltine Zijlstra, coach

Pim van der Feltz, country manager Google Nederland, heeft een bijzondere visie op hoe hij professionals managet, of eigenlijk hoe zij dat zelf doen:

'Veel grote bedrijven formuleren zaken zoals een strategie vanuit de top, waarna de uitkomst en de te volgen paden gecommuniceerd worden met de werkvloer. Dit top-down vertellen en laten opvolgen is een achterhaalde aanpak. Het is veel belangrijker dat je als management de gewenste cultuur uitdraagt. Bij Google door-

breken we de koppeling tussen wat iemand inhoudelijk doet en zijn carrièreontwikkeling.
Dat geeft professionals enorm veel lucht. Zo krijgen ze weer het vermogen tot kritisch oordelen, ze doen immers niet iets omdat ze denken dat het van jou moet, maar omdat ze zelf vinden dat het moet. Het ergste wat ons kan overkomen is dat mensen aan iets werken waar ze zelf niet in geloven. Kijk maar eens hoe vaak dat in bedrijven gebeurt. Iemand moet hier kunnen stoppen met iets zonder bang te hoeven zijn voor zijn of haar baan. We willen juist dat onze medewerkers heel kritisch zijn op wat ze zelf doen en wat we met elkaar doen. Aan de andere kant moet er ook net zoveel ruimte zijn om weer iets nieuws te beginnen.
Dit alles vergt dat we maximaal transparant zijn, want dan zien we de kansen. Iedereen kan alles zien waar we wereldwijd aan werken. Mensen moeten niet iets dubbel gaan doen. Het transparant maken van informatie is natuurlijk ook onze missie als Google, dus dat moeten we dan zelf intern ook doen. We delen overigens ook veel van onze kennis met de buitenwereld. Waardecreatie zit niet in eigendom, maar in de interpretatie van data en de mogelijkheden.'

Online sociale netwerken zorgen ervoor dat kennis en creativiteit in vrijheid kunnen stromen. Mensen stellen voor zichzelf en met elkaar doelen. Ze stimuleren, coachen en corrigeren elkaar. Het zijn Connected!professionals. Management en dus ook de manager in klassieke zin van controle en sturing worden grotendeels overbodig. Wel is er behoefte aan Connected!leiders. Zij bouwen duurzame netwerken van en voor professionals. Ze trekken 'sterren' aan en stellen ideale teams samen. Ze bewegen professionals ertoe om hen uit vrije wil te volgen. Dit gegeven staat dus grotendeels haaks op het traditionele model waarin vooral een organisatieschema, hiërarchie en vaak ook senioriteit bepalen of iemand gevolgd wordt.

6

Op naar een sociale netwerkstrategie

Twee jaar geleden sprak ik met een ceo over sociale netwerken. Dat waren eigenlijk niet meer dan podia voor overambitieuze baantjesjagers, stelde hij cynisch, zinloze tijdsverspilling en al helemaal niet van invloed op zijn bedrijf. Dezelfde ceo heeft nu sociale netwerken bestempeld tot *het* strategische issue binnen zijn organisatie. Je leest het goed: niet als een leuk, innovatief project, maar als de kritische succesfactor voor een gezonde toekomst.

Hij staat daarin niet alleen. Vooral kennisintensieve bedrijven staan aan de vooravond van zwaar weer. Voor nagenoeg alle bedrijven zijn sociale netwerken als kritische succesfactor een geheel nieuw gegeven. Marc de Vries, ceo van Hyves, het grootste online sociale netwerk van Nederland: 'We hebben hier een hele afdeling zitten met "zendelingen". Een aantal reclamebureaus snapt steeds beter hoe sociale netwerken en sociale media werken en die dragen het langzaamaan over aan hun klanten. We zitten zelf ook dagelijks bij grote bedrijven aan tafel om te praten over wat Hyves voor ze kan betekenen. Ze verschuiven nu al wel hun mediabudget van print, radio en tv naar internet, maar dan gaat het vooral om marketingcampagnes. Als je kijkt naar een bredere inzet van sociale netwerken door bedrijven, dan staan we nog aan het begin van een mooie en interessante ontwikkeling.'

Nog geen gerichte strategie

De Vries ziet dus nog maar weinig organisaties met een doordachte sociale netwerkstrategie. Dit wordt onderschreven door het onderzoek 'The phenomena of social networking in businesses in Dutch society: The opportunities and challenges', uitgevoerd onder ruim 2100 Nederlandse managers, over het gebruik van sociale netwerken in hun organisatie (Metselaar, Tierney & Bastmeijer, 2009). Daaruit blijkt dat slechts 18 procent van de organisaties daar een gerichte strategie voor heeft. Dat er geen strategie is wil overigens nog niet zeggen dat het geen onderwerp van gesprek is. In iets meer dan de helft van de organisaties staan sociale netwerken wel op de agenda. Daarbij gaat het vaak nog om het verkennen van de eerste stappen. Of de discussie is op het punt aanbeland dat wordt gekeken of er tijdens het werk gebruik mag worden gemaakt van sociale media.

Een van de respondenten verwoordt het als volgt: 'Er is een zij-en-wijscheiding. Zij die het gebruiken en zij die dat niet doen. Je hoort bij de ene of bij de andere.' Deze scheiding komen we in veel van de uitspraken tegen: 'Gesproken over sociale netwerken wordt er niet zozeer op directieniveau. Wel heel veel in de wandelgangen'. Of: 'Met name jonge medewerkers maken de organisatie bewust van het bestaan ervan en van de mogelijkheden.'

Ondanks deze twee uitspraken blijkt over het algemeen dat het onderwerp sociale netwerken veelvuldig in de directiekamers aan de orde is. In het onderzoek geeft namelijk 70 procent aan dat zij vinden dat het management van hun organisatie ervoor openstaat. Er zijn dan ook respondenten die verwijzen naar de impact van sociale netwerken op de organisatie: 'Sociale media helpen om inzicht te krijgen in de informele cultuur. Het "harkje" is de formele cultuur, terwijl er juist vaak behoefte is aan informele leiders. Deze zijn vaak te vinden in sociale netwerken.'

'Negentig procent vraagt zich nog af wat je met social media kunt doen, de resterende tien procent is hard bezig om marktleider te worden.'
Tarmo van der Goot, manager online communicatie Port4Growth

De meeste organisaties zitten dus in de verkenningsfase. Toch geeft 12 procent aan een of meer mensen in dienst te hebben om een sociale netwerkstrategie op te zetten en uit te voeren. Daar wordt dus al in geïnvesteerd. Hoewel er in veel gevallen nog geen strategie aan ten grondslag ligt, wordt er door individuele medewerkers al flink geëxperimenteerd. Met hoofdstuk 1 in het achterhoofd zal het niemand verbazen dat 86 procent van de deelnemers actief is op een of meer sociale netwerken. Roger Dassen is ceo van Deloitte, dat zich oriënteert op hoe online sociale netwerken te gebruiken zijn:

'De impact van deze netwerken is niet meer te stoppen. Het is nog lastig om er precies de vinger op te leggen. We hebben bijvoorbeeld in de board de discussie gevoerd of en zo ja, hoe je er grip op kunt houden. Dat vond ik wel een vermakelijke discussie, want volgens mij kun je wel beleid maken, maar beheersen kun je het niet. Er zijn dan mensen die het Spaans benauwd krijgen over wat dat betekent voor ons bedrijf.
Als we kijken naar ons marktsegment, dan gaat de impact van online sociale netwerken zeker komen, maar nu is deze nog beperkt. Waar we wel al stevig op inzetten is het via deze netwerken werven van jonge talenten. Daar is deze vorm van communicatie wellicht nu al belangrijker dan traditionele middelen zoals gastcolleges, advertenties en dergelijke.
Dat is de verbinding met buiten, daar maken we flinke vorderingen. We slagen er echter nog onvoldoende in om online sociale netwerken een rol te laten spelen in de interne communicatie en samenwerking. De eerste stappen worden gezet, zo houd ik regelmatig chatsessies met honderd of meer mensen tegelijk. Daar wordt enthousiast op gereageerd. Het is vervolgens dan wel weer de uitdaging om te laten zien wat je daarna met al die input gaat doen. Dit zouden we door inzet van online sociale netwerken op veel grotere schaal en met diepere impact kunnen doen.'

Op weg naar een sociale netwerkstrategie

De kern van een sociale netwerkstrategie vormt het creëren van een online identiteit, om daarmee vervolgens door middel van sociale media te communiceren met de netwerken die van belang zijn voor de organisatie. Deze netwerken bestaan uit medewerkers, klanten, leveranciers, andere belanghebbenden en gewoon passanten. Ze moeten vooral gericht zijn op de behoeften van de deelnemers en niet puur op die van het bedrijf. Uiteindelijk bieden ze ook mogelijkheden voor diepgaande conversatie met de organisatie. Ze kunnen een bijdrage leveren aan de product- en dienstontwikkeling, werving van personeel, marketing en klantenservice. En zelfs leiden tot nieuwe businessmodellen.

Dit klinkt logisch, maar we stuiten direct op een lastig dilemma van sociale netwerken. Ze zijn gebouwd op de principes van de Connected!wereld: authenticiteit, openheid, transparantie, vrijheid en verbondenheid. Daar komt dan nog bij dat alleen 'echte' personen zich geloofwaardig kunnen verbinden in sociale netwerken. Er is nu eenmaal in de Connected!wereld nauwelijks nog een scheiding tussen privé en zakelijk. Werknemers die privé sociale netwerken gebruiken, kunnen heel gemakkelijk worden aangesproken op hun verbintenis met de organisatie. Hun uitspraken worden snel opgevat als zijnde uit naam van de organisatie – andersom geldt overigens ook.

Vooral deze ongrijpbaarheid van sociale netwerken maakt organisaties voorzichtig. Hoewel het effectieve gebruik van sociale netwerken gebaat is bij een doorwrochte strategie, is deze heel lastig centraal te ontwikkelen. Want het zijn immers de individuen die het succes bepalen. En daarbij is uiteindelijk hun eigen, persoonlijke strategie doorslaggevend.

'Wij zijn fans'

Maar laten we bij het begin beginnen. Mensen gebruiken LinkedIn, Facebook, Hyves, Twitter en YouTube om een persoonlijke identiteit te communiceren. Die identiteit wordt onder andere gevormd door het aangaan van verbindingen met merken en organisaties. Ondanks dat de meeste bedrijven nog nauwelijks een online virtuele identiteit hebben, weerhoudt dat mensen er niet van om zich met hen te verbinden. Als er geen identiteit is van een merk of organisatie, dan maken ze die toch zelf? Alleen al op Hyves zijn er honderden 'fansites' voor allerhande merken en bedrijven. In tegenstelling tot de 'bedrijvenhyves', waar ik later in dit hoofdstuk op terugkom, zijn ze opgericht door consumenten en niet door de bedrijven zelf. Het zijn broedplaatsen van collectieve *betrokkenheid.*

De grootste fanpagina op Hyves is die van het Zweedse modemerk H&M. Deze is in 2005 opgericht door de toen negentienjarige Frits Kranenborg en is sindsdien explosief gegroeid tot de huidige omvang met een kwart miljoen leden. Er wordt over allerlei onderwerpen intensief gediscussieerd: de kwaliteit van de nieuwe collectie, verzoeken tot opening van filialen in het eigen dorp of de kwaliteit van de klantenservice. Dit laatste onderwerp alleen al leidde tot een kleine tweehonderd reacties. Natuurlijk is lang niet alle conversatie even belangwekkend. Wel gaat het om consumenten die fan zijn van H&M en veel tijd investeren in discussies over zaken die het merk aangaan. Heel interessant voor H&M zou je zeggen. Maar dat blijkt toch nog niet vanzelfsprekend.

In een interview met *NRC Handelsblad* begin 2007 (Schouten, 2007) geeft de woordvoerster van H&M aan dat H&M niet actief de discussies over het merk op sociale netwerken volgt. Het zou er niet voldoende menskracht voor hebben. Ook doet het niet zoveel met de input van de fans. Volgens de woordvoerster is het bedrijf daar niet op ingericht. Het zou te veel tijd kosten en de discussies op de site zouden niet te sturen zijn: 'Op je eigen site heb je alles in de hand. Bij een dergelijke site niet.' Ook aan de enquêtes denkt H&M weinig te hebben: 'Wij hebben al onze eigen klantenpanels.' H&M wekte op zijn zachtst gezegd de indruk dat het de betrokkenheid van de kwart miljoen Hyves-leden niet erg belangrijk vindt. Ook in 2009 was er nog niets ondernomen richting deze fans van het merk, wat toch verwonderlijk te noemen is.

Een ander voorbeeld is de fanpagina voor NS, ook in 2005 op eigen initiatief gestart, door toenmalig NS-medewerker Elvin Boer. Met 1283 leden is het een kleintje onder de Hyves-pagina's voor bedrijven, maar de betrokkenheid en geleverde input zijn er niet minder om. Ook NS lijkt zijn fans vooral te negeren; af en toe plaatsen individuele recruiters een vacature, maar verder is er geen interactie vanuit NS.

Virtuele identiteit van de organisatie

Een belangrijk kenmerk van de Connected!wereld is dat organisaties niet meer het alleenrecht hebben op hun merk en activiteiten. Het massale aantal door consumenten opgerichte fanpagina's is daar een voorbeeld van. Toch kan een organisatie wel degelijk zelf haar virtuele identiteit vormgeven en beïnvloeden. Dit blijkt wel uit het feit dat er naast fanpagina's op veel sociale netwerken ook bedrijvenpagina's te vinden zijn. Op Hyves zijn dit er al bijna tweehonderdduizend. Er is een beheerder, maar dat is tot nu toe zelden iemand van het bedrijf waaraan de pagina gewijd is.

Hier liggen mogelijkheden voor organisaties. Een organisatie kan een bestaand profiel bijvoorbeeld overnemen en onder eigen beheer brengen. Het is dan zaak ervoor te zorgen dat het er goed uitziet, met de juiste logo's, lay-out et cetera. Dit is voor veel organisaties wel bekend terrein, want het wijkt niet veel af van reguliere corporate communicatie. De uitdaging volgt daarna. Marc de Vries van Hyves zegt daarover het volgende: 'Bedrijven willen wel aanwezig zijn op sociale netwerken, maar vragen zich af hoe het daarna moet. Want dan gaan mensen met hen communiceren. Op dat vlak is er veel koudwatervrees. Een klant vroeg zich bijvoorbeeld af of al hun medewerkers wel op LinkedIn moesten staan. Die discussie is op zich zinvol. Er zitten soms best terechte zaken in, maar uiteindelijk komt het erop neer dat straks sociale netwerken voor miljarden mensen een grote rol spelen, en dat gaat over communicatie en identiteit. En werk hoort daar nu eenmaal bij.'

'Om social media echt succesvol in te kunnen zetten, moet je als bedrijf de kunst van het socializen beheersen.'
Arjen Bultje,
account director Energize

Organisaties moeten dus een strategie bedenken op een gebied waar nog bijna niemand ervaring mee heeft. Ze zijn gewend aan eenrichtingscommunicatie en krijgen door inzet van sociale netwerken ineens te maken met mensen die terugpraten. Veel organisaties vrezen ook de eventueel negatieve *buzz* die kan ontstaan, want dat betekent dat je niet onaantastbaar bent.

Een voorbeeld van een dergelijke online identiteit en interactie is het kledingmerk G-Star. De Hyves-pagina en andere sociale netwerken worden actief ingezet om in contact te komen met de doelgroep. Er werd bijvoorbeeld rondom het Raw Rhythm Festival een speciale actiepagina gemaakt waar leden van Hyves hun vrienden op een gastenlijst konden zetten. Degenen met de meeste aanbevelingen maakten kans op VIP-tickets. Via een gadget op de eigen pagina was te volgen hoe vaak je op een gastenlijst stond.

Hypertransparantie: politici actief op Twitter

In hoofdstuk 1 gaf ik aan dat de massale verbondenheid in sociale netwerken zorgt voor een ongekende transparantie die vaak nog haaks staat op de gesloten en hiërarchische cultuur en structuur in veel organisaties. Aan het begin van dit hoofdstuk schreef ik dat alleen 'echte' mensen in sociale netwerken kunnen participeren. Een organisatie kan een basis leggen met een virtuele identiteit, maar uiteindelijk wordt deze pas echt 'geladen' door de medewerkers en hun interactie onderling of met consumenten. Hoe gebruiken individuen sociale netwerken nu om te communiceren en zich te profileren? Om op deze vraag antwoord te geven maken we een uitstapje naar de politiek.

Wat hebben Maxime Verhagen, Mei Li Vos, Alexander Pechtold, Jack de Vries en Rita Verdonk met elkaar gemeen? Wat betreft politieke voorkeur wellicht niet al te veel. Maar ze hebben wel wat anders gemeen, namelijk het feit dat ze ons veelvuldig op de hoogte houden van hun bezigheden, maar vooral ook van hun opvattingen. Net als nog tientallen andere politici doen ze dit via Twitter. De maximaal te gebruiken honderdveertig karakters dwingen twitteraars ertoe zich tot de kern te beperken. Er is dus geen ruimte voor ambtelijk proza.

Maxime Verhagen geeft meerdere malen per dag een update van zijn bezigheden (@maximeverhagen). Zoals op 20 mei 2009 om 13:17 uur: 'Na een kort kabinetsberaad meteen doorgelopen naar de Kamer voor een debat over de Europese missie in Bosnië.' Of wat meer van persoonlijke aard op 27 mei om 21:00 uur: 'Manchester-Barcelona huis inmiddels vol met jeugdige voetbalfans; nu dan toch maar eens gaan kijken, bordje op schoot:-)' Bij veel van de genoemde politici ontwikkelt het aantal followers zich razendsnel. Verhagen had in januari 2010 bijna vijfentwintigduizend followers, terwijl dat er begin 2009 nog maar ongeveer vierhonderd waren.

De genoemde politici blijken opvallend makkelijk te bereiken, ook al neemt het aantal gebruikers van Twitter explosief toe. Je kunt de politici direct publiekelijk vragen stellen, die dan over het algemeen ook nog vlot beantwoord worden. Niet alleen krijgen we via Twitter een indruk waar iemand zoal mee bezig is, maar horen we ook in real time wat hij of zij ergens van vindt. De vraag is natuurlijk hoe toegankelijk de Kamerleden en ministers nog blijven, zeker als het aantal followers nog verder gaat oplopen nu Twitter bekend raakt bij het grote publiek. Dan is wellicht het aantal vragen niet meer bij te benen.

Hoe dan ook is de impact groot. De politici die zich nu op Twitter begeven, spelen bewust of onbewust in op een nieuwe ontwikkeling van extreme zelfprofilering. Wie had zich tien jaar geleden kunnen voorstellen dat de opinies, werkzaamheden en deels privébelevenissen van de minister van Buitenlandse Zaken voortdurend te volgen zouden zijn? Laat staan dat het mogelijk zou zijn om nagenoeg in het nu met hem daarover te communiceren? De politici zijn benaderbaar en krijgen ook een menselijk gezicht. Juist het snufje Big Brother maakt het interessant. Op zich is de mededeling dat minister Verhagen met zijn kinderen met het bord op schoot de Champions League-finale aan het kijken is, zeker geen *breaking news*, maar het geeft hem net wel dat menselijk gezicht.

'Gebrek aan snelheid is een strategisch nadeel.'
Jeff Jarvis, auteur

Mei Li Vos is een van die politici die actief gebruikmaken van onder andere Twitter en Hyves. Zij zegt het volgende over haar motief om sociale media te gebruiken: 'Hyves gebruikte ik al ver voor mijn Kamerlidmaatschap, maar is geleidelijk ook uitlaatklep voor alle ideeën en observaties over het politieke leven geworden. Soms meer om mijn ei kwijt te raken dat ik elders niet kwijt kan, maar contact met andere hyvers is ook erg belangrijk. Gewoon om reacties te peilen, te weten wat er speelt. Twitter is anders, wilde het wel eens proberen, maar doe het nog steeds. Het is minder kwalitatief dan Hyves. Wel grappig, als een soort van openbare agenda. Maar het moet zich bij mij nog ontwikkelen. Ik gebruik het niet als campagne-instrument. Weet ook niet of dat ooit zo kan werken, omdat het toch redelijk een op een is.'

'Zinloze verplaatsing van lucht'

Internet heeft dus gezorgd voor de democratisering van de communicatiekanalen: van weinig kanalen voor veel mensen naar veel kanalen voor in potentie veel mensen. Voor het eerst in de geschiedenis hebben miljoenen mensen de mogelijkheid hun bezigheden en meningen te delen met anderen. En dat doen ze dan ook massaal. In Nederland alleen al zijn er meer dan 1,7 miljoen blogs. Verder stijgt het aantal twitteraars explosief. Er zijn nu enkele honderdduizenden accounts. En mocht dit een hype blijken, dan zal er wel weer een ander medium voor in de plaats komen.

Ondanks de enorme populariteit van sociale netwerken zijn er ook veel 'drop-outs'. Mensen beginnen vol enthousiasme een blog, maar na slechts enkele maanden stokt het. Voor Twitter geldt hetzelfde. Uit onderzoek blijkt dat 60 procent binnen enkele weken weer stopt (Martin, 2009). En van de mensen die er wel mee doorgaan kun je je afvragen wat nu de toegevoegde waarde is die zij bieden. 'Maar liefst meer dan 40% van alle Twitter-berichten valt in de categorie zinloos gebrabbel' kopt *De Telegraaf* in augustus 2009. Diverse media halen een onderzoek aan dat verricht is door marktanalysebureau Pear Analytics (2009). Gedurende twee weken heeft het bureau publieke Twitter-accounts gevolgd en de geplaatste berichten ingedeeld in categorieën. Een van de categorieën is dus 'zinloos gebrabbel', de andere zijn 'nieuws', 'spam', 'zelfpromotie', 'conversatie' en 'retweets'; 37 procent van de berichten blijkt in de categorie 'conversatie' te vallen. Als je ervan uitgaat dat ook deze categorie weinig tot geen toegevoegde waarde heeft voor een breder publiek, dan kun je vlot constateren dat het allemaal niet veel voorstelt.

Bijna wekelijks verschijnen er dergelijke onderzoeken. Eerst lag het bloggen onder vuur en toen Twitter. De steeds meer oplaaiende discussie over het zin-of-onzingehalte van blogs en Twitter is zeer interessant. De conclusie uit veel onderzoeken, die deels wordt bevestigd door verschillende media, is dat de meeste communicatie via sociale media zoals blogs en Twitter niet veel voorstelt: eindeloze berichten over het eten van een boterham of het net missen van de trein.

Blijkbaar houdt dit onderwerp naast onderzoekers en journalisten ook veel andere mensen bezig. De online reacties op dergelijke onderzoeken zijn namelijk talrijk. Veel mensen haasten zich om te melden dat ze totaal het nut niet inzien van zoveel 'exhibitionistisch' gedrag. Overigens interessant om te zien dat velen zich vervolgens laten verleiden tot een discussie in het online reactieforum, maar dat terzijde. Zelden is er een onderbouwde reactie te vinden waarom sociale netwerken juist wel een toegevoegde waarde zouden hebben.

Wat mij verder opvalt is dat ik zelden onderzoeken zie over het kwaliteitsniveau van e-mailberichten, laat staan persoonlijke communicatie. Ik kan mij niet aan de indruk onttrekken dat ook veel van deze communicatie in de categorie 'zinloze verplaatsing van lucht' zou kunnen vallen.

Toegevoegde waarde dankzij goed doordachte strategie

In hoofdstuk 1 schreef ik over de ongekende collectieve expressie die mogelijk gemaakt wordt door de talloze sociale netwerken. Blijkbaar zijn we hier nog steeds niet aan gewend. Zeker bij veel digital immigrants is er een zeker onbegrip te bespeuren. Zij zien de online zelfprofilering vooral als overdreven exhibistionistisch gedrag. Hoewel dit te begrijpen is, is het vooral een reflex uit de vorige eeuw. Digital immigrants zijn gewend aan offline, 'weinigen naar velen'-communicatie, terwijl we online te maken hebben met 'velen naar weinigen'-communicatie. Het is dan ook een misvatting om te denken dat al die profilering gericht is op een groot publiek.

Laten we eerlijk zijn: veel van wat er voorbijkomt is ook niet bijster interessant. Dat zegt echter heel weinig over het belang en de impact van sociale netwerken. Wat de sceptici volgens mij uit het oog verliezen is dat het gebruik van sociale netwerken niet meer is dan een kopie van hoe we in de fysieke wereld communiceren. Luister op een mooie lentedag maar eens naar de gesprekken op een willekeurig terras: vriendinnen die de nieuwste roddels uitwisselen, een man en vrouw die de details van een zakelijke overeenkomst doorspreken, en een groepje dat de cafés in de buurt doorneemt – om maar wat te noemen. Ook die gesprekken zijn niet allemaal bijster interessant, maar ze horen wel bij het leven.

We moeten niet vergeten dat online sociale netwerken nog maar een paar jaar bestaan. Veel mensen weten nauwelijks hoe ze ermee om moeten gaan, en dan bedoel ik niet zozeer hoe het technisch werkt. Vaak wordt een professionele toepassing verward met privégebruik. Uiteraard zijn sociale netwerken heel goed te gebruiken om in contact te blijven met familie en vrienden. Dat is vaak toch de primaire functie van bijvoorbeeld Hyves. Gebruik je sociale netwerken echter op zakelijk gebied, dan is het essentieel om na te denken over een doelstelling. Maar weinig mensen zijn zo in ons geïnteresseerd dat ze dagelijks onze privébeslommeringen willen volgen – verslagen van onze regelmatige bezoekjes aan de bakker zijn maar beperkt boeiend. De kern van sociale netwerken is dat ze waarde toevoegen, maar dit uitgangsprincipe wordt vaak over het hoofd gezien. Er is dan geen duidelijke strategie, waardoor het ook moeilijk blijkt om frequent te communiceren. Dit heeft weer de genoemde 60 procent afhakers tot gevolg. Om te kunnen blijven boeien is het essentieel om een doorwrochte strategie te formuleren.

Waar publiek is, zijn artiesten

Jeremiah Owyang, senior analist bij onderzoeksbureau Forrester, onderscheidt twee soorten bezoekers van online sociale netwerken: de deelnemer en de kijker. De deelnemer draagt actief bij aan een sociaal netwerk. Hij plaatst bijvoorbeeld zelf informatie en geeft commentaar op het werk van anderen. De kijker verzamelt alleen en draagt niet actief bij of kijkt naar de communicatie tussen anderen zonder zelf te participeren. Er is dus een groot publiek om online je ervaringen en activiteiten mee te delen. En waar er publiek is, zijn artiesten. Vooral digital natives plaatsen hun hele leven online en delen vaak de intiemste details. Zoals gezegd leidt dit bij digital immigrants vaak tot veel onbegrip, wat logisch is omdat zij opgegroeid zijn met beperkte distributiekanalen.

Een belangrijke motivatie voor veel mensen om zich via bijvoorbeeld een blog of Twitter te uiten is dat ze daardoor aandacht krijgen. Een systeem dat nadrukkelijk het aantal volgers bijhoudt, stimuleert hen alleen nog maar meer om zich op die manier te profileren. Ze verzamelen volgers zoals een ander voetbalplaatjes verzamelt. En van mij mag het. Want wat is nu zo mooi aan sociale netwerken? Dat ik zelf bepaal wie ik wel en wie ik niet wil volgen.

Feit is dat een groot deel van de Nederlandse bevolking op een of andere manier communiceert over wat hen bezighoudt. Daarbij is een flink deel van hen ook nog geïnteresseerd in het volgen van de bezigheden van anderen. De mogelijkheid om dat te doen zal alleen maar groeien. En omdat, zoals we al eerder zagen, de grenzen tussen wat we privé doen en wat we zakelijk doen steeds meer vervagen, kunnen bedrijven deze ontwikkeling niet terzijde schuiven.

Hoe kunnen organisaties meer gebruikmaken van sociale netwerken?

Hoe kunnen bedrijven zich mengen in deze gesprekken? Of kunnen ze ze zelf initiëren? Welke rol spelen sociale netwerken in de interne en externe communicatie van organisaties?

Problemen met interne en externe communicatie

'We zetten allerlei communicatiemiddelen in. Nieuwsbrieven, videoboodschappen, jaarverslagen, intranet et cetera. Het hele arsenaal. Toch blijft voortdurend de vraag vanuit de organisatie: wat doet het college van bestuur nu eigenlijk? Voor mijn collega's ligt dat nog wat makkelijker omdat ze vaak een aantal vaste aandachtsgebieden hebben. Maar wat doet nu eigenlijk een voorzitter? Ja, netwerken, maar hoe ziet dat er dan uit?' Aan het woord is Theo Bovens, voorzitter van het college van bestuur van de Open Universiteit (OU) en kroonlid van de Sociaal-Economische Raad (SER).

De door Bovens geschetste situatie is herkenbaar voor veel organisaties. In de acht jaar dat ik regelmatig met allerlei organisaties spreek over cultuur, strategie en communicatie, is het gebrek aan transparantie en inzicht een probleem dat regelmatig de revue passeert. Medewerkers vinden dat ze onvoldoende weten waar andere collega's mee bezig zijn en zeggen geen idee te hebben wat de top van de organisatie zoal doet. Leidinggevenden klagen weer dat ze nauwelijks inzicht hebben in wat de mensen aan wie ze leidinggeven doen. Ook de externe communicatie is een probleem. Klanten, leveranciers en andere belanghebbenden worden overspoeld met informatie, maar het zijn zelden conversaties. Terwijl juist het voeren van een dialoog een van de belangrijkste kenmerken van een Connected!organisatie is.

In een vorig leven werkte ik in de marketing- en communicatiebranche en kwamen deze kwesties regelmatig voorbij. Met een flashy nieuwsbrief of liever nog magazine werd geprobeerd de band met medewerker of klant te verstevigen. En later deden we hetzelfde op een 'hippe' manier met e-mailnieuwsbrieven en videoboodschappen. Wij verdienden er goed geld mee, maar helpen deed het maar zelden. Ondanks de inzet van het hele communicatiearsenaal blijft een van de meest gehoorde klachten binnen en buiten de organisatie de beperkte of afwezige interactie.

Daarmee hebben we direct een belangrijk punt te pakken: de interpretatie van wat interne en externe communicatie inhoudt. In veel gevallen wordt communicatie ingezet om informatie over te brengen, zoals de nieuwe strategie van de organisatie, behaalde financiële resultaten, personeelswijzigingen en nieuwe producten en diensten. In marketingtermen zouden we het hebben over 'pushcommunicatie'. Hierbij bepaalt de zender de vorm en inhoud van de boodschap en het moment van aanbieden. En daar wringt het al snel: de informatie is meestal te algemeen, heeft weinig toegevoegde waarde voor de individuele lezer of komt ongelegen of in een vorm die de ontvanger niet prettig vindt. Bovendien komt de informatie dan meestal ook nog van verschillende afdelingen. Er komt een nieuwsbrief van marketing, een update van personeelszaken et cetera. Zo is de fragmentatie compleet.

Beperkte participatie door de top

Waar menig politicus zich naar hartenlust begeeft op allerhande sociale websites, blijft het vanuit het bedrijfsleven behoorlijk stil. Uit een onderzoek van het magazine *ÜberCEO* (2009) blijkt dat het ernstig gesteld is met de aanwezigheid van ceo's en directeuren op sociale media. Slechts twee ceo's uit de *Fortune*-lijst van honderd beste ceo's van 2009 hebben een Twitter-account; dertien hebben een LinkedIn-account (waarvan slechts drie met meer dan tien connecties) en geen enkele ceo uit de lijst heeft een eigen blog.

Als we kijken naar de Nederlandse voorzitters van raden van bestuur van beursgenoteerde bedrijven, dan zien we hetzelfde beeld. Op de online sociale netwerken Hyves en Facebook zijn zij met respectievelijk 0,4 en 1,6 procent nauwelijks aanwezig. Op Twitter heeft 2 procent een account, waarbij maar 0,6 procent ook echt actief berichten plaatst. Ook wordt er nauwelijks geblogd: slechts 0,4 procent heeft een actief en openbaar blog. LinkedIn schijnt wel als online sociaal netwerk met een opmars bezig te zijn in de bestuurskamers: 25 procent van de voorzitters heeft daar een profiel.

Wat betreft interne en externe communicatie zijn organisaties en de leiders die daar eindverantwoordelijk voor zijn, dus nog gewend om te denken in een grote massa. Klanten en medewerkers worden ook zo toegesproken: onpersoonlijk, te algemeen en ontdaan van een persoonlijkheid, vooral nog via de traditionele kanalen en nauwelijks in sociale netwerken. Terwijl het opzoeken van deze 'niches' juist kan zorgen voor een betekenisvolle interactie.

Theo Bovens is een van de weinigen in de top van organisaties die gebruikmaakt van sociale media. Hij is actief op Twitter, LinkedIn en Hyves. Daarnaast houdt hij een blog bij: 'Ik vervul als collegevoorzitter een voorbeeldfunctie. Voor ons als open en virtueel instituut zijn sociale netwerken van belang. Ik vind dat ik dat dan ook als eindverantwoordelijke moet uitstralen. Ik kan dat niet alleen maar delegeren aan bijvoorbeeld een stafafdeling. Het moet tot uiting komen in het hart en in de top van het bedrijf.' In veel organisaties worden sociale netwerken vooral gezien als operationeel instrument. Daardoor is het gebruik ervan vaak belegd bij stafafdelingen zoals corporate communicatie. En dat terwijl sociale netwerken, zoals Bovens aangeeft, juist het hart zijn van een Connected!organisatie.

In de manier waarop Bovens omgaat met deze netwerken, zijn per instrument de verschillende functies te onderscheiden. Het begon met de doelstelling om medewerkers beter te informeren over zijn werkzaamheden. Hij koos daarbij voor een blog: 'In juli 2007 ben ik begonnen met het verspreiden van een "weekbericht" via mijn blog. Eigenlijk een soort openbare agenda waarbij ik vertel over mijn werkzaamheden. Met de exacte vorm worstel ik eigenlijk nog steeds. Aan de ene kant wil ik opiniërende stukken delen (wat vind ik van onderwerp X of Y?), aan de andere kant wil ik tegemoetkomen aan de behoefte aan meer inzicht in wat ik zoal de hele dag doe.'

Het blog bleek beter geschikt om langere stukken te plaatsen, het bijhouden van actuele activiteiten ging dan weer gemakkelijker via Twitter. Uit de ervaringen van Bovens blijkt dat het vaak lastig is om meerdere subdoelstellingen samen te brengen in één sociaal medium: 'Eigenlijk was het starten met Twitter een onderdeel van onze campagne rondom het 25-jarig bestaan van de OU. Dit vijfde lustrum hebben we gekoppeld aan de opening van het academisch jaar. Symbolisch, want de OU kent geen jaarsysteem. De studenten bepalen zelf wanneer ze beginnen. Op 24 en 25 juni heb ik samen met 25 studenten op 25 locaties door Nederland en Vlaanderen 25 "academische jaren" geopend. Onder het motto: non-stop open. Om goed en actueel verslag te doen van dit event stelde onze afdeling communicatie voor om naast mijn blog, waar ik al langer actief mee was, ook Twitter in te zetten.'

'En toen bleek ik een fanclub te hebben op internet. Ik schaam me kapot.'
Johan Derksen, sportjournalist

Bovens en zijn afdeling communicatie zagen Twitter in het begin vooral als een nieuw informatiekanaal. Dit geldt overigens voor nagenoeg alle organisaties die nu al actief gebruikmaken van sociale netwerken. Alleen blijken ze dan en passant een aantal voordelen te hebben ten opzichte van traditionele kanalen. In het geval van Twitter is dit vooral het 'realtime'-effect: geen verlate beschrijving van een gebeurtenis in bijvoorbeeld een nieuwsbrief, maar een direct verslag. Bovens zegt hierover:

'Tot mijn lichte verbazing leverde mijn verslag via Twitter in die dagen veel leuke reacties op. Ik merk dat de communicatie nog veel sneller gaat dan op mijn blog. Ik krijg direct en rechtstreeks respons. Er wordt dan ook verwacht dat je snel reageert. Pas na drie dagen een reactie sturen wordt niet op prijs gesteld.
Ook het open karakter valt me op. In de eerste weken kreeg ik allerhande tips over hoe ik Twitter beter kon gebruiken. Het verlaagt de drempel want ik ben heel makkelijk te bereiken. De

drempel wordt dus lager, en een stukje van het "mysterie" verdwijnt. Alles wordt transparant.
(...) Wat me opvalt, is dat mijn blog nu meer gevolgd wordt door mensen buiten dan binnen de OU. Misschien komt dat doordat ik ook af en toe over privézaken schrijf. Uit eigen ervaring weet ik dat het, zolang het met mate is, leuk is om wat meer te weten te komen over wat iemand drijft. Een inkijkje in iemands privébezigheden helpt daarbij. Het moet echter niet overheersen, ik probeer daarbij een 80/20-verdeling na te streven.'

In hoofdstuk 1 beschreef ik de verdwijnende grenzen tussen de organisatie en haar omgeving en tussen werk en privé. Theo Bovens kijkt licht bedremmeld als ik hem vraag of hij sociale netwerken ook gebruikt om vraagstukken te delen. 'Nee, eigenlijk niet. Wel heb ik soms een beperkte uitwisseling met iemand die reageert op een bericht.'

Daar liggen kansen. Initiatieven met sociale netwerken zoals die van de OU zijn prijzenswaardig, alleen zijn ze, op de manier zoals ze nu worden toegepast, toch een moderne variant van al bestaande communicatiekanalen. Er wordt nog maar nauwelijks gebruikgemaakt van de echte kracht van sociale netwerken, namelijk samenwerken, coproduceren, ervaringen en informatie delen et cetera. Deze mogelijkheden komen vaak pas na enige tijd aan de oppervlakte. Daarvoor is het noodzakelijk dat sociale netwerken breed worden ingezet in de organisatie. De betrokkenheid van het hoger management is heel belangrijk, maar het moet niet daartoe beperkt blijven.

'Het mag een keuze zijn om als bedrijf niet actief te zijn op online sociale netwerken, het is alleen niet verstandig.'
Niki van Wijk, vice president e-commerce Transavia.com

Binnen de OU beraadt men zich over de vervolgstappen: 'Hoewel het als een eenmalig initiatief begonnen is, zijn we nu aan het kijken of en zo ja, hoe we onder andere Twitter verder gaan inzetten binnen de OU. In ieder geval volgen nu ongeveer zestig medewerkers mijn berichten. Of dat nu representatief is op een organisatie met achthonderd medewerkers weet ik niet. Tegelijk vind ik dat ik als voorzitter van het college van bestuur ook een voorbeeldfunctie heb. We zijn als organisatie altijd geïnteresseerd in innovatieve ontwikkelingen. We doen daar baanbrekend onderzoek naar. Daarbij komt dat afstandleren als vanzelf een link heeft met sociale netwerken.'

Angst voor het open karakter van sociale netwerken

Vooral het open karakter van sociale netwerken zoals Twitter en blogs bezorgt veel bedrijven hoofdpijn. Een manager bij een grote multinational wist me te vertellen dat het beleid rondom sociale netwerken ondergebracht was bij corporate communicatie. Men was zeer terughoudend in het adviseren over het gebruik ervan. Ter ondersteuning van dit beleid had de afdeling een aantal cases verzameld waar de strategie van het bedrijf ernstig beschadigd was geraakt door het gebruik van sociale media en netwerken. Of zoals de betrokken manager het benoemt: 'Als onze ceo zou twitteren of bloggen dat hij bijvoorbeeld in Londen is voor een afspraak, dan kan dat al koersgevoelige informatie zijn. Journalisten zouden kunnen denken dat hij bij bedrijf X of Y aan het praten is en dat er wellicht een overname voor de deur staat.' Of wat te denken van de voorzitter van de raad van bestuur die zijn kinderen verbiedt om zich op Hyves te begeven? Ze konden toch wel wat nuttigers bedenken om te doen?

Dergelijke sentimenten en vooroordelen maken het voor organisaties lastig om ten volle te kunnen profiteren van de kracht van sociale netwerken. Het eerdergenoemde gegeven dat informatie 'vrij' wil zijn, verhoudt zich lastig tot de structuur en cultuur van veel bedrijven. Vooral bedrijven die beursgenoteerd zijn hebben dit probleem. Informatie kan dan al snel koersgevoelig zijn. Communicatie wordt in deze bedrijven dan ook strak gestuurd, ingekaderd door bijvoorbeeld afdelingen communicatie, marketing of pr.

Maar ook kleinere organisaties kunnen worstelen met het gebruik van sociale netwerken en sociale media, bijvoorbeeld Sellaband. Dit bedrijf stelt bands in staat hun fans een aandeel te laten nemen in de band zodat die, bij voldoende belangstelling, via Sellaband een cd kan opnemen. Van een organisatie die zelf leeft van online sociale netwerken zou je verwachten dat die alle mogelijke sociale media zou omarmen, en dat dan zeker de ceo daarin voorop zou gaan. Ceo Johan Vosmeijer van Sellaband daarover: 'Sellaband wordt door duizenden mensen gevolgd via bijvoorbeeld Facebook of Twitter, en al die mensen willen mijn "vriend" worden. Toen Facebook net opkwam, had ik in no-time een paar honderd verzoeken in de wacht staan. Dat heeft te maken met dat ik een publieke functie heb. Ik vind het ongelofelijk moeilijk daar een schifting in te maken. En met Twitter ben ik direct gestopt nadat ik mijn account geactiveerd had. Ik wist ook niet precies hoe Twitter werkt en zette er mijn echte naam en functie bij. In de eerste week kreeg ik direct al honderd followers. Ik kan nu geen kijkje in de keuken gebruiken. We zijn een startend bedrijf en er wordt enorm op ons gelet. Zowel door onze community als door potentiële concurrenten. Dat ik naar de tandarts ga mag iedereen weten, maar als ik met een potentiële partner deal, dan hoeft niemand dat te weten. Voor het merk Sellaband werken we wel met diverse sociale netwerken, maar ik als ceo doe er niet aan mee.'

Johan Vosmeijer laat zien hoe smal de grens is tussen transparantie en de bescherming van het eigen organisatiebelang. Waar enerzijds de kracht van sociale netwerken de kern vormt van het concept van Sellaband, vormt het anderzijds een grote bedreiging. 'Ik ben toch opgevoed met traditionele media waar je dingen meedeelt wanneer het rond is en jij als eindverantwoordelijke de beslissing hebt genomen. Ik bots dan ook met mensen die vinden dat ik van tevoren dingen moet delen. Daar kan ik me niet toe zetten. Ik zie ook in ons bedrijf een generatie die daar heel anders mee omgaat. Ik heb daar wel last van', aldus Vosmeijer.

Voor eenzelfde uitdaging staan bijvoorbeeld ook ministeries. Nicole Stolk, directeur bedrijfsvoering en chief information officer van het ministerie van Binnenlandse Zaken, geeft aan dat ambtenaren op 'haar' ministerie vrij gebruik kunnen maken van online sociale netwerken: 'Er werken hier relatief veel twintigers en dertigers met een flinke interesse in al deze mogelijkheden. We hebben ook geen formeel beleid hoe deze netwerken te gebruiken. De Rijksvoorlichtingsdienst werkt aan een set met omgangsregels, waarbij het erop neerkomt dat de medewerkers verstandig omgaan met nieuwe media. Ik ga ervan uit dat onze medewerkers er profes-

'LinkedIn: dat is toch vooral iets voor over het paard getilde baantjesjagers.'
Een bestuursvoorzitter in 2007

sioneel en volwassen mee omgaan, zoals het een goed ambtenaar betaamt. Natuurlijk zijn er twijfelgevallen, het is zaak daarover met elkaar in gesprek te gaan en zo een vorm van "moresprudentie" op te zetten. Hoe gaan we om met nieuwe media, wat vinden we acceptabel en waar ligt de grens? We zijn er allemaal lerende in.'

Voorbeeldgedrag van het management

Stolk benadrukt het voorbeeldgedrag van het management. Anders dan Vosmeijer hebben de chief information officers (cio's) van alle ministeries gezamenlijk besloten om in 2010 veelvuldig gebruik te maken van de nieuwe media. 'Er is een punt geweest dat de cio's concludeerden dat er een generatie aankwam die vaardiger is met online sociale netwerken dan wijzelf. We vonden het belangrijk om aangesloten te blijven en ook zelf het goede voorbeeld te geven. Zo zijn we samen begonnen om ons deze netwerken en hoe ermee te werken eigen te maken. Omdat we ons er samen in verdiepten, zorgde dat ook voor een betere verbinding als team. Het maakte ons tot een meer homogene en gelijkwaardige groep collega's. Dat was een positief en onverwacht bijproduct van ons eigen opleidingstraject in online sociale netwerken.'

Dergelijk voorbeeldgedrag is in het bedrijfsleven nog nauwelijks aan de orde, zoals ook de cijfers over de participatie van bestuursvoorzitters in online sociale netwerken eerder in dit hoofdstuk al lieten zien. Met name de top moet hier, net als in het geval van het ministerie van Binnenlandse Zaken, het voorbeeld geven.

Een beleid?

Een organisatie die erin lijkt te slagen de kracht van sociale netwerken te benutten is Accenture. Sinds 2005 maakt dit bedrijf voor zijn interne en externe communicatie gebruik van blogs. Centraal hierbij staat het Accenture BlogPodium, waar medewerkers van Accenture hun mening geven over zaken die hen bezighouden. De thema's zijn heel uiteenlopend, van de strategische lijnen zoals managing director Sander van 't Noordende ze verwoordt, tot aan de belevenissen rond een sponsorrit per fiets door China.

Een ander voorbeeld van een sociale netwerkstrategie vinden we bij de NOS. In juli 2009 schreven Roeland Stekelenburg (@stekel), hoofd Nieuwe Media, en Tim Overdiek (@overdiek) een 'beleidsnotitie' over hoe medewerkers van de NOS zouden moeten omgaan met Twitter (Overdiek, 2009):

'(...) In het algemeen geldt natuurlijk dat het alleen maar positief is als NOSsers twitteren. Online sociale netwerken zijn immers een onuitputtelijke bron van informatie die ook journalistiek van grote waarde is. De opgetelde sociale netwerken van alle NOS-medewerkers geven onze organisatie een heel divers luisterend oor in de online community. En dat is belangrijk.
(...) Twitteren op deze manier levert wel heel veel nuttige informatie op. Directe feedback van het publiek op uitzendingen, tips van allerlei deskundigen of simpelweg leuke ideeën. Mensen spreken je op Twitter vaak heel direct aan op je verantwoordelijkheden en in die zin draagt het bij aan de transparantie die we als publieke organisatie nastreven. Ook individuele verslaggevers zouden heel goed van Twitter gebruik kunnen maken om (vanaf locatie) live nieuws te verspreiden.
(...) De laatste tijd heeft een aantal enthousiaste mensen en afdelingen Twitter-accounts geopend onder NOS-vlag. Enkele van deze kanalen gebruiken afwijkende logo's en het is soms niet duidelijk wat het doel is en door wie ze onderhouden/beheerd worden. In de begintijd van Twitter (toen er een paar honderd gebruikers waren) was dit misschien niet zo'n probleem, maar inmiddels worden de Twitter-feeds door veel mensen gevolgd (ze zijn ook met Google doorzoekbaar) en moeten we daar dus zorgvuldig mee omgaan. Het zijn immers, net als onze websites, uitingen van de NOS en daar gelden dezelfde regels (inhoudelijk, maar ook qua branding) als voor al onze andere websites, programma's en kanalen.'

Dit stuk kan wellicht ter inspiratie dienen voor andere bedrijven om intern de dialoog te starten over het gebruik van sociale media. Dat is hoognodig, zo blijkt uit het eerder geciteerde onderzoek van Metselaar, Tierney en Bastmeijer (2009), want 36 procent van de medewerkers binnen bedrijven houdt een zakelijk blog bij, en dat zonder de actieve tussenkomst van bijvoorbeeld een afdeling pr of communicatie.

Betere interne communicatie

Er kunnen natuurlijk redenen zijn (zoals zorgen om vertrouwelijke informatie) waarom bedrijven de interne communicatie van de buitenwereld willen afschermen. Ze kunnen dan bijvoorbeeld gebruikmaken van interne blogs. Er zijn inmiddels ook interne twittertoepassingen, bijvoorbeeld Yammer. Het werkt volgens het principe van Twitter, maar mensen kunnen elkaar alleen volgen wanneer ze dezelfde e-mailextensie hebben. Zo is grotendeels gewaarborgd dat de communicatie binnen de organisatie blijft.

'Sociale media maken je online zichtbaar in plaats van vindbaar.'
Bert Beentjes, internetprofessional

Uit de ervaringen bij organisaties zoals Syntens, Siemens en Rhinofly blijkt dat Yammer een goed instrument kan zijn voor onder andere interne kennisdeling. Remco Bakker, innovatieadviseur bij Syntens: 'Ik heb meer dan driehonderd collega's, die rondlopen op elf vestigingen en bij duizenden ondernemers in zes verschillende sectoren. Geen enkele collega zie ik elke werkdag, geen enkele collega spreek ik elke werkdag. Eigenlijk weet ik veel te weinig welke kennis en contacten mijn collega's hebben, wat ze voor mooie dingen doen bij welke innovatieve ondernemers. Natuurlijk, we hebben teamoverleg, ontmoetingen bij de koffieautomaat en tijdens de lunch. En ja, we hebben e-mail, intranet en telefoon. Maar desondanks heb ik het gevoel dat we zoveel meer kunnen voor het mkb in Nederland.'

Om de interne communicatie te verbeteren heeft Syntens geëxperimenteerd met Yammer: 'De grote kracht van toepassingen zoals Yammer ten opzichte van e-mail en chat is de onverwachte input. Door simpelweg te vertellen waar je mee bezig bent, stel je collega's in de gelegenheid daar een waardevolle bijdrage aan te leveren. Je weet niet wat je niet weet, dus juist deze onverwachte suggesties van collega's vind ik zo krachtig aan Yammer. Een ander voordeel ten opzichte van e-mail en instant messaging (zoals MSN) is dat berichten voor iedereen toegankelijk en doorzoekbaar zijn. Kennis blijft dus beschikbaar.'

Interessant is dat in alle cases gesproken wordt over de verkleining van de afstand tussen collega's. Vooral het open karakter van intern microbloggen lijkt daar een belangrijke rol in te spelen.

Het succes van Twitter is vooral gebaseerd op de sociale interactie die er plaatsvindt. En op het persoonlijke karakter. En mocht het succes van Twitter verbleken, dan zullen er andere, soortgelijke toepassingen verschijnen. De mate van transparantie die we nu ervaren zal nooit meer weggaan. Je kunt je ertegen verzetten, je kunt het verachten en marginaliseren, maar het is er en het zal er blijven.

Tips voor leiders om te participeren in sociale netwerken

Zoals in het voorgaande gebleken is zetten leiders online sociale netwerken nog maar heel beperkt in voor de interne en externe communicatie. Het management geeft zo niet het goede voorbeeld en er is vaak ook geen duidelijke strategische visie op hoe deze netwerken van waarde kunnen zijn voor de organisatie. Hoe zet je nu als leider de eerste stappen op weg naar een sociale netwerkstrategie?

1. Begin gewoon

Volg het voorbeeld van Theo Bovens: begin gewoon. Ook als je nog niet precies weet wat het gaat opleveren. Dit laat zich niet delegeren naar een stafafdeling, het gaat om jouw authentieke aanwezigheid en communicatie. Wees bereid om te leren, door vallen en weer opstaan. Begin niet aan een sociale netwerkstrategie voordat je zelf met sociale netwerken geëxperimenteerd hebt. Doe dit in een aantal netwerken en houd het minimaal drie maanden vol. Kijk naar wat het met je doet en tegen welke vooroordelen of belemmeringen je aanloopt.

2. Vertrouw op je passie

Verbind je aan een sociaal netwerk op basis van je passie. Ik hoop en wens je toe dat je werk je passie is, want dan sla je twee vliegen in een klap. Wanneer mensen zelf kiezen wie ze willen volgen, staan gepassioneerde mensen in de kijker. Deel waar je mee bezig bent. Vertel over je ambities en geef zo anderen de gelegenheid je daarbij te ondersteunen. Mensen zijn je, in het algemeen en in het bijzonder in sociale netwerken, graag behulpzaam. Helpen ze je niet, vraag dan specifiek om hulp. Ga er niet per definitie van uit dat iedereen weet wat je wilt.

3. Een snufje Big Brother

Bedrijven en merken kunnen niet participeren in sociale netwerken, dat kunnen alleen mensen van vlees en bloed. Wees authentiek. Laat ook af en toe wat zien van wat je buiten je werk bezighoudt. Sociale netwerken vervagen namelijk nog verder de scheiding tussen privé en zakelijk.

4. Er zijn geen sluiproutes

Veel mensen die ik spreek beginnen over het gebrek aan tijd: 'Ik heb niet de tijd om me in deze materie te verdiepen, laat staan dat ik er actief in kan participeren. Is het voldoende als ik twee keer per week een berichtje achterlaat?' Kies één of twee sociale netwerken uit en integreer deze in je dagelijkse werkzaamheden. In het begin zal het je inderdaad meer tijd kosten, maar gaandeweg zal je netwerk groeien en zul je er steeds beter mee weten te werken.

5. Omring je met actieve gebruikers

Zoek mensen op die ervaren zijn met sociale netwerken. Kijk wat anderen op dat netwerk nog meer doen. Observeer ze. Leg je vragen aan hen voor. Ze zullen je graag helpen. Leer van de experts. Meestal zullen ze jonger zijn dan jij. Laat je door hen coachen. Ik ken ceo's die zich op het gebied van het internet en sociale netwerken intensief laten begeleiden – door studenten van vijfentwintig welteverstaan. Door je oprecht aan hen te verbinden zul je onderdeel worden van hun sociale netwerken. Zij zijn wat ik noem de 'knooppunten'. Via deze gebruikers heb je in één keer toegang tot veel andere subnetwerken.

6. Wees selectief en doe het samen

Denk na over de bedrijfsprocessen. Zoek personen met een open houding en enige ervaring met nieuwe media. Bespreek samen waar in de organisatie het belangrijk is dat jullie meer relaties onderhouden: welke onderdelen van de organisatie zijn gebaat bij een open en directe manier van communiceren en het delen van kennis? Kies gericht de processen waarin je met deze groep gebruik gaat maken van online sociale netwerken. Vraag hun vervolgens om net als jij ook te participeren in sociale netwerken. Maak ze daarmee tot voorbeeld voor de rest van de organisatie. Wacht echter niet te lang met het laten aanhaken van meer mensen. Creëer geen selecte groep die als enige binnen de organisatie hiermee bezig is.

7. Formuleer je sociale netwerkstrategie

De bovenstaande stappen zullen je een raamwerk geven. Stel daarna duidelijke doelstellingen en randvoorwaarden op waaraan de strategie moet voldoen. Ga vervolgens aan de slag, meet het effect en stel de strategie eventueel bij.

Tips voor de medewerker

Ben je een 'gewone' medewerker en zien de leidinggevenden in de organisatie nog onvoldoende de mogelijkheden van online sociale netwerken? Kijk dan of je het onderwerp op de agenda kunt krijgen. Geef bijvoorbeeld aan de directie een presentatie over de mogelijkheden van online sociale netwerken. Focus daarbij niet te veel op de technische toepassingen, maar schets de grote lijnen van de kracht van online sociale netwerken. En laat van daaruit zien wat ze in de praktijk voor de organisatie kunnen betekenen.

Maar pas op voor het 'geeksyndroom'. In elke organisatie zijn er wel enkele *early adaptors*. In hun enthousiasme zijn ze geneigd de kansen van online sociale netwerken te omarmen, om vervolgens als ware evangelisten het geloof te gaan verkondigen. Het risico is dan dat de rest van de organisatie het gevoel heeft niet aangehaakt te zijn en zich er vervolgens van afkeert: zij hoeven niet mee te doen, want er zijn al een paar mensen die het allemaal snappen en wel oppakken.

7

Connected!business: sociale netwerken en businessmodellen

In 2006 voorzag men een probleem bij *de Volkskrant*, een uitdaging die we ons nu bijna niet meer kunnen voorstellen. Het papier zou namelijk 'op' raken. Er zou niet meer voldoende ruimte in de katernen zijn om alle (personeels)advertenties kwijt te kunnen. Om deze inkomsten niet mis te lopen en om de journalistieke ambities waar te maken waarover al langer werd nagedacht, werd besloten tot twee nieuwe katernen. Hart en Ziel was er een van, een bijlage met psychologie als bindend thema. Als variant op het fysieke katern Hart en Ziel werd er een gelijknamige online community gestart. Nu is dezelfde community uitgegroeid tot een hechte groep van bijna 70.000 deelnemers.

Volgens *de Volkskrant* is Hart en Ziel een 'servicegerichte site over lichamelijk en geestelijk welbevinden. Bezoekers kunnen onder deskundige begeleiding concreet aan de slag met gratis e-coaching, zelftests, achtergrondartikelen en praktische tips op het gebied van persoonlijke ontwikkeling, wellness en gezond en bewust leven.' De gemiddelde bezoeker van het sociale netwerk is een vrouw tussen de 40 en 54 jaar. Of in Volkskrant-termen: 'reflecterende en zelfbewuste vrouwen'.

Een concept dat eigenlijk bedoeld was als extra kanaal om nieuwe doelgroepen te bereiken, werd onbedoeld het antwoord op een geheel nieuwe ontwikkeling, namelijk de impact van de Connected!wereld. Een wereld waarin mensen steeds meer rechtstreeks met elkaar communiceren en zaken doen, zonder de tussenkomst van bedrijven. Veel van de innovatie in krantenland is vernieuwing, geen innovatie. Een krant uitbrengen op tabloidformaat is geen innovatie, maar een productvernieuwing. De verschillende abonnementsvormen die nu aangeboden worden zijn ook een variant op een bestaand concept. Met Hart en Ziel hebben we het over echte innovatie', aldus de chef van Hart en Ziel Peter de Greef.

Het sociale netwerk centraal

Wat is de corebusiness?

Waar *de Volkskrant* min of meer onbedoeld een antwoord vond, moeten de meeste bedrijven er actief naar op zoek. Ik raad aan om die zoektocht te beginnen met het (op)nieuw definiëren van de corebusiness en de toegevoegde waarde daarin. Niet die we tot nu toe al kenden, nee, een die aansluit bij de Connected!wereld.

Dat is wat bijvoorbeeld KLM deed. Want wat is nu de corebusiness van KLM? Een voor de hand liggend antwoord zou zijn: het per vliegtuig vervoeren van passagiers en vracht van A naar B. Dat klopt in essentie natuurlijk ook. Echter, ook andere luchtvaartmaatschappijen kunnen dat vervoer bieden. Binnen het concept 'vervoer van A naar B' kun je allerlei varianten bedenken, maar dat zijn hooguit verbeteringen, denk aan een frequent-flyerprogramma, nieuwe vliegroutes, beter eten of een betere stoel tegen meerprijs. Maar zodra een dergelijke vernieuwing succesvol is, is deze snel gekopieerd door de concurrentie. En begint de race weer van voor af aan.

KLM paste een ander principe toe. Een dat gebaseerd is op de Connected!wereld. Ze keek namelijk naar haar klanten als een netwerk, een beweging, en zag heel nieuwe dingen. Bijvoorbeeld dat er dagelijks honderden mensen met KLM naar steden in China vlogen. Hoe zou je deze mensen kunnen faciliteren? Waar zouden ze behoefte aan hebben? Behoren deze mensen wellicht tot een sociaal netwerk? En zo ja, wat zijn dan de kenmerken van dat netwerk? Wat bleek? Het was een redelijk afgebakende groep; afgezien van vakantiegangers waren het meestal zakenmensen, met als specifiek kenmerk dat ze allemaal zaken deden met China.

Voor veel van hen was China een relatief nieuw land waar ze heen gingen om een bedrijf op te zetten of uit te bouwen. Natuurlijk hadden ze allerlei vragen op dat vlak. De een zocht een goede advocaat, iemand anders wilde een samenwerking aangaan en nog weer een andere passagier was op zoek naar goed Chinees personeel. Als individu hadden ze ieder zo hun eigen vragen en antwoorden. Door ze als collectief te zien, werd het echter een sociaal netwerk. Waarbij het heel goed mogelijk kon zijn dat de meneer op stoel 4F het antwoord zou weten op de vraag van de mevrouw op stoel 23A.

Vanuit deze gedachte ontstond de KLM Club China. De Club China is een sociaal netwerk waar mensen elkaar zowel online als offline kunnen ontmoeten. Het zakendoen met China staat centraal. Hiermee legde KLM een basis voor een nieuw businessmodel: het faciliteren van en betekenis geven aan een specifiek netwerk. Eigenlijk is dit nog maar het begin, want bedenk eens hoeveel verschillende groepen er wel niet te specificeren zijn binnen de klantengroep van KLM. KLM heeft zo een Connected!-business gecreëerd.

Soms is de corebusiness van een bedrijf een andere dan bijvoorbeeld de medewerkers zelf vermoeden. Zoals in het geval van NS. Menig NS-medewerker zal je bezweren dat NS vooral haar geld verdient met het vervoeren van passagiers en vracht van A naar B. Dat is de kernactiviteit en dat probeert men zo goed mogelijk te doen door op tijd te rijden en genoeg zitplaatsen te bieden. Uiteraard is dat belangrijk, maar het is steeds minder de bepalende factor. Dat is namelijk steeds meer de exploitatie van het vastgoed op en rond de stations – de kantoren, maar ook de kiosken waar je 's ochtends snel een kopje koffie haalt. Wat het lastig maakt is dat de klant deze zaken simpelweg verwacht. Het is nauwelijks een onderscheidende factor. Als het allemaal perfect loopt, vindt de klant het normaal en wordt het maar beperkt als onderscheidend vermogen gezien. Loopt het niet goed en is er weer eens vertraging, dan zijn de rapen gaar.

Toegevoegde waarde op functioneel en sociaal vlak

De focus ligt hier op het functionele gebruik. Dit geldt voor heel veel branches. Veel innovaties vinden dan ook plaats op het functionele vlak. In hun bekende boek *De blauwe oceaan* (2005) noemen de auteurs W. Chan Kim en Renée Mauborgne dat 'concurreren in de rode oceaan'. Daarmee bedoelen ze dat concurrenten elkaar proberen de loef af te steken door generieke product- of dienstvoordelen voortdurend te vernieuwen.

Maar consumenten zijn erg snel weer gewend aan nieuwe functionaliteiten. De impact is dus beperkt en tijdelijk. Sociale aspecten zijn veel duurzamer. Het sociale aspect gaat verder dan alleen de relatie tussen product of dienst en de individuele gebruiker. Er wordt juist gekeken naar welke sociale netwerken de gebruiker onderhoudt en welke rol het product of de dienst daarin speelt.

Vanuit de Connected!business-filosofie kan de toegevoegde waarde ook op een ander gebied liggen, zowel op het functionele als het sociale vlak. Als we kijken naar vervoer van A naar B, dan moet de basis natuurlijk zo goed mogelijk zijn: op tijd, voldoende plaats et cetera. Dan kijken we verder. Voor mij en veel andere werkenden is er een aantal belangrijke onderscheidende aspecten die de trein voorheeft op andere vervoermiddelen. Om die te onderkennen is het goed naar de totale groep (potentiële) klanten te kijken als waren ze sociale groepen. Een belangrijke groep daarbinnen zijn mensen die werken.

Als je puur functioneel kijkt, zou je kunnen denken aan het faciliteren van internet. Dan kan ik namelijk de reistijd gebruiken om op mijn laptop te werken. Gedacht vanuit het sociale aspect gaat het over verbinden. Wat als we de stations zien als knooppunten met treinen als verbindingen? Nu nog is het reizen met de trein vooral een functionele bezigheid om ergens te komen. Stel nu dat het een sociale bezigheid wordt, gericht – in dit geval – op zakelijke reizigers?

Ik zou nieuwe mensen kunnen ontmoeten in de trein. Geen willekeurige verbindingen, maar contacten tussen mensen die elkaar verder kunnen helpen. Ik zou er kunnen vergaderen, content uitwisselen, lezingen houden en volgen, ga zo maar door. Als NS naar haar klanten kijkt als leden van een sociaal netwerk die met elkaar in contact willen zijn of komen, dan ontstaan er geheel nieuwe kansen. Interessant is overigens om te zien dat NS nu nog vooral het niet aangaan van verbindingen aanbiedt, denk aan de stiltecoupés. Juist het aanbieden van een gelijkwaardige keuze tussen wel of niet verbinden zou een enorme toegevoegde waarde zijn.

Laten we eens kijken naar de 1,1 miljoen mensen die met NS reizen. Welke sociale netwerken kunnen we ontdekken? Dat zijn er vele: studenten die vrijdag naar huis reizen en op zondag weer terug, partygangers die de nachttreinen bevolken, forenzen die hun vaste traject van huis naar werk afleggen en vice versa, muziekliefhebbers die massaal een concert of festival gaan bezoeken. Of we kijken naar de activiteiten die mensen verrichten als ze met de trein reizen. Zo is lezen de populairste bezigheid in de trein. Niet voor niets is NS in het project 'Tijd voor lezen' een samenwerking aangegaan met de organisatie van de Boekenweek (zie www.tijdvoorlezen.nl). Het sociale aspect wordt hierbij echter nauwelijks belicht. Ik zou bijvoorbeeld best geïnteresseerd kunnen zijn in wat mijn medereizigers lezen, zeker als we naar hetzelfde seminar reizen. Of stel dat ik in de trein op weg naar een concert met andere fans in een luistercoupé samen de nieuwste cd van de artiest zou kunnen beluisteren.

'Het afrodisiacum van de toekomst wordt volledige aandacht.'
Linda Stone, auteur en consultant

In het geval van NS zijn er glimpjes te zien van een sociale netwerkstrategie. Er is bijvoorbeeld een verhalenwedstrijd waarbij mensen op de ingezonden verhalen kunnen stemmen. Maar NS werkt nog nauwelijks met openbare profielen. Kan NS naar analogie van KLM speciale clubs beginnen? Voor bezoekers van een beurs die onderweg in de trein al kunnen beginnen met netwerken of op de terugreis met elkaar kunnen napraten? Of voor jongeren op Tienertoer die elkaar al van tevoren via de Tienertoer Hyves-pagina ontmoeten en afspraakjes maken?

Wat zou in dit geheel de rol kunnen worden van de stations? ProRail en NS hebben hier samen met een Frans vervoersbedrijf naar gekeken om zo een visie op de toekomst te ontwikkelen. Het uitgangspunt was het idee om virtuele netwerken samen te laten gaan met vervoersnetwerken. Stations zouden dan plekken worden om bijvoorbeeld nieuwe muziek te downloaden of e-boeken te kopen en te delen. En op grote schermen zou je sms'jes kunnen uitwisselen. Het station zou dan de fysieke ontmoetingsplek worden van online sociale netwerken. Dit zou inspelen op de behoeften van de moderne 'stadsnomade', die steeds meer onderweg zal zijn. Hierdoor zal er minder binding zijn met een vaste plek: een thuis of een vaste werkplek. Als iedereen onderweg is, worden communicatie en verbinding heel belangrijk. Het is niet voor niets dat toekomstige stations 'connectoren' worden genoemd.

Bij veel bedrijven staat de corebusiness, of wat zij nog steeds als corebusiness zien, onder druk. Consumenten zijn eraan gewend dat de producten of diensten die ze afnemen goed zijn. Kwaliteit is nauwelijks nog een bepalende factor (maar de afwezigheid ervan wel!). De bepalende factor is vooral het sociale aspect. Als we kijken naar succesvolle toepassingen van sociale netwerken, dan rusten ze op deze twee pijlers: radicaal nieuwe functionaliteit of het aanspreken van een niet eerder belicht sociaal aspect. Zo spreekt *de Volkskrant* haar lezers aan op het verbindende aspect 'persoonlijke ontwikkeling' en geeft Apple ons met de iPod de mogelijkheid om altijd onze muziek bij ons te hebben.

De hardnekkigheid van bestaande structuren

Bestaande bedrijven zoals KLM en NS gaan op zoek naar nieuwe of extra toegevoegde waarde. Die waarde is steeds vaker gebaseerd op de kracht van sociale netwerken. Er ontstaan echter ook nieuwe bedrijven die deze kracht omarmen.

Op een kille maandagochtend in 2006 stond er een 28-jarige, wat nerveuze man in het kantoor van Johan Vosmeijer, directeur bij platenmaatschappij Sony. Pim Betist had een half uurtje weten te arrangeren in de agenda van Vosmeijer. Zijn eerste zin luidde: 'Ik ga wat jij doet, overbodig maken.' Wat Betist vervolgens toelichtte was het concept dat later zou uitgroeien tot Sellaband. Het concept is simpel: fans kunnen rechtstreeks investeren in beginnende bands. In zijn simpelheid was het een bom onder de rol van de platenmaatschappijen. Tot nu toe bepaalden zij welke artiesten en bands wel of niet een cd konden uitbrengen. De artiesten werden 'naar de markt gebracht' en er werd met veel marketinggeld vraag gecreëerd.

Bij Sellaband staan de fans centraal. Deze zijn als vanzelf verenigd in sociale netwerken aangezien ze een passie delen. Door deze kracht aan te spreken ontstond een nieuw businessmodel: *crowdfunding*. Als genoeg fans een klein bedrag investeren in hun favoriete band, zorgt Sellaband ervoor dat de band een cd kan opnemen.

Na een korte presentatie was Vosmeijer om:

'Ik voelde me weer net zo enthousiast en opgewonden als een jaar of tien eerder, toen ik het platenvak was ingestapt. Ooit was ik jong, enthousiast en ervan overtuigd dat ik met mijn moderne, vooruitstrevende opvattingen een frisse wind zou laten waaien door de muziekbranche. En hoewel ik zeker mag terugkijken op prachtige en ook succesvolle jaren, stond één ding als een paal boven water: ik was er niet in geslaagd om het beest te temmen. Sterker nog, het systeem had mij veranderd. Ook ik was verworden tot wat de meeste executives in het platenvak zijn: zelfingenomen en verblind door de opwindende levensstijl die de muziekwereld je kan bieden.
Aan het einde van de middag, na drie uur geestdriftig brainstormen, stond mij helder voor ogen wat te doen: mijn huidige baan opzeggen en met Pim in het diepe springen. Binnen een maand hadden we de financiering rond en een team geformeerd. Eind maart 2006 trok ik de deur van het Sony-pand in Hilversum voor de laatste keer achter me dicht.'

Ondanks dat Sellaband zich in zijn concept volledig richt op het sociale netwerkaspect van – in dit geval – de muziekindustrie, valt het nog niet mee om te overleven. Wanneer we dieper in het concept duiken, zien we waarom. Het businessmodel lijkt in de basis nog steeds erg op dat van klassieke maatschappijen. Niet het activeren van de sociale netwerken, de fans, is de commerciële ruggengraat, Sellaband verdient vooral zijn geld met de rechten op de muziek van de bands. Terwijl de kracht van het concept juist zit in het mobiliseren van de sociale netwerken om zo de financiering te organiseren voor bands en artiesten.

Dit voorbeeld illustreert hoe krachtig bestaande structuren zijn. Vosmeijer over de koerswijziging van Sellaband: 'Ik ben niet bang om te erkennen dat we iets los moesten laten wat niet meer van deze tijd is. We zijn goed in het faciliteren van crowdfunding. En we moeten ons richten op waar we goed in zijn. Als we niet oppassen, doen ook wij wat andere bedrijven doen: vasthouden aan wat uiteindelijk niet werkt.'

Als het organisatiebelang vooropstaat

Het is uiteraard heel lastig om zelf vanachter het bureau met ideeen te komen zoals die hier in de voorbeelden genoemd zijn. Zeker wanneer het gaat om het sociale aspect van businessmodellen. Communicatie over en weer tussen mensen laat zich nu eenmaal heel moeilijk duiden. Vooral online doen mensen nogal eens andere dingen dan wat ze aangeven als ze daarnaar gevraagd worden. Vaak zijn sociale netwerken concepten bedacht vanuit een organisatiestrategie. Dan gaat het om het realiseren van een bepaalde doelstelling door inzet van sociale netwerken. Het organisatiebelang staat dan voorop. Dat zijn we ook gewend. Alleen in een tijdperk van transparantie en nagenoeg oneindige keuze laten mensen zich niet meer sturen, maar creëren ze hun eigen werkelijkheid. Waarom wachten tot een organisatie wat gaat aanbieden waarop je zit te wachten? Zeker als je het ook met elkaar kunt initiëren?

Wat is het gevolg? Dat ondanks de bemoeienis van allerhande bureaus en adviseurs veel van de sociale netwerkconcepten mislukken. Zoals het sociale netwerk van Fortis. In 2007 lanceerde Fortis met veel bombarie Join2Grow, een sociaal netwerk voor mkb-ondernemers. Al na een kleine twee jaar ging het weer ten onder. Het aantal leden kwam niet boven de 2750 uit. Naast een netwerkgedeelte bood Join2Grow ook een magazinegedeelte, gevuld met onder andere podcasts van ondernemers die vertelden over hun ervaringen.

'Social media is als tienerseks. Iedereen wil het doen, maar niemand weet precies hoe'.
Avinash Kaushik,
Google's analytics evangelist

Op zich een interessant concept. De doelgroep is duidelijk. Mkb-ondernemers staan er vaak relatief alleen voor. Ze hebben minder makkelijk toegang tot trainingen en advies dan grote bedrijven, simpelweg omdat de budgetten daarvoor vaak niet toereikend zijn. Verder hechten ze veel waarde aan het advies van lotgenoten, onder het mom 'ondernemers leren van ondernemers'. Traditionele netwerkclubs hebben vaak een hoge drempel en een beperkte reikwijdte. Genoeg reden dus om te concluderen dat een online sociaal netwerk wel eens een toegevoegde waarde zou kunnen bieden. Al deze aannames waren ook bij de doelgroep onderzocht en er was overwegend positief op gereageerd. Wat ging er dan mis?

Hiervoor is het interessant om te kijken naar de interne doelstellingen van Fortis voor Join2Grow. Deze waren als volgt geformuleerd:

- Fortis profileren als de bank voor ondernemers;
- de profielen van ondernemers in kaart brengen;
- het beter gaan begrijpen van de verwachtingen en uitdagingen van ondernemers.

In deze formulering van de doelstellingen zit direct de crux. De voordelen voor Fortis zijn duidelijk en staan centraal. In een andere presentatie sprak men specifiek van 'het werven van nieuwe klanten voor de afdeling Commercial en Private Banking' als belangrijkste doelstelling. Verder was het uitgangspunt om het platform ruim een jaar in de lucht te houden, en bij succes eventueel langer. Een 'tijdelijk' netwerk dus.

Dus wat zien we? Een mooi, nieuw kanaal voor acquisitie en datamining binnen een interessante doelgroep. Maar nauwelijks een woord over het nut voor de ondernemer. Nou ja, wellicht krijgen zij een betere dienstverlening als de bank beter weet waar ze mee worstelen. Dat is een nogal vage en uitgestelde opbrengst voor de deelnemende ondernemer. De presentatie spreekt van 'actively engaging', in de zin dat consumenten meer betrokken raken bij merken. Dat is althans de uitleg die Fortis eraan gaf. De activiteiten werden intern geplaatst bij de afdeling Sales Support. In totaal werd in 2007 5 procent van het totale marketingbudget besteed aan sociale netwerken, waarbij Join2Grow het grootste gedeelte opslokte om vervolgens roemloos ten onder te gaan.

Het voorbeeld van Fortis laat zien dat het ontwikkelen van een businessmodel rondom sociale netwerken verre van simpel is. Waarom worden maar weinig sociale netwerken die opgericht zijn door bedrijven een succes? Voor een deel ligt het antwoord besloten in de vraag: omdat ze niet door de doelgroep zelf opgericht zijn, maar door een bedrijf. Al snel staat dan het belang van het bedrijf centraal en niet dat van het sociale netwerk. Tegelijk zijn bedrijven ook geen filantropische instellingen, dat begrijpen gebruikers van sociale netwerken ook. Ze zijn ook helemaal niet onwillig om bijvoorbeeld voor een toegevoegde waarde te betalen. Alleen is er vaak nauwelijks sprake van toegevoegde waarde voor de gebruiker. In ieder geval niet genoeg om ervoor te willen betalen.

Dan is er een tweede uitdaging. Een misvatting is namelijk dat sociale netwerken zich vanzelf verder ontwikkelen: het initiërende bedrijf hoeft enkel een flinke steen in de vijver te gooien (gepaard gaande met een flinke investering) en het netwerk zal zich wel als golven verspreiden. De praktijk blijkt weerbarstiger.

Relevantie en authentiek leiderschap

Er zijn dus twee belangrijke pijlers voor het succes van een sociaal netwerk: relevantie voor de leden van het sociale netwerk en authentiek leiderschap door de initiërende partij.

Participatie en openheid

In de zoektocht naar toegevoegde waarde ondervond ook ABN Amro de noodzaak van leiderschap. In 2008 startte de bank met het sociale netwerk Flametree. Net als bij Join2Grow richt dit netwerk zich op mkb-ondernemers. In eerste instantie was het een gesloten netwerk waar alleen mensen die zich geregistreerd hadden informatie konden inzien. Dit bleek de groei van het netwerk behoorlijk te hinderen. Medio 2009 werd de informatie op het netwerk ook toegankelijk voor niet-leden.

En nog veel belangrijker: de inhoud werd hierdoor doorzoekbaar voor Google. Leden kunnen zelf bepalen of ze hun gegevens openbaar maken; het merendeel blijkt dat te doen. Volgens Pascal Spelier, directeur van Flametree, zien ze het netwerk als een middel om zich te profileren, ook – of vooral – buiten de kring van andere deelnemers.

Zelf sturing geven aan het sociale netwerk blijkt erg belangrijk. Mensen verbinden zich niet als vanzelf met elkaar. 'Bij Flametree zijn nu ongeveer 3200 mensen aangesloten, waarvan ongeveer 200 ABN Amro-medewerkers. Het starten van discussies, het vervolgens moderaten, volgen et cetera, kost tijd. Zeker in het begin, als er nog maar weinig deelnemers zijn', aldus Spelier.

Er wordt volgens Spelier actief gezocht naar een eventuele partner voor het initiatief. Veel sociale netwerken worden door meerdere bedrijven opgezet. Vaak is de 'pijplijn' voor instroom van deelnemers met slechts één initiator te klein. Een samenwerking tussen meerdere bedrijven geeft het sociale netwerk al meer basis. Dit is echter nog geen garantie voor succes. De belangrijkste factor blijft het feit of de deelnemer er genoeg waarde uit haalt.

Toegevoegde waarde bieden

Een voorbeeld van een gezamenlijke investering in een sociaal netwerk is een initiatief van Achmea, Manpower en de Numa Group. Hun concept Myler.nl vormt een interessante case. Het is een platform door en voor zelfstandigen zonder personeel (zzp'ers). Op Myler bieden opdrachtgevers opdrachten aan en kunnen zzp'ers zichzelf met een profiel presenteren en eventueel met elkaar contact leggen om zo kennis en ervaringen te delen. Daarbij regelt Myler ook de administratieve zaken tussen de opdrachtgever en de zelfstandige.

Wat Myler tot een kansrijk concept maakt is de toegevoegde waarde die het biedt. Om te beginnen aan de deelnemers van het sociale netwerk. Voor veel zzp'ers is het werven van opdrachten lastig. Doordat ze alleen werken, hebben ze vaak simpelweg geen tijd om acquisitie te doen. Ook blijkt het vaak toch een behoorlijke drempel om zelf de telefoon te pakken of actief te gaan netwerken. Myler maakt acquisitie voor hen een stuk gemakkelijker door het aanbod samen te brengen.

Verder is de administratie vaak ook geen pretje: facturen gaan te laat de deur uit, betaaltermijnen moeten in de gaten gehouden worden, et cetera. Op dit punt biedt Myler een tweede toegevoegde waarde: het brengt niet alleen het felbegeerde aanbod samen maar neemt de zzp'er ook nog het noodzakelijke maar weinig inspirerende administratieve werk uit handen. Daarbij zorgt Myler ervoor dat de zzp'er binnen 21 dagen betaald krijgt. Voor deze dienstverlening rekent Myler 2,50 euro per uur aan de zzp'er.

In tegenstelling tot het ter ziele gegane Join2Grow van Fortis ligt bij Myler de focus op de gebruiker. Myler bedient twee groepen gebruikers: ten eerste zzp'ers, maar daarnaast ook bedrijven die opdrachten aanbieden en zzp'ers inhuren. Veel bedrijven huren talloze zelfstandigen in. De verschillende contracten, tarieven en individuele afspraken die dit met zich meebrengt, zorgen ook bij deze bedrijven voor een flinke administratieve en organisatorische druk. Via Myler kunnen ze echter voor een vast tarief per uur een zzp'er inhuren en Myler verzorgt de gehele afwikkeling.

Volgens Sjaak van Heukelum, directeur innovatie bij Achmea, is Myler een winstgevend concept: 'Binnen Achmea denken we veel na over nieuwe businessmodellen. Veel meer gebaseerd op sociale netwerken, daar liggen nog heel veel kansen. Dat vraagt echter dat we op een heel andere manier gaan werken. Veel dichter op de bal. Heel persoonlijk en menselijk. Dat leren we nu met Myler. Daarbij is het heel belangrijk dat je concept helder is. Dat het duidelijk is voor wie we er zijn. Zodat je positie concreet en authentiek is.'

Je kunt je natuurlijk afvragen in hoeverre Myler een echt sociaal netwerk is. Het legt inderdaad verbindingen tussen zzp'ers en aanbieders van opdrachten, alleen is de interactie tussen beiden niet of nauwelijks aanwezig. Ook de verbinding tussen de zzp'ers onderling is maar heel beperkt. In zijn huidige vorm is Myler vooral een alternatief voor allerlei tussenpersonen zoals uitzendbureaus en detacheerders. Daarmee mist Myler duidelijk een kans. Bovendien is het concept veel gemakkelijker te kopiëren als er geen binding is tussen de leden van het sociale netwerk en de aanbieder ervan. Van Heukelum onderkent dit gevaar: 'De site moet nog veel beter worden als sociaal netwerk. Zzp'ers moeten veel makkelijker met elkaar contact kunnen leggen. We zien Myler als een potentiële vervanger voor de collega's die zzp'ers niet hebben. Mensen waarmee je je ervaringen kunt delen. Waar je problemen en vragen aan kunt voorleggen. Kortom, virtuele collega's. Daarom komen we binnenkort ook met een geheel nieuwe versie van de site.'

'Eerst bevrienden, daarna zaken.'
Roos van Vugt, manager e-recruitment Deloitte

Myler had eind 2009 rond de 3500 leden. Om echt door te groeien naar een omvangrijk netwerk zal het belangrijk zijn dat er genoeg opdrachten voorhanden zijn. Dat kan tevens een remmende factor worden voor het succes. Want als het aantal opdrachten niet evenredig oploopt met het aantal zzp'ers, blijven deze dan nog wel komen? Door de onderlinge verbindingen te versterken kan men ervoor zorgen dat zzp'ers het ook om die reden interessant vinden om zich aan te melden.

De oplossing voor het versterken van het sociale netwerk wordt, verrassend genoeg, nu nog offline gezocht. Er zijn in diverse steden zzp-cafés georganiseerd waar leden elkaar ook persoonlijk kunnen ontmoeten.

Duurzaam succes: voortdurend bijsturen

Zoals in het geval van KLM, Achmea of ABN Amro kan het gebeuren dat een bedrijf een nieuwe businessstrategie ontdekt. Wellicht min of meer toevallig, zoals in het geval van *de Volkskrant*. De krant begon met Hart en Ziel vanuit een functioneel motief: het creëren van extra ruimte om advertenties te plaatsen. Het motief was vooral intern gedreven. Al snel bleek dat Hart en Ziel op een krachtige manier voorzag in de behoefte van mensen om contact te leggen met elkaar, in dit geval rondom het onderwerp 'persoonlijke ontwikkeling'. Toen begon de uitdaging. Want als je, toevallig of gepland, over een sociaal netwerk beschikt, hoe zorg je dan dat het een duurzaam succes wordt? Peter de Greef hierover: 'We wilden radicaal iets anders doen. Dat is ook een van de redenen waarom Hart en Ziel een eigen label is, met een volledig eigen uitstraling. Toen we begonnen, waren de verwachtingen gering: laten we proberen om een community op te bouwen en kijken wat er gebeurt. In anderhalf jaar tijd is er tot onze eigen verrassing echter een hecht netwerk ontstaan. Je ziet dat mensen zich daar veilig voelen.'

Ondanks diverse handboeken vol stappenplannen lijkt er niet echt een marsroute te zijn die zondermeer leidt tot een succesvolle community. 'We wisten vooraf dat community's veelal toevallig ontstaan. We wisten ook dat er bedrijven waren geweest die flink hadden geïnvesteerd in het opzetten van een community; maar met geld vorm je geen gemeenschap. Wij wilden mensen binden op basis van het thema persoonlijke groei, een onderwerp dat een-op-een past bij *de Volkskrant*. Pas later realiseerden wij ons hoe belangrijk dat is geweest', aldus De Greef.

Wat maakt nu een community zoals Hart en Ziel succesvol? Laten we eerst kijken naar de toegevoegde waarde. De doelstelling van *de Volkskrant* om extra ruimte te creëren voor het plaatsen van advertenties, is van nul belang voor de doelgroep. Zij blijken echter wel belang te hechten aan hun persoonlijke ontwikkeling en willen daarover communiceren met anderen. Dat zouden ze op veel plekken kunnen doen, maar ze kiezen voor Hart en Ziel. Blijkbaar is er een bewust of onbewust motief om dat te doen, een motief dat terug te voeren is op het merk *de Volkskrant*. De Greef daarover:

'Waarom het gaat is dat je niet alleen informatie aanbiedt. Dat is natuurlijk iets wat we binnen dit bedrijf goed kunnen. Wat veel belangrijker bleek, was het creëren van vertrouwen. Mensen moeten zich veilig voelen. Het is belangrijk dat ze elkaar kunnen en willen helpen. De dynamiek van de deelnemers onderling bepaalt namelijk alles. Mensen zien dat de community er voor hen is. Wij zijn veel meer op microniveau bezig. Daar spreek je mensen mee aan en krijg je loyaliteit.
Je kunt niet terugvallen op iets wat je al kent. Bij de eerste versie van de site hebben we achteraf gezien fouten gemaakt. We waren zaken vergeten, stappen waren onlogisch. De tweede versie van de site is geheel binnen *de Volkskrant* zelf gebouwd, dus door onze eigen webdevelopers en -designers. Het is belangrijk dat je zelf de hele site kent en snel kunt handelen. Je wilt er per direct controle over kunnen hebben.

'Betrokkenheid is interactief.'
Francine Jessen

Er is nu een actieve kernclub, die is essentieel. Het is ook belangrijk om fysieke ontmoetingen te organiseren. Wij doen dat bijvoorbeeld door zomercursussen aan te bieden. We hebben ook veel zelfstandigen die ons vertellen dat ze de community gebruiken als een alternatief voor collega's. We hebben als *de Volkskrant* de community nodig om te weten wat er leeft.
(...) We kijken nu of we de community kunnen verbreden door bijvoorbeeld intensief samen te werken met Volkskrant Banen. Dit is logisch, maar intern bestond er tot voor kort eigenlijk een scheiding tussen Volkskrant Banen en Hart en Ziel. Dat was mede ingegeven door de manier waarop de redactie van de krant is

georganiseerd. Wij hielden ons bezig met persoonlijke ontwikkeling. Het vinden van een baan of bezig zijn met je carrière was het domein van Volkskrant Banen. Je had dus twee aparte community's met voor elke community een eigen team. Terwijl deelnemers aan community's natuurlijk gewoon individuen zijn en deze bezigheden steeds minder scheiden.'

Dynamische strategie

Met de genoemde voorbeelden wil ik laten zien dat bij het opzetten van sociale netwerken de toegevoegde waarde voor de potentiële deelnemers voorop moet staan. Werken vanuit een vooropgestelde (commerciële) doelstelling vanuit het bedrijf is zelden een recept voor succes. Bedrijven moeten dus accepteren dat ze in iets investeren waarvan ze niet weten of het iets gaat opleveren. En als dat al gebeurt, is ook op voorhand de manier waarop meestal nog niet te voorzien.

De Volkskrant, Achmea en ABN Amro lijken in meerdere of mindere mate te beseffen dat hun doelgroep extreem veranderlijk is. Dat vraagt dan ook om een dynamische strategie. Kranten moeten bijvoorbeeld opnieuw naar hun toegevoegde waarde kijken. Ze zijn gewend om in papier te denken, niet zozeer in gevoel, loyaliteit en verbinding. Een krant is echter meer dan de brenger van nieuws, het is ook een merk waaromheen zich een sociaal netwerk verzameld heeft. Mensen lezen de krant niet alleen om het nieuws tot zich te nemen, ze voelen zich ook lid van een groep. En juist dat gevoel onderdeel te zijn van een sociaal netwerk wordt nauwelijks gebruikt. De Greef: 'We bedanken bijvoorbeeld onze lezers niet of nauwelijks voor hun, vaak al jarenlange, trouw aan de krant. We gaan ervan uit dat als we ze goed journalistiek werk leveren, dat voldoende is. Natuurlijk is dat een basisvoorwaarde, maar het echte onderscheidende vermogen ligt dieper.'

Wees niet bang om te mislukken

Sociale netwerken als kans en als bedreiging, op een heel directe manier krijgt de Open Universiteit daarmee te maken. Veel mensen die hier een opleiding volgen, zetten zelf een sociaal netwerk op rondom hun studie. Ze wisselen daar ervaringen uit en helpen elkaar. Theo Bovens, voorzitter van het college van bestuur van de Open Universiteit: 'Die ontwikkeling naar online en sociale netwerken gaat ook daar heel snel. Nog maar een paar jaar geleden vroegen we studenten om hun scripties in tienvoud op papier in te leveren.'

Nu blijkt echter dat studenten ook lesmateriaal waar ze voor betaald hebben, delen met niet-studenten. Informatie is immers niet meer binnen de muren van de organisatie te houden. Zeker niet als je, zoals in het geval van de OU, vooral virtueel werkt. Een digitaal bestand is zo gedeeld. Bovens:

'We gaan daar niet op wachten, maar nemen zelf het initiatief. We proberen dit tot nu toe nog af te schermen, maar een keer verlies je die strijd, daar zijn voldoende voorbeelden van te vinden, bijvoorbeeld in de muziekindustrie. Daarom zijn 25 cursussen inmiddels gratis online beschikbaar. Plus twee cursussen van Spinoza-prijswinnaars. Geen beperkte versie, maar het volledige materiaal. Lastig voor ons daarbij is dat we nog geen businessmodel ontdekt hebben rondom deze initiatieven met gratis aanbod. Voor nu is de focus om deze ontwikkelingen in ons gezichtsveld te houden. Daarnaast experimenteren we veel met mogelijke verdienmodellen.
We houden alle ontwikkelingen op het gebied van sociale netwerken in de gaten. We hebben daarvoor een speciaal medialab dat toepassingen uitprobeert. Soms moet je ook even wachten. Bijvoorbeeld in het geval van de virtuele wereld Second Life. Veel van onze concurrenten startten daarop activiteiten. Wij hebben toen besloten om te wachten op de opvolger. Om pas in te stappen als het concept zichzelf meer bewezen had en de kinderziekten eruit zouden zijn. Nu blijkt er eigenlijk nog geen opvolger te zijn en verdwijnt Second Life voorlopig naar de rand.'

Door de veelheid in aanbod en de grote transparantie worden consumenten specifieker in wat ze willen. Alles is namelijk te vinden. Hier hebben nicheaanbieders de toekomst. Door het internet kan een aanbieder met een heel specifiek aanbod de gehele wereld bestrijken. Dit biedt vooral kansen voor mkb-bedrijven. Die zijn flexibel genoeg om zich voortdurend aan te passen aan de veranderende vraag van de consumenten.

Aan de andere kant willen mensen ook weer niet te veel zoeken en richten ze zich op grote, bekende merken. De pijn zal vooral komen te liggen bij de grote groep bedrijven die niet tot een van beide groepen behoren. Voor hun overleven zal veel afhangen van hoe zij hun eigen innovaties en kennisdeling organiseren.

Wellicht kunnen ze inspiratie opdoen uit de innovatiestrategie van Google. Pim van der Feltz vertelt daar het volgende over:

'De innovatiecycli bij Google zijn heel kort. We lanceren heel veel nieuwe producten en we gooien daarvan, meer dan dat mensen zien, ook weer veel weg. En dat is niet erg, sterker nog, het is belangrijk dat het gebeurt. Je moet dat ook niet te veel van boven willen sturen, mensen moeten de bedrijfsstrategie op hoofdlijnen kennen en daarbinnen de vrijheid ervaren om zaken te initiëren. Zonder steeds om toestemming te moeten vragen.
We draaien de standaardaanpak, waarbij het bedrijf iets nieuws bedenkt, eigenlijk om. We zetten een sterk merk neer en zeggen: dit zijn wij, hiervoor zijn we op aarde en geven jullie als klanten maar aan wat we moeten maken. Online sociale netwerken zijn daar een heel krachtig middel bij. Je krijgt direct en voortdurend te horen wat mensen van je innovaties vinden, en nog mooier: ze werken er hard aan mee om ze beter te maken.'

Organisaties moeten zichzelf dus, net als Google, de ruimte geven om te experimenteren met sociale netwerkstrategieën. Ze bevinden zich in een voortdurend discontinuüm. Tot niet zo lang geleden gingen bedrijfsstrategieën soms wel tien jaar mee. Er was dan genoeg tijd om daar passende businessmodellen bij te ontwikkelen. Sociale netwerken bewegen zich echter zo snel dat wanneer het businessmodel staat, de doelgroep al weer een halte verder is.

In zijn boek *Iedereen* heeft Clay Shirky (2008) het in dit verband over het verlagen van de kosten van het mislukken als belangrijke basis voor innovatie in een Connected!wereld. Het gaat er volgens hem niet om beter te presteren dan je concurrent, maar om beter te mislukken. Hij legt een link met de bekende Pareto-verdeling, ofwel de 80/20-regel. Dit principe gaat ervan uit dat de minderheid van een totale populatie een grote impact heeft op het uiteindelijke resultaat. Als we de Pareto-verdeling loslaten op innovatie, zal slechts 20 procent van de ideeën voor 80 procent bijdragen aan de gewenste strategische richting. Vanuit deze gedachte zijn er grote aantallen mislukkingen nodig om succesvol te zijn als Connected!organisatie.

8

Collectieve passie: sociale netwerken en product- en dienstontwikkeling

Bij mij om de hoek staat al minstens driekwart jaar een grijze Mercedes permanent gestald. Wat verderop in de wijk poepen en blaffen de honden bovengemiddeld. Gelukkig is in het Spijkerkwartier het afval dat naast de vuilcontainer was gevallen alweer opgeruimd. Voordat je denkt dat ik als ambulante stadswacht door de straten surveilleer: het is een kleine greep uit de meldingen voor Arnhem op Verbeterdebuurt (www.verbeterdebuurt.nl).

Op deze in april 2009 gestarte website kunnen buurtbewoners op een digitale kaart misstanden en overlast signaleren. Ook kunnen ze ideeën ter verbetering van de buurt achterlaten. Een rode 'prikker' signaleert een probleem, een groen vlaggetje geeft aan dat het probleem opgelost is en een gloeilampje duidt een idee aan. De site is een initiatief van internetbureau Creative Crowds, dat zich heeft laten inspireren door het Britse initiatief FixMyStreet (www.fixmystreet.com). Bezoekers van Verbeterdebuurt kunnen stemmen op problemen en ideeën. Bij genoeg stemmen speelt Creative Crowds ze door naar de betreffende gemeente of het betreffende stadsdeel. Dit is overigens een wat omslachtige manier: je zou verwachten dat gemeenten en stadsdelen zelf een dergelijk sociaal netwerk monitoren.

Samen weten we meer

Door een initiatief als Verbeterdebuurt wordt de buurt weer een sociaal netwerk. Samen identificeren buurtbewoners problemen en kansen in de buurt. Ze voegen hun individuele kennis bij elkaar en zo ontstaat er een krachtig platform. Ontmoetten we elkaar vroeger op de hoek van de straat, nu is dat, in ieder geval voor een deel, verschoven naar het internet. Sommigen vinden dit misschien een verschraling van het persoonlijke contact. Dat is een wat eenzijdige visie, want bijna altijd zorgen online sociale netwerken juist voor een sterkere fysieke verbinding. Daarbij is de impact van een platform waar meerdere mensen zich verenigen binnen – in dit geval – een gemeente, vele malen groter dan die van acties van individuen.

Een ander voorbeeld van online 'samenwerken' vinden we op Smulweb.nl. Een Franse ovenschotel met als simpele ingrediënten kip, tomaten, champignons, uien en rode wijn is een van de populairste recepten op dit culinaire online sociale netwerk. Een hele prestatie, want de site bevatte medio 2009 het duizelingwekkende aantal van meer dan 340.000 verschillende recepten. Het in 1998 gestarte Smulweb.nl is niet alleen een handige database voor recepten, het is vooral ook een zeer levendig sociaal netwerk waarin over allerhande zaken geschreven word. Leden hebben een eigen profielpagina waar ze recepten, recensies, foto's en dergelijke plaatsen en vervolgens delen met andere leden. In veel plaatsen komen deelnemers ook fysiek bij elkaar in kookclubs.

Op een avond zat ik zomaar wat te surfen op het internet. Ik weet niet meer hoe, maar opeens stuitte ik op een site met vooral stoer kijkende mannen met grote vissen in hun armen. Ik las er teksten als: 'Spiegelkarper van 41 cm, gevangen door Dirk-Jan op 10-8-2009 in een meer/plas. Vistechniek: pen vanaf de kant. De vangstdiepte was 200 cm op een waterdiepte van 200 cm.' Ik was beland op Vangstenregistratie.nl. De Sportvis Vangsten Registratie, ofwel SVR, is een sociaal netwerk waar vissers een logboek bijhouden van hun vangsten en die van anderen bekijken en becommentariëren. De SVR is een initiatief van het softwarebedrijf Wartel en Sportvisserij Nederland.

De site is aardig aangekleed. Je vindt er foto's en video's waarop vissers in verschillende, trotse poses hun vangsten tonen. En uitgebreide discussies over welke vangtechniek en aassoort je het best voor welke vissoort kunt gebruiken. De echt fanatieke sportvisser kan via een speciale Hyves-toepassing al zijn of haar vrienden via Hyves op de hoogte houden van gedane vangsten. Het netwerk heeft meer dan 3500 actieve leden en maandelijks worden er zo'n 1000 foto's van vangsten geplaatst. Een leuk podium om met gelijkgestemden in contact te komen en je eigen prestaties te laten zien.

De basis van het netwerk vormt echter de hengelvangstregistratie (HVR). In de HVR registreren sportvissers hun vangsten, met informatie over locatie, soort en aantal vissen, gebruikte aassoort et cetera. Uiteindelijk levert de HVR belangrijke informatie op over soortenverspreiding, samenstelling en ontwikkelingsmogelijkheden van de visstand en ondersteunt zo een van de doelstellingen van Sportvisserij Nederland.

Mocht je geen visser zijn maar vogelliefhebber, dan kun je je energie en kennis inzetten voor de vogelpopulatie in ons land. In januari 2009 deden er meer dan 22.000 mensen mee aan de jaarlijkse nationale tuinvogeltelling. In twee dagen tijd werden er 850.000 vogels geteld en de gegevens werden ingevoerd op www.tuinvogeltelling.nl.

Dit zijn slechts een paar voorbeelden waarbij mensen via het internet samenwerken en collectieve kennis opbouwen. Stel je bijvoorbeeld voor wat een enorme operatie het geweest zou zijn om een vogeltelling uit te voeren in het pre-internettijdperk. Alleen al het vinden van de duizenden deelnemers zou ongelofelijk veel tijd, energie en geld gekost hebben. Om nog maar niet te spreken van de enorme administratieve rompslomp om alle tellingen te verwerken.

Van passie naar participatie

Passie is een van de bouwstenen van sociale media en netwerken. Zonder een passie voor vogels en het behoud van een gezonde vogelstand gaat niemand op zijn vrije zaterdag vogels tellen, laat staan ze invoeren in een online database.

Mensen verbinden zich vaak met eenzelfde passie en betrokkenheid aan merken en bedrijven. Dankzij online sociale netwerken kunnen ze direct zelf invloed uitoefenen op die merken en bedrijven – van passie naar participatie. En al deze bemoeienis is meer dan welkom. Want markten en consumentenvoorkeuren ontwikkelen zich tegenwoordig zo snel dat bedrijven hun producten voortdurend moeten vernieuwen. De *life cycle* van een nieuwe telefoon is tegenwoordig vaak niet meer dan een jaar. Ook in de dienstverlening is er een voortdurende vraag naar nieuwe concepten, denk maar aan fitnessconcepten zoals funkick, spinning en steps die elkaar opvolgen.

De vraag naar vernieuwing is dus groot en continu. Bedrijven zijn daardoor vaak niet meer in staat al deze vernieuwing zelf te organiseren. De doorlooptijden van innovatietrajecten binnen bedrijven zijn vaak te lang. Er zijn simpelweg te weinig mensen beschikbaar en daarbij zijn innovatiebudgetten te veel onderhavig aan het economische tij. In het pre-internettijdperk waren bedrijven de broedplaatsen van kennis en creativiteit. Het gebeurde maar heel zelden dat iemand in zijn eentje een beter idee kon bedenken dan dat een bedrijf dat kon. Nu echter zijn we massaal via online sociale netwerken met elkaar verbonden. Ik ben ervan overtuigd dat sommige van deze netwerken krachtiger en belangrijker worden dan bedrijven.

Door actief de dialoog aan te gaan met consumenten kunnen bedrijven een enorme bron van kennis en creativiteit aanboren, wat veel nieuwe ideeën of verbeteringen voor bestaande producten of diensten kan opleveren. Om de interactie op gang te brengen is het vaak al voldoende dat bedrijven zich simpelweg openstellen.

Daarnaast verhoogt de mogelijkheid tot participatie het gevoel van verbondenheid met het merk bij de consument. In de psychologie wordt dat 'cognitieve dissonantie' genoemd. Wanneer iemand ergens nauw bij betrokken is, doordat hij bijvoorbeeld iets koopt of meedenkt in een productontwikkelingstraject, ontstaat de behoefte om die investering te 'rechtvaardigen'. Mensen oordelen dan positiever over datgene wat ze gekocht hebben.

In het pre-internettijdperk zagen we al voorbeelden van gezamenlijke passie en betrokkenheid. Op 29 januari 1988 sprak Henny Huisman in de finale van de *Soundmixshow* de legendarische woorden: 'U kunt NU bellen!' Van de zes miljoen kijkers pakten direct een miljoen massaal de telefoon om hun stem uit te brengen op hun favoriete deelnemer. Binnen een mum van tijd lag het hele telefoonnetwerk plat. Hulpdiensten waren niet meer bereikbaar en de volgende dag spraken kranten en actualiteitenrubrieken er schande van.

Dit was een van de eerste keren dat gebruikers van een massamedium in staat werden gesteld om actief te participeren. Ik wil niet beweren dat de uitverkiezing van Jos van den Brom als winnaar van de *Soundmixshow* met zijn vertolking als John Denver het hoogtepunt van collectieve wijsheid is. Wat het wel aantoonde is dat de 'massa' meer wil zijn dan enkel consument en meer wil doen dan alleen consumeren, namelijk uiting geven aan een passie en deze delen met anderen.

Het einde van de focusgroep

Toen ik studeerde kwam ik vaak op het plein voor de plaatselijke V&D. Niet om me te vervoegen bij de daar altijd aanwezige hangjongeren, ik kwam voor de marktonderzoekbus. Dit was een oude schoolbus die dienstdeed als minilaboratorium. De marktonderzoeken betroffen bijna altijd het proeven van nieuwe voedingsmiddelen – een welkome aanvulling op mijn karige studentendieet. Vele bakjes yoghurt, mueslirepen, opwarmmaaltijden en te zoete limonade heb ik er genuttigd. Als tegenprestatie zette ik willekeurig wat beoordelingen op lijstjes.

Marktonderzoek ontstond in de jaren vijftig. Met de opkomst van de reclame-industrie in de Verenigde Staten groeide het belang van onderzoek. Dankzij radio en tv konden adverteerders in één keer grote groepen consumenten bereiken. Bedrijven grepen deze gelegenheid aan om meer te weten te komen over hun afzetmarkten.

Ik geloof niet in marktonderzoek. Het stelt niet de beoogde consument centraal, maar het denkkader van het bedrijf. Bovendien is het arbeidsintensief, is de vraagstelling vaak relatief gesloten en gestuurd en is de reikwijdte beperkt. Philips laat echter zien hoe het ook anders kan. Het bedrijf gebruikt online sociale netwerken om de markt voor een nieuw product te onderzoeken. Dit onderzoek is onderdeel van de lanceringscampagne van de Sensuele Stimulators, een reeks van producten die 'koppels met plezier samen kunnen gebruiken', aldus Philips. Philips volgt hiervoor alle Twitter-berichten die gaan over seks. Op de speciale website www.philips-sextalk.com en de Twitter-pagina www.twitter.com/philipssextalk worden veelgebruikte sekswoorden in kaart gebracht. Deze aanpak levert volgens Philips unieke, nieuwe inzichten in moderne relaties op die via traditioneel marktonderzoek niet aan het licht zouden komen.

De 'wisdom of crowds'

Passie is mooi, maar leidt het ook tot meer dan alleen de uiting daarvan? Kunnen passievolle online netwerken ook 'wijs' zijn en op een andere manier waarde toevoegen? Bijvoorbeeld ten dienste van organisaties?

Dat we samen meer weten dan alleen, beseffen we allang. In de Griekse oudheid droegen alle mannen (helaas alleen de mannen) al bij aan de opleiding van de jongeren. Iedereen leverde zijn deel van de benodigde kennis en vaardigheden. 'The wisdom of crowds' noemde James Surowiecki het in zijn gelijknamige boek uit 2004. Volgens Surowiecki is informatie verzameld door passievolle groepen vaak van betere kwaliteit dan informatie verzameld door een individu of zelfs door experts. Een term die hij daarbij gebruikt is 'ongeorganiseerde besluitvorming'. Surowiecki onderscheidt drie toepassingsmogelijkheden, op het gebied van:

- Cognitie: het gezamenlijk verzamelen, verwerken en beoordelen van informatie, bijvoorbeeld wanneer mensen met elkaar een marktverkenning uitvoeren.
- Coördinatie: inzicht krijgen in hoe coördinatie in groepen plaatsvindt. Groepen vertonen vaak vaste, onbewuste patronen van onderlinge interactie tussen individuen, die vervolgens weer representatief zijn voor andere groepen.
- Coöperatie: groepen die samenwerken en zo een productie-eenheid vormen. Wederzijds vertrouwen vormt hierbij de basis.

Nu zijn lang niet alle groepen vanzelf 'wijs'. Er geldt een aantal basisvoorwaarden voor het benutten van de collectieve wijsheid. De belangrijkste voorwaarde is dat leden betrokken moeten zijn bij het onderwerp. Verder moeten zij in staat zijn zich zo goed mogelijk een onafhankelijke mening te vormen zonder te veel beïnvloed te worden door anderen. Daarbij moeten de opinies binnen de groep voldoende divers zijn en worden ze idealiter decentraal gevormd. Bovendien moeten mensen zich kunnen specialiseren en zelf informatie kunnen toevoegen. En als laatste moet er een mechanisme zijn dat ervoor zorgt dat individuele meningen samengebundeld worden in goede, collectieve beslissingen. Dit mechanisme zorgt ook voor een eerlijke filtering. Wanneer aan deze voorwaarden voldaan wordt, dan is – zo is wetenschappelijk aangetoond – de optelling en middeling van individuele kennis heel accuraat.

Een voorbeeld van het laatste zien we in de spelshow *Weekend Miljonairs*. De deelnemers kunnen een miljoen euro winnen door vijftien vragen goed te beantwoorden. Als een deelnemer het antwoord op een vraag niet weet, staan hem of haar een aantal hulplijnen ter beschikking. Een daarvan is om het publiek te vragen om hulp. Door middel van stemkastjes geeft iedereen op de tribune individueel antwoord op de vraag. Statisch gezien blijkt 95 procent van het door het totale publiek als meest genoemde antwoord inderdaad het juiste te zijn. In de Amerikaanse en de Noorse versies van de show kan ook het publiek thuis via instant messenger zelf het in hun ogen juiste antwoord geven. De deelnemer krijgt dan zowel het antwoord van het publiek in de studio als dat van de instant-messengerrespondenten.

De collectieve 'kennis' van een groep kan dus verbazend accuraat zijn, zolang de groep maar voldoende groot en divers is en men elkaar niet beïnvloedt.

Crowdsourcing

Onder invloed van online sociale netwerken zal de manier waarop bedrijven in de 21ste eeuw aan innovatie, productvernieuwing en marktonderzoek doen, ingrijpend veranderen. Nu nog zijn dit vooral activiteiten die binnen de organisatie worden uitgevoerd door mensen die daar op de loonlijst staan. Op deze manier sluiten organisaties zich af van de grootste bron van passie, kennis en creativiteit: de belanghebbenden die zich juist vaak buiten het bedrijf bevinden. We zijn gewend innovatie als een afzonderlijke bedrijfsfunctie te zien, net als marketing, financiën en personeelszaken. Echter, de netwerkeconomie overstijgt kunstmatig ingerichte bedrijfskolommen en functieomschrijvingen.

Het overgrote deel van de bedrijven gebruikt de collectieve denkkracht, de creativiteit en het enthousiasme van de buitenwereld nog niet of nauwelijks. Hoe kunnen deze organisaties nu via online sociale netwerken wel van deze kennis gebruik gaan maken? Hoe kunnen ze de 'wisdom of crowds', van hun klanten, medewerkers, leveranciers en andere belanghebbenden, oogsten?

Dit oogsten werd voor het eerst beschreven door Jeff Howe (2006), in een artikel voor het tijdschrift *Wired*. Hij noemde het *crowdsourcing*. Bij crowdsourcing gebruiken organisaties vrijwilligers van buiten het bedrijf om mee te werken aan nieuwe producten, diensten of oplossingen. Dus niet meer alleen de traditionele interne aanpak van product- en dienstinnovatie, maar een naar buiten gerichte aanpak die gebruikmaakt van een veel grotere groep die representatief is voor de doelgroep van het bedrijf.

Speelgoedfabrikant LEGO paste als een van de eersten deze benadering toe bij de ontwikkeling van de nieuwe productlijn MINDSTORMS NXT. Voor dit project werden de meest enthousiaste en betrokken legogebruikers benaderd. In ruil voor een aantal dozen gratis lego werkten zij maandenlang op vrijwillige basis in het ontwikkelteam. Met de gewenste nieuwe productlijn als eindresultaat. Met deze ervaring als uitgangspunt is LEGO vervolgens met de site http://designbyme.lego.com gestart, waar iedereen zijn eigen legoset kan ontwerpen en bestellen.

'Crowdsourcing lijkt op een immense talent-vindmachine.'
Jeff Howe, auteur

Nog een voorbeeld: TomTom biedt via zijn sociale netwerk TomTom HOME gebruikers de mogelijkheid om onderling zelfgemaakte toepassingen uit te wisselen. Zelf content en software maken kan via Create.tomtom.com. Bedrijven en individuen kunnen de gebruiksvriendelijkheid van hun eigen site vergroten door een programmaatje van TomTom toe te voegen. Daarmee kunnen klanten de meest actuele routebeschrijving rechtstreeks downloaden naar hun TomTom. Duizenden individuen en bedrijven zetten dit programmaatje, dat het logo van TomTom vertoont, op hun site. Niet alleen krijgt TomTom zo toegang tot gratis ontwikkelde toepassingen, maar creëert ook een geheel nieuw distributiekanaal.

En wat zou het betekenen als burgers rechtstreeks door middel van crowdsourcing de regering zouden adviseren? Theo Bovens ziet op dit gebied kansen voor de SER, het adviesorgaan van de regering: 'Op dat vlak ligt er ook voor een organisatie als bijvoorbeeld de SER nog een heel terrein open. Het is eigenlijk een heel conservatief proces. Wanneer wij advies vragen aan belangenorganisaties, dan gebeurt dat nog per brief. En de reacties komen dan ook per brief. Echter, als we de maatschappelijke ontwikkelingen willen volgen, dan acht ik het heel wel denkbaar dat binnen vijf jaar minimaal een deel van een SER-advies tot stand komt door actieve participatie van online sociale netwerken door crowdsourcing.'

Ondanks deze voorbeelden en de vele voornemens zijn crowdsource-initiatieven vaak nog te veel gericht op het binnenhalen van ideeën en wordt er voorbijgegaan aan de 'goodwillwaarde' van een online sociaal netwerk. Mensen willen een gevoel van verbondenheid ervaren. Dat vraagt om wederkerigheid, dus als bedrijven alleen maar 'halen', werkt dat maar heel beperkt. Wanneer mensen zich meer met anderen verbonden voelen rondom een merk en daarover meer kunnen interacteren, zal de waarde van het merk stijgen. Hoe meer verbondenheid en communicatie over en weer er zijn, hoe beter de collectieve kennis en creativiteit stromen en hoe hoger de potentiële opbrengst dan weer is voor de organisatie.

'Collectieve productie is meer dan samen gaan zitten en een goed gesprek hebben. Het gaat over het omarmen van een nieuwe manier van produceren die innovatie en waardecreatie op een nieuw niveau brengt.'
Eric Schmidt, ceo Google

Bedrijven kunnen deze verbondenheid bevorderen door sociale netwerken te betrekken bij het hele proces van product- en dienstinnovatie. Nu is de betrokkenheid vaak nog beperkt tot het begin van het innovatieproces: wie heeft er een goed idee? Of het einde: wat vinden jullie van dit prototype? De 'wisdom of the crowds' is extra waardevol als die in het hele traject benut wordt. Zo raken consumenten ook echt betrokken. Denk maar aan het voorbeeld van LEGO: de deelnemers aan het crowdsource-initiatief van LEGO waren erbij betrokken vanaf de allereerste brainstormsessies tot aan de ontwikkeling van de productverpakking en de reclamecampagne. Dat is een schoolvoorbeeld van een integrale aanpak.

Een bedrijf kan bij crowdsourcing zelf een online sociaal netwerk opzetten of gebruikmaken van een al bestaand netwerk. Telefoonprovider KPN Hi doet het op de laatste manier door aan te haken bij het bestaande gamersnetwerk Gamez.nl. Via *challenges* kunnen leden ideeën aanleveren voor nieuwe mobiele games. Inzendingen vallen onder een 'Creative Commons naamsvermelding 3.0'-licentie, wat betekent dat KPN Hi en ook anderen de ideeën mogen gebruiken en bewerken zolang ze de naam van de deelnemer erbij vermelden.

Hi's Belgische collega Proximus, het jongerenmerk van provider Belgacom, maakte gebruik van een zelfgestart netwerk. Aan de leden werd gevraagd bij te dragen aan de ontwikkeling van een nieuwe tv-commercial. Al in 2006 startte Proximus een moblog waar consumenten hun foto's die ze met hun mobiel maakten, konden plaatsen en delen met hun sociale netwerk. Hoewel Belgacom een van de grootste adverteerders is in België en veel gebruikmaakt van diverse reclamebureaus, werd met het Generation Movie Project aan de klanten gevraagd om mee te denken. De verhaallijn voor het tv-spotje was al uitgewerkt, van alle scènes waren tekeningen gemaakt. Aan klanten werd gevraagd elk beeld treffend te pakken in een zelfgemaakte foto en deze in te dienen op de website http://generationmovieproject.be. Voor de hele commercial waren een kleine vijfhonderd beelden nodig. Er werden in totaal rond de tweeduizend foto's ingestuurd. Afgezien van het feit dat het eindresultaat erg onderscheidend was qua opzet, zorgde de hele actie voor heel veel gratis publiciteit en aandacht in diverse online sociale netwerken.

'Dankzij het internet kunnen bedrijven nu putten uit een wereldwijde bron van talent, ideeën en innovaties op een schaal die vele malen groter is dan hetgeen ze intern zouden kunnen mobiliseren.'
Kevin Maney, redacteur *USA Today*

Een ander voorbeeld van een eigen krachtig online sociaal netwerk dat ingezet wordt als crowdsourceplatform, is Mindbubble van Unilever. Mindbubble richt zich op vrouwen van 25 tot 50 jaar. Het is een sociaal netwerk waar zij ideeën kunnen delen over en kunnen meewerken aan de ontwikkeling van nieuwe producten en merken voor in en rond het huis. Op deze manier heeft Unilever voortdurend een interessante afspiegeling van de doelgroep tot zijn beschikking.

Deze voorbeelden laten zien hoe verschillende bedrijven gebruik proberen te maken van de collectieve kennis en creativiteit van hun klanten. Dit met verschillende doelstellingen: als een variant op marktonderzoek, als mogelijke vervanging van of aanvulling op de creativiteit van ingehuurde reclamebureaus, of als instrument om tot geheel nieuwe businessproposities te komen.

Ondanks een aantal succesverhalen zijn niet alle bedrijven direct helemaal overtuigd van het nut van crowdsourcing. Harry de Haas, marketingdirecteur bij Vrumona:

'Ik sta op zich wel open voor crowdsourcing, maar zie vooralsnog weinig echte kansen. We hebben het bijvoorbeeld wel eens geprobeerd met Pepsi, waarbij we consumenten vroegen filmpjes te maken rond het thema "Max your life". Daar kwamen simpelweg heel weinig reacties op. Daarnaast hebben we eenmaal met Sourcy crowdsourcing ingezet om een nieuwe smaak te bepalen. Daarop kwamen meer dan twaalfhonderd inzendingen. Het kan dus goed werken. Volgens mij heeft het te maken met de vage grens tussen commercie en authenticiteit. Dat luistert erg nauw. Mensen willen denk ik betrokken worden bij de zaken die er voor een bedrijf of een merk werkelijk toe doen. Dat vraagt een enorme draai van ons als producent.'

Het gebeurt nogal eens dat dezelfde creatieven die eerder via een bureau werkten, nu op persoonlijke titel meedoen aan een crowdsource-initiatief, bijvoorbeeld om een nieuwe reclamecampagne te bedenken. Hierdoor mist het organiserende bedrijf dan de kans om juist nieuwe, frisse ideeën binnen te halen. Dit gebeurde ook toen het merk Doritos in 2007 het publiek uitnodigde om voorstellen voor de Superbowl-commercial in te dienen.

Crowdsource-initiatieven zijn succesvoller wanneer de producent een concrete en belangrijke vraag heeft over het core product. Consumenten voelen zich dan meer betrokken en de vraag wordt als authentieker ervaren. De collectieve kennis betrekken bij 'kleinere' en minder ingrijpende vragen kan wel, maar dan helpt het als de vraag goed onderbouwd is en de consumenten de nodige instrumenten aangereikt krijgen. Zoals in het geval van Proximus, dat heel gericht een bijdrage vroeg binnen een vast kader.

Hoe kunnen organisaties de 'wisdom of the crowd' benutten?

Het besef dat organisaties niet meer het alleenrecht hebben, moet centraal staan in een organisatie. Consumenten zijn al via online sociale netwerken met elkaar in gesprek over je product en de bewoners van een stad doen hetzelfde over de eventuele komst van een moskee in hun wijk. Hoe kun je als organisatie die sociale netwerken gebruiken om te communiceren met de doelgroep? Waar kun je kennis oogsten? Hoe kun je een authentieke boodschap overbrengen?

Johan Sanders, directeur innovatie bij Sara Lee, liet de raad van bestuur in een presentatie zien dat hun concurrenten zich opener opstelden dan Sara Lee dat deed: 'Het was wel even schrikken toen men zich realiseerde wat branchegenoten allemaal deelden met de buitenwereld en dat zij daar blijkbaar voordeel van hadden. Mede door deze constatering hebben we besloten om zelf aan zowel de kant van de technologieontwikkeling als de consumentenmarketing te gaan experimenteren met crowdsourcing. We realiseerden ons dat de wereld zo complex is dat we het niet meer aankunnen met enkel de interne, in vergelijking langzame interactie. Daarbij is er buiten meer kennis aanwezig dan binnen. We willen nog beter worden in wat we doen en meer impact hebben door verbindingen aan te gaan met de sociale netwerken buiten ons bedrijf. Tegelijk beseffen we dat het heel lastig is om aan deze beweging specifieke doelstellingen te koppelen. Het is vooral een input- in plaats van een outputgedreven verandering.'

Sara Lee koos er uiteindelijk voor om via het platform www.openinnovationsaralee.com inzichten en productvoorstellen van consumenten te verzamelen. De onderneming maakt gebruik van een extern gefaciliteerd online sociaal netwerk. Behalve als een manier om toegang te krijgen tot nieuwe ideeën vanuit online sociale netwerken, wordt het experiment ook gezien als een middel om de merkbeleving te 'verjongen'. Luisteren naar je consumenten en ook actief uitdragen dat je naar hen luistert wordt steeds meer als een belangrijk onderdeel van de *branding* van een merk beschouwd.

Strategische verankering en interne betrokkenheid

Beginnen met crowdsourcing dient onderdeel te zijn van een bredere strategie om te komen tot een netwerkorganisatie. Dit vraagt dus om directe betrokkenheid van het strategisch kader binnen het bedrijf. Crowdsourcing moet een terugkerend thema zijn in het directieoverleg. Een geïsoleerde aanpak vanuit bijvoorbeeld de afdeling innovatie of marketing zal maar weinig teweegbrengen en is mogelijk zelfs contraproductief.

Bij nagenoeg alle crowdsource-initiatieven zijn in de deelnemercommentaren kritische opmerkingen te lezen. Meestal gaat het over de geringe betrokkenheid van de organisatie in het proces. Een veelgehoorde klacht is dat medewerkers niets of weinig van zich laten horen op de discussiepagina's. Vaak is er één medewerker aangewezen om met de deelnemers te communiceren. Zonder uitzondering is dat iemand op uitvoerend niveau. Op zich is daar niets mis mee, maar hoeveel extra waarde zou het creëren als de directeur innovatie of voor mijn part de ceo zelf zich zou mengen in het proces? Ook blijft nogal eens onduidelijk wat het bedrijf al dan niet gaat doen met de ideeën.

Mede daarom is het bij het starten van een crowdsource-initiatief van belang om eerst te zorgen dat er in de organisatie genoeg bijval is voor het initiatief. Het bij de product- en dienstontwikkeling betrekken van externe mensen kan namelijk als bedreigend worden ervaren. Vaak ziet de afdeling innovatie zich als de ultieme ideeëngenerator en ontleent daar ook een positie aan: 'Wij zorgen voor nieuwe ideeën en zijn dus belangrijk.' Volgens mij hoeft niemand bang te zijn voor zijn baan. De ideeën die extern gegenereerd worden, moeten nog begeleid worden door het bedrijf. Ze moeten gewogen worden en als ze kansrijk geacht worden, dan moeten ze op de juiste plek ondergebracht worden. Dat vergt veel tijd en energie. Het is dus belangrijk dat de binnen het bedrijf betrokken professionals inzien dat niet zozeer hun functie ter discussie staat, maar dat de rol die ze vervullen verschuift.

De eerste stappen moeten hoe dan ook door het bedrijf worden gezet, want consumenten zullen zich vaak niet als eerste melden. Verder willen eventuele deelnemers meer weten over de achterliggende motieven: Waarom wil het bedrijf een nieuw product ontwikkelen? Wat is de achterliggende strategie? Wie vertegenwoordigen het bedrijf? Met wie praten wij? Het moet voor potentiële deelnemers duidelijk zijn voor welke mensen ze aan de slag gaan. Organiseer daarom eventueel een fysieke ontmoeting en betrek de interne organisatie erbij.

Waar vinden we onze doelgroep?

Dan is natuurlijk de volgende vraag: in welke online sociale netwerken houden onze consumenten zich op? Neem de tijd om zelf op verschillende sites rond te kijken. Waar houdt je doelgroep zich op? En laat dat, als je leidinggevende bent, niet alleen over aan je medewerkers, maar ga ook zelf het gesprek aan. Ervaar welke conversaties er gaande zijn. Meng je in online discussies en 'praat terug'. Ga op zoek naar de doelgroep op de fanpagina's zoals beschreven in hoofdstuk 6. Hier doet zich bij uitstek de mogelijkheid voor om te luisteren naar de conversaties van de doelgroep. In tegenstelling tot de gebruikelijke focusgroepen kunnen we er hier van uitgaan dat mensen zich volkomen vrij voelen. Er worden grote bedragen betaald voor *consumer insights*, terwijl ze voor het oprapen liggen in bestaande online sociale netwerken. Eigenlijk zou iedereen binnen een bedrijf regelmatig een teen in deze vijver moeten steken. Alleen al het volgen van een aantal discussies kan tot nieuwe inzichten leiden. Dit hoeft niet per definitie direct een volwaardig crowdsource-initiatief te zijn.

Hoe blijven we in gesprek?

Het is niet makkelijk om zelf als bedrijf een online sociaal netwerk voor crowdsourcing op te zetten. Je zult een duidelijke propositie moeten hebben om netwerken rond een specifiek domein aan je te binden. Tegelijk geldt ook weer dat wanneer een bedrijf een netwerk te veel gaat managen, het geen netwerk meer is. Een duidelijke propositie ontwikkelen lukt hooguit wanneer ook individuele leiders binnen bedrijven het echt vanuit een persoonlijke passie oppakken. Waardoor het ook een heel authentieke propositie wordt. Dat is zeker binnen een groot bedrijf heel moeilijk te organiseren. Het vereist dat het bedrijf een heel sterke monolithische identiteit heeft. Sara Lee kiest mede om deze redenen voor wisselende, tijdelijke crowdsource-initiatieven: 'Ik wil duurzaamheid tot het project is afgelopen. Daarna kunnen wij als Sara Lee heel moeilijk die online sociale netwerken bij elkaar houden. Onze ervaring is ook dat ze vaak vluchtig zijn, snel opkomen maar vaak ook weer snel verdwijnen. We kijken hoe we die netwerken op een tijdelijke manier rondom onze merken kunnen organiseren. Om ze na afloop van een bepaalde periode ook weer te kunnen bedanken. De intensiteit in de interactie met online sociale netwerken kunnen we niet volhouden en dan moet je volgens mij als bedrijf niet de ambitie hebben om daadwerkelijk een diepgaande relatie aan te gaan. Dan ga je consumenten teleurstellen', aldus Johan Sanders.

Visie, transparantie en gelijkheid

Wanneer je de online sociale netwerken waar je doelgroep zich ophoudt geïdentificeerd hebt, kun je ze gaan betrekken bij je vragen. Durf daarbij zo open mogelijk te zijn door iets van je vragen en uitdagingen prijs te geven. Uiteraard is er een gerede kans dat concurrenten meekijken. Probeer dus je concurrentievoordeel op een andere manier te realiseren. Durf ook toe te geven dat je wellicht zelf het antwoord niet hebt. Maak inzichtelijk wat je tot nu toe hebt gedaan en stel zoveel mogelijk informatie beschikbaar.

Wanneer er inzendingen komen, zorg dan dat ze openbaar en voor iedereen toegankelijk zijn. Dat is niet alleen in lijn met de filosofie van het crowdsourcen, maar biedt mensen ook de mogelijkheid om op elkaars ideeën voort te bouwen, wat tot onverwachte resultaten kan leiden. Deze openheid zorgt bovendien voor een zelfregulerend systeem onder de deelnemers. Interessante inzendingen zullen als zodanig door de community beoordeeld worden. Als er iets niet klopt in de vraagstelling, zullen mensen dat ook melden. Zorg wel dat er vanuit het bedrijf zoveel mogelijk aanspreekpunten zijn om de noodzakelijke verbinding te leggen met de interne organisatie.

Verder is het van belang je te realiseren dat het er bij crowdsourcing niet enkel om gaat je doelgroep op online sociale netwerken te treffen en te profiteren van hun conversaties, erin te participeren en ervan te leren. Het gaat er vooral ook om dat je de visie en strategie van de organisatie communiceert. Een visie houdt in dat je in grote lijnen weet welke kant je op wilt en waarom. Je getuigt van leiderschap wanneer je deze visie communiceert en gericht om hulp vraagt en vervolgens daadwerkelijk openstaat voor aanpassingen op basis van de ontvangen hulp. Dat vereist durf en vooral zelfvertrouwen. Want, zoals gezegd, de concurrent kijkt mee. Verwacht niet dat de crowd vanzelf voor je aan de slag gaat of dat het vanzelf een productieve bijdrage wordt.

'Het maakt niet uit wie je bent, maar het merendeel van de slimste mensen werkt altijd voor iemand anders.'
Bill Joy, medeoprichter Sun Microsystems

Realiseer je ook dat de samenwerking met online sociale netwerken per definitie plaatsheeft vanuit een gelijkwaardige verhouding. Het zijn niet je medewerkers of betaalde respondenten. Te vaak wekken organisaties de indruk even snel een paar ideeën te willen oogsten in een sociaal netwerk. Deelnemers voelen zich dan al snel een goedkope melkkoe en zullen dat vervolgens niet onder stoelen of banken steken.

Bedrijven moeten zich afvragen of ze zelf voor langere tijd een online sociaal netwerk kunnen onderhouden, om dat bijvoorbeeld vervolgens in te zetten voor crowdsourcing. Voor bedrijven waar de online communicatie met consumenten al een relevant onderdeel is van de propositie, blijkt het gemakkelijker om een sociaal netwerk te creëren en aan zich te binden. Dat geldt bijvoorbeeld voor Nespresso. Daar zijn de mensen al online om hun koffiecups te bestellen. De stap naar een online sociaal netwerk is dan veel gemakkelijker gezet. Of een bedrijf bevindt zich al in een omgeving waar connectivity centraal staat, zoals Starbucks. Dit bedrijf biedt draadloos internet in zijn filialen, waardoor er een sociaal netwerk ontstaat van kleine zelfstandigen die daar min of meer kantoor houden.

Outsource je crowdsourcing

Voor bedrijven die het lastig vinden om zelf hun crowdsourceactiviteit op te zetten, zijn er intermediairs. Bijvoorbeeld het in 2007 door Maxim Schram opgerichte bedrijf RedesignMe: 'Wij zijn met ons bedrijf gestart omdat we ontdekten dat er bij consumenten vaak een enorme creativiteit en productkennis aanwezig zijn. Creativiteit en kennis waar organisaties gebruik van kunnen maken. Daarbij zagen we dat bedrijven vaak zelf niet in staat zijn om online sociale netwerken goed aan zich te binden.'

Ongeveer vierduizend 'redesigners' participeren in het online netwerk waar diverse bedrijven cases voorleggen. Zoals Sara Lee voor het theemerk Pickwick. De vraag luidde: 'Bedenk een nieuwe, innovatieve manier om thee te zetten en/of om thee te drinken.' Deze challenge heeft tot een kleine tweehonderd inzendingen geleid. Zoals de inzending van een zekere 'Pevers', die een nieuwe theevariant bedacht heeft, namelijk Pickwick Jägerthee. Hij heeft er ook al direct een verpakkingsvoorstel bij gedaan. De pitch luidt: 'Eindelijk kan Pickwick tussen de wijn: Pickwick Tiroler Jägerthee 5% vol. Net terug van de wintersport en toe aan après-ski? Of gaat u nog op wintersport en bent u toe aan pre-ski? Haal de Alpen in huis en maak een heerlijke kruidige Tiroler Jägerthee, volgens authentiek Oostenrijks recept met rode wijn, rum en Obstler! De alcohol zit in eetbare capsules die op een hoge temperatuur oplossen, zoals bij medicijnen.' Of het idee voor Pickwick Chews, de 'eerste theekauwgum' met mangosmaak. Andere redesigners kunnen stemmen of ze het een goed voorstel vinden en eventueel commentaar leveren.

Bij een aantal bedrijven speelt in de afweging om crowdsourcing al dan niet uit te besteden ook de discussie van de meetbaarheid. Schram: 'Bedrijven willen vaak ook voor aanvang al een idee hebben wat de investering ze gaat opleveren aan bruikbare ideeën. Dit is uiteraard erg lastig voor ons. Daarbij is het ook nog zo dat je eruit haalt wat je erin stopt. Hoe beter een challenge omschreven is, hoe relevanter de vraag, hoe beter de ideeën zijn die aangedragen worden. Aangezien bedrijven toch erg vasthouden aan het kunnen kwantificeren, zijn we nu bezig om met TNO te kijken naar een methode om de opbrengst zichtbaar te maken'.

Sara Lee heeft er bewust voor gekozen om behalve van een eigen platform ook gebruik te maken van RedesignMe. Johan Sanders: 'We hebben geconcludeerd dat het voor de merken van Sara Lee heel lastig is om zelf een duurzaam sociaal netwerk of een community te bouwen. Onze doelgroep is heel erg divers en lastig onder een gemeenschappelijk domein te verenigen. Want wat hebben ze nu met elkaar gemeen? Daarbij hebben we ook niet de organisatiekracht om een community voor lange tijd aan ons te binden. Dat vergt geheel andere competenties. Je wordt dan regisseur en producent van content. Dus wordt het toch weer een bedrijfsmatige afweging van: hoeveel stop ik erin en wat levert het mij op?'

De afweging tussen crowdsourcing zelf doen of uitbesteden heeft ook te maken met de aard van de betrokken sociale netwerken. Een netwerk zoals dat van RedesignMe scoort over het algemeen, volgens de deelnemende bedrijven, hoog wat betreft creativiteit. Tegelijk is de verbondenheid met het product of zelfs de passie ervoor vaak beperkt. Deelname heeft vaak een functionele insteek. Let hierop bij de afweging tussen zelf doen of uitbesteden.

Interne crowdsourcing

Er zijn ook organisaties die crowdsourcing inzetten om juist de interne kennis van medewerkers te mobiliseren, bijvoorbeeld om gezamenlijk te werken aan een nieuwe strategie. Dat is wat het onderzoeksinstituut TNO deed in 2009. Elke vier jaar formuleert TNO zijn onderzoeksstrategie en legt die voor aan het kabinet en zijn klanten. Mede op initiatief van Erik Huizer, directeur kennis van TNO ICT, werd besloten om voor de strategie 2010-2014 via crowdsourcing de medewerking te vragen van alle vierenhalfduizend TNO-medewerkers.

Hiervoor werd een speciaal strategieblog ingericht. Hierop verschenen basisproposities geschreven door een aantal werkgroepen. Huizer: 'Dat hebben we gedaan omdat we het belangrijk vonden dat de discussie wel een bepaalde richting zou krijgen. We waren in het begin wat twijfelachtig of het succesvol zou zijn, want het zijn toch taaie teksten en het leek ons een hindernis voor mensen om erop te reageren.' De vrees van Huizer bleek onterecht, want in een periode van vier weken bezochten zo'n zestienhonderd mensen de site en leverden vijfhonderd daarvan commentaar op de teksten of stuurden geheel nieuwe teksten in. Projectleider Christiaan van den Berg: 'Het vergde ook wel wat inspanningen in het begin om mensen betrokken te krijgen, maar toen het eenmaal liep, ging het hard. Medewerkers gingen online de discussie aan met de auteurs en droegen veel concrete suggesties aan. Wat we ook ervaren hebben, is dat mensen eigenlijk per direct feedback verwachten op hun bijdrage. Als het dan een week duurt voordat ze een reactie krijgen, zijn ze teleurgesteld. Naast virtueel contact is het ook belangrijk om ook fysieke ontmoetingen te blijven organiseren. Juist daardoor wordt het gehele proces versterkt.'

Wanneer het management van een bedrijf, zoals TNO dat deed, actief op zoek gaat naar de mening van zijn medewerkers over zoiets potentieel ingrijpends als de strategie, dan vraagt dat een aanpassing in de cultuur en soms ook de structuur van het bedrijf. Bepaalde keuzes moeten veel breder worden uitgelegd en toegelicht. Verder vergt het een voortdurende betrokkenheid van het management en tijdige terugkoppeling. Huizer daarover:

'Het vraagt veel effort om alle input te lezen en erop te reageren, maar met elkaar hebben we zo onze strategie goed aangescherpt en het draagvlak vergroot. Aan de andere kant heb ik ook contact met mensen die ik anders niet spreek. Het zorgt ook voor een zekere toegankelijkheid.
Ik zie het crowdsourcen zoals wij het gedaan hebben niet als handig intern communicatiemiddel, de impact is veel groter. Het is een stap in de richting van een meer open cultuur, eigenlijk een organisatieverandering. We moeten dit wel doen omdat de buitenwereld het afdwingt. Daarbij worden we ook door klanten steeds meer gevraagd hen over crowdsourcing te adviseren. Dan moeten we het ook zelf doen en aan den lijve ondervinden. De maatschappelijke issues van vandaag zijn zo groot, die kun je niet in een discipline oplossen, hetgeen nog een extra motivatie vormt.'

Behalve om te komen tot een nieuwe strategie, zoals bij TNO, zou crowdsourcing ook kunnen worden ingezet om andere processen intern te 'co-designen', bijvoorbeeld een nieuwe huisstijl, werkprocessen of klantoplossingen. Daar kan dan ook de stap naar buiten toe op volgen door het interne crowdsourcen te verbinden met online sociale netwerken buiten het bedrijf.

Andere rol voor de reseach & development-afdeling

Het starten van een crowdsourcing-initiatief lijkt wellicht niet zo moeilijk. Er zijn immers meer dan genoeg mensen die over nagenoeg elk product, elke dienst of elke maatschappelijke kwestie willen meedenken. Daar zit niet de uitdaging. Het deels uitbesteden van de innovatie aan een online sociaal netwerk heeft echter verstrekkende gevolgen voor de structuur en strategie van een organisatie. Ik ben er dan ook van overtuigd dat de verankering van de nieuwe aanpak in de organisatie een van de meest cruciale punten is.

Teun Verheij, algemeen directeur van bedrijfscateraar Albron, in 2006 winnaar van de AWVN-Innovatieprijs, vertelde me eens dat hij het als directeur nooit goed kan doen wanneer het aankomt op innovatie. Het was belangrijk dat hij als eindverantwoordelijke het onderwerp op de kaart zette en er veel gewicht achter zette. Dat was ook meteen de valkuil, want dan was het namelijk bij iemand onder de hoede, in dit geval de directeur, en kon verder iedereen als het ware weer verder gaan met waar men mee bezig was. Tegelijk zag het bedrijf het als een grote uitdaging om de bijdrage aan de innovatie vooral ook van buiten het bedrijf te halen.

Een ceo van een beursgenoteerd bedrijf die ik sprak, weigerde een directeur innovatie aan te stellen: 'Dat zou betekenen dat innovatie in een afdeling past, dat je er muren omheen kunt zetten en het kunt vangen in een organigram en richtlijnen. Ik wil juist dat iedereen innovatief werkt en denkt.'

Beide voorbeelden illustreren dat innovatie niet meer enkel kan worden ingebed binnen de grenzen van de organisatie. Uiteraard blijven organisaties zelf een belangrijke motor voor de eigen innovatie, alleen gaan de ontwikkelingen buiten dezelfde organisatie zo snel, dat het nagenoeg onmogelijk is om deze op eigen kracht, zonder hulp van buitenaf, bij te houden. Dit betekent dan ook dat de rol van een innovatie- of research & development-afdeling drastisch verandert (zoals overigens alle stafafdelingen te maken krijgen met de impact van online sociale netwerken). In plaats van sterk intern gericht zullen deze afdelingen zich juist naar de 'randen' van de organisatie moeten begeven om zo maximaal contact te maken met andere netwerken.

Johan Sanders heeft zich met zijn collega's ten doel gesteld om de research & development-afdeling van Sara Lee te transformeren van initiator naar facilitator van vernieuwing. Niet de medewerkers van Sara Lee zijn de belangrijkste bronnen voor nieuwe ideeën, deze komen nu juist van buiten de organisatie. De taak van de innovatieafdeling wordt dan veel meer om ideeën te beoordelen, briefings te schrijven, kansrijke concepten door de interne organisatie te loodsen en de bedenkers van ideeën waar nodig te coachen en te begeleiden. Zoals men zelf zegt op de site www.openinnovationsaralee.com: 'Innovatie is een kernpunt binnen onze groeistrategie. Sara Lee's open-innovatieteam heeft experts op het gebied van marketing, research & development en business development. Zij zullen je ideeën en suggesties op professionele wijze door de organisatie begeleiden wanneer die zich ontwikkelen van concept tot concreet product. Dit betekent dat jouw innovatie tijdig beoordeeld wordt door de belangrijkste beslissers binnen Sara Lee.'

'Dit is de grootste paradigmaverschuiving op het gebied van innovatie sinds de industriële revolutie.'
Eric von Hippel, professor MIT

Voor veel bedrijven is het betrekken van online sociale netwerken in hun innovatieproces een veranderingsproces voor de lange termijn. Ze hebben te maken met een cultuur die vaak al lang bestaat en meestal ook nog geworteld is in het industriële tijdperk. Voor nieuwe bedrijven geldt dat uiteraard niet. Internetbedrijven nemen veel jonge mensen aan die van nature al vertrouwd zijn met het digitale tijdperk en daarmee impliciet de cultuur bepalen. In al langer bestaande, grote organisaties vergt dat een proces van jaren. Zo ook bij Sara Lee. 'Zoals gezegd is het binnen research & development echt een organisatieverandering. Het gaat ook om interne bewustwording en het maken van statements. We zijn nu bijvoorbeeld al onze researchkennis zo centraal aan het verzamelen en inrichten dat die doorzoekbaar wordt vanaf elke computer op de afdeling. We experimenteren op allerlei manieren en kijken zo wat bij de organisatie past en wat beklijft', aldus Sanders.

Zorg voor passie!

Het begint en eindigt met passie. De insteek van Apple, zoals ceo Steve Jobs die in een interview met *Fortune* in 2008 verwoordde, lijkt haaks te staan op de uitgangspunten van de 'wisdom of crowds' en crowdsourcing. Hij zei onder andere:

'We doen niet aan marktonderzoek en we huren geen consultants in. De enige consultants die ik de afgelopen tien jaar ingehuurd heb, deden een analyse naar de strategie van een concurrent zodat we met iTunes niet dezelfde fouten zouden maken. We huren uit principeoverwegingen geen consultants in. We geloven in onszelf omdat we de beste producten willen maken.
We hebben bijvoorbeeld iTunes ontwikkeld omdat we van muziek houden. Met iTunes hebben we de beste jukebox willen bouwen die we dagelijks bij ons konden dragen. Het team heeft daar keihard aan gewerkt. En dat deden we omdat we er allemaal in geloofden. Wij waren zelf de eerste paar honderd klanten. Het ging er niet om mensen voor de gek te houden of mensen wijs te maken dat ze iets nodig hebben wat ze niet nodig hebben, maar we maakten wat wij zelf wilden. En ik denk dat wij behoorlijk goed zijn in het bedenken van wat heel veel andere mensen ook zouden willen. Daar worden we ook voor betaald. Je kunt niet zomaar op mensen afgaan en vragen wat het volgende grote succes zal zijn voor je bedrijf.'

Hier is een ceo aan het woord die niet met lege handen naar een online sociaal netwerk gaat om te vragen om een paar goede ideeen. Nee, de medewerkers van het bedrijf zijn zelf gepassioneerd gebruiker. Ze zijn producent en consument. Ze maken wat ze zelf graag willen gebruiken. Niet omdat ze nu eenmaal voor Apple werken, nee, Apple bestaat bij de gratie van hun passie en betrokkenheid. Tegelijk zien we dat de sociale netwerken die mensen vormen rondom Apple bijzonder krachtig zijn. Op bijvoorbeeld de site www.onemorething.nl hebben van de 36.000 leden de 50 meest actieve elk 3000 of meer berichten geplaatst. Het kan niet anders dan dat hun passie mede gevoed is door de passie van Steve Jobs en zijn medewerkers.

Aandachtspunten voor crowdsourcing

Niet elk bedrijf is gezegend met een zo sterke cultuur als Apple, maar dan nog valt er veel te winnen door sociale netwerken in te zetten voor crowdsourcing. Wat zijn de belangrijkste zaken om in het oog te houden bij het opzetten van een crowdsource-initiatief?

1. Commitment. Begrijpt de top van de organisatie het principe van crowdsourcing? Overziet men de consequenties van crowdsourcing en is men bereid om, in redelijkheid en waar nodig, aanpassingen te doen in de organisatiestructuur? Zorg ervoor dat bijvoorbeeld de ceo zich opwerpt als sponsor en boegbeeld van het project, richting zowel de deelnemers als de interne organisatie. Iedereen zal zien dat het ernst is.
2. Doelstelling. Waaraan moet het crowdsourcen een bijdrage leveren? Aan innovatie, verbetering van het serviceconcept, marktonderzoek, iets anders? Kwantificeer de gewenste opbrengst.
3. Doelgroep. Welk sociaal netwerk vind je het meest geschikt om mee te werken? Of creëer je zelf een online sociaal netwerk?
4. Interne organisatie. Betrek relevante mensen uit de organisatie in het proces. Aan de ene kant bevordert dit het interne leerproces en de acceptatie, aan de andere kant laat je zo aan de deelnemers zien dat de organisatie werkelijk betrokken is.
5. Opbrengst. Zorg dat voor zowel de deelnemers als de interne organisatie duidelijk is welk voordeel ze kunnen behalen. Je krijgt wat je beloont. De mate waarin medewerkers participeren in de discussie met deelnemers kan bijvoorbeeld onderdeel worden van de beoordelingscriteria. De opbrengst voor de deelnemers ligt vaak in aandacht en respect. Geld en cadeaus zijn zelden de primaire drijfveer. Zulke beloningen kunnen juist

mensen aantrekken met de verkeerde motieven. Zorg voor andere mechanismen waaruit waardering blijkt. Werk bijvoorbeeld met een ratingsysteem waarmee deelnemers hun waardering over elkaar kunnen uiten.

6. Vraagstelling. Wees zeer zorgvuldig en precies in de formulering van de vraagstelling. Wees open en oprecht in het communiceren van je doelstelling. Ja, de concurrent leest mee, maar waarom zou je energie stoppen in een crowdsourceproject dat niet de werkelijke vragen van de organisatie adresseert? Enkel en alleen uit angst voor een nieuwsgierige concurrent? Als je je niet kunt of wilt openstellen, ga dan niet crowdsourcen.
7. Integratie. Besteed extra veel aandacht aan het opzetten van een selectie- en implementatiesysteem. Stel criteria op op basis waarvan voorstellen worden beoordeeld. Doe hetzelfde voor de manier waarop gekozen voorstellen door de organisatie geleid worden. Communiceer deze criteria nadrukkelijk met de deelnemers.
8. Netwerk. Als de deelnemers al tot een sociaal netwerk behoren, bespreek dan hoe je de banden tussen het netwerk en de organisatie kunt bestendigen. Zijn de deelnemers nog niet met elkaar verbonden, faciliteer dit dan. Hoe meer onderlinge communicatie tussen de deelnemers, hoe waardevoller de potentiële opbrengst voor de organisatie.

9
Sociale netwerken en HRM

Stel, aan het eind van je werkdag verlaat je je kantoor en bij de uitgang geef je drie cijfers tussen 0 en 10, één als beoordeling van de kwaliteit van je werkdag in het geheel en twee voor steeds wisselende deelaspecten, bijvoorbeeld het contact met collega's of de toegankelijkheid van het management. De volgende dag kunnen alle medewerkers en ook klanten op een groot scherm boven de receptie zien hoe de vorige werkdag op de genoemde aspecten beoordeeld is. Er ontstaat per dag een beeld van hoe de organisatie ervoor staat en eventuele knelpunten kunnen direct opgemerkt en aangepakt worden.

Of stel je deze situatie voor: beoordelingen worden niet meer alleen door de leidinggevende gedaan, maar ook door collega's, in een openbare peer-to-peerbeoordeling. Voor veel mensen zal dit waarschijnlijk een of meer stappen te ver zijn. Toch sluit het aan bij een ontwikkeling waarbij we steeds meer gewend zijn om in online sociale netwerken collectief allerlei producten en diensten open en transparant te beoordelen. Denk aan restaurants, hotels, de service van bedrijven et cetera. Ook steeds meer beslissingen worden genomen op basis van zulke recensies.

Op welke manieren kan de HRM-afdeling aansluiting vinden bij deze steeds meer verbonden online sociale netwerken? Humanresourcemanagement is traditioneel juist vaak een naar binnen gekeerde afdeling. Het managen van het menselijk kapitaal gebeurt vooral binnen de muren van de organisatie, door een relatief kleine groep mensen.

Crowdsource een functieprofiel

Laten we eens kijken naar iets wat typisch als een exclusieve taak wordt gezien van de afdeling HRM: het opstellen van een functieprofiel. Uiteraard worden daar leidinggevenden bij betrokken, maar in principe bepaalt HRM het uiteindelijke profiel. Wat als hierbij de kracht van online sociale netwerken gebruikt zou worden? In hoofdstuk 5 schreef ik over de vacature voor senior manager emerging media marketing bij het Amerikaanse e-commercebedrijf Best Buy. Het is interessant om te kijken hoe dit profiel tot stand is gekomen. De eerste omschrijving van de functie was gemaakt door Best Buy en als vacaturetekst online gezet. Dit leidde tot heel veel reacties. Niet alleen van mensen die op de functie solliciteerden, maar vooral ook van mensen die vonden dat de initiele functie-eisen niet goed geformuleerd waren. De eisen waren als volgt geformuleerd: één jaar actieve ervaring als blogger, universitair werk- en denkniveau en meer dan tweehonderdvijftig volgers op Twitter. Vooral deze laatste eis leidde tot veel discussie. Veel mensen vonden dat het aantal volgers op Twitter weinig zegt over iemands netwerkcapaciteiten.

Barry Judge, de chief marketing officer van Best Buy, besloot het online sociale netwerk in te zetten om een nieuw functieprofiel vast te stellen. Binnen een aantal randvoorwaarden kon iedereen die dat wilde input leveren. Zoals Judge schrijft op zijn blog:* 'Dit is een nieuwe positie binnen ons bedrijf. We hebben hier veel mensen in het bedrijf die veel weten van sociale media. Alleen is er een nog veel grotere groep buiten het bedrijf die zeker net zoveel weet. Dus in plaats van te denken dat we het allemaal zelf weten, willen we onze kansen om het goed te krijgen verhogen door zoveel mogelijk kennis binnen te brengen.'

Voorstellen konden worden ingediend op http://bestbuyideax.com. Alleen al de hele discussie leidde tot heel veel publiciteit over en bekendheid van de functie. Uiteindelijk heeft Best Buy veel van de input gebruikt om het functieprofiel op te stellen. Door alle aandacht was de vacature eigenlijk al vervuld voordat deze officieel online kwam.

---

* Zie http://barryjudge.com.

E-recruitment

Een uitzondering op de relatieve 'geslotenheid' van veel HRM-afdelingen vormt het vakgebied recruiting. Voor het vinden van nieuwe medewerkers moet logischerwijs vaak buiten de organisatie gezocht worden. Door middel van massamedia worden vacatures onder de aandacht gebracht bij potentiële sollicitanten. Het is tot nu toe echter nog steeds vooral eenrichtingsverkeer. Zeker in tijden van economische crisis is toch de basishouding van veel organisaties: 'Sollicitanten komen naar ons toe en wij zoeken dan de beste kandidaat uit.'

Onder invloed van online sociale netwerken zal dit echter snel veranderen. Zoals we in hoofdstuk 3 zagen, verliezen bedrijven die nu nog in de top twintig van populairste bedrijven staan, snel aan populariteit. Door de kredietcrisis van 2008 en 2009 is het sentiment tijdelijk omgeslagen. Vooral pas afgestudeerden vinden nu een stuk lastiger een baan, maar dat doet op de middellange termijn weinig af aan de veranderende mentaliteit van potentiële werknemers. De sollicitant van vandaag wil namelijk gevonden worden en gaat steeds minder zelf op zoek naar een bedrijf. Zeker de huidige generatie jonge medewerkers weet zelf heel precies hoe ze zoekwoorden en tags kunnen gebruiken om te vinden en gevonden te worden in Google. Ze vinden het dan ook amateuristisch wanneer bedrijven hen niet kunnen vinden.

Er is inmiddels wel een aantal bedrijven dat actief sollicitanten werft via online sociale netwerken. Neem bijvoorbeeld Deloitte. Dit bedrijf neemt per jaar ruim vierhonderd afgestudeerden aan. Sinds ongeveer een jaar merken de recruiters van Deloitte dat langzaamaan de digital natives bij het bedrijf binnenkomen. Om aansluiting te houden bij deze doelgroep zet Deloitte vanaf 2007 als een van de eerste bedrijven in zijn branche flink in op het werven via online sociale netwerken. Hiervoor werd een speciaal e-recruitmentteam opgezet dat de recruiters van de diverse afdelingen ondersteunt bij de werving van nieuw personeel. Deze recruiters worden ook geacht zelf initiatieven te ontplooien op sociale netwerken. Het e-recruitmentteam is echter het expertisecentrum.

Volgens Wouter van Voorst tot Voorst, senior recruiter bij Deloitte, is nog niet elke recruiter even overtuigd gebruiker van online sociale netwerken. Daar komt ook wel wat sturing aan te pas: 'We zijn begonnen met elke recruiter te verplichten om zijn of haar LinkedIn-account op orde te brengen volgens een vast stramien. Of, als dat nog niet het geval was, een account te openen. Zo zijn we in ieder geval goed voor werkzoekenden via LinkedIn te bereiken en kunnen we met elkaar een zo groot mogelijk netwerk creëren.'

Net zoals bij Deloitte is LinkedIn voor veel wervende bedrijven het startpunt voor recruitment. Het overgrote deel van de werkenden in Nederland heeft daar een profiel. Het is een serieuze diskwalificatie om als professional niet op minimaal één relevant zakelijk online netwerk actief te zijn. Sites als LinkedIn en Xing zijn om te beginnen ideale online databases voor cv's. Toekomstige medewerkers willen niet alleen gevonden worden – hoewel dat wel een van de belangrijkste redenen is om op deze sites actief te zijn – ze gaan ook zelf nog actief op zoek, alleen doen ze dat veel gerichter. De tijd dat sollicitanten willekeurig tientallen brieven verstuurden, is voorbij. Sollicitanten doen in veel gevallen serieus onderzoek om zo de bedrijven te selecteren waarvoor ze willen werken. Daarbij zoeken ze ook via Google naar medewerkers van de bedrijven waar ze interesse in hebben, inclusief recruiters en managers. Vaak benaderen ze hen dan om bijvoorbeeld te vragen hoe het is om bij het bedrijf te werken. Vanuit deze gedachte is de stap van Deloitte goed te begrijpen. Sterker nog, ik kan hem ten zeerste aanbevelen.

Regelmatig hoor ik van HRM-managers en recruiters dat al die nieuwe online middelen zoveel extra tijd kosten. Wat ook klopt als je daarnaast ook al je oude activiteiten doorzet. Wanneer je je bijvoorbeeld op online sociale netwerken begeeft en daarnaast nog intensief gebruik blijft maken van bijvoorbeeld wervings- en selectiebureaus, dan neemt je werkdruk uiteraard toe. Het is van belang te beseffen dat e-recruitment voor een deel bestaande activiteiten zal gaan vervangen. Het kost niet alleen tijd, maar levert ook tijd op. Van Voorst tot Voorst: 'Voor mij heeft het ook tot efficiency geleid. Je kunt bijvoorbeeld al in het online contact via LinkedIn aangeven welke gegevens mensen moeten aanleveren bij een sollicitatie. Dat scheelt weer tijd, want anders moest ik daar dan weer achteraan. Of je tast elkaar even af door wat berichtjes uit te wisselen. Uiteindelijk merk ik dat door die inspanningen de kwaliteit omhoog gaat. Er is al een eerste schifting gemaakt. De wederzijdse verwachtingen worden zo van tevoren al gemanaged. Het lijkt of het tijd kost, maar het levert meer tijd op.'

Je kunt dus concluderen dat gebruikmaken van online sociale netwerken een vanzelfsprekend onderdeel moet zijn van de functie van HRM-professionals. Niet als extra taak ernaast, maar als vervanging van een activiteit die alsmaar minder efficiënt wordt. De e-recruiters van Deloitte brengen een aanzienlijk deel van hun werkdag op sociale netwerken door. Dat is ook nodig om een band op te bouwen. Uiteraard is dat een investering, maar wanneer er eenmaal een band ontstaan is met de mensen op een online sociaal netwerk, dan kunnen daar ook voor langere tijd de vruchten van geplukt worden.

Sociale netwerken als ambassadeursnetwerken

Vanuit een ander recruitmentperspectief is het ook verstandig aanwezig te zijn op zakelijke netwerksites. Wat deze sites namelijk extra krachtig maakt is de onderlinge doorverwijsfunctie die ze vervullen. Rondom veel bedrijven ontstaan specifieke online sociale netwerken, meestal gevormd door werknemers en ex-werknemers (alumni). Deze netwerken kennen de organisatie goed en kunnen, indien juist geactiveerd, uitstekend een ambassadeursrol vervullen.

Met de komst van sociale netwerken zijn deze netwerken van werknemers en alumni transparanter geworden. Zij organiseren zich bijvoorbeeld op Hyves en LinkedIn en beginnen daar zelf werknemersgroepen en alumnigroepen, waar ze praten over hun werk, over het bedrijf en over andere zaken die ze gemeen hebben, zoals een hobby of sport. Dit zijn dus ook ideale plekken om als werkgever deze ambassadeurs te betrekken bij het vinden van nieuw personeel.

CSC Computer Sciences heeft ervaren hoe krachtig sociale netwerken kunnen zijn. Onder het mom 'Om de beste te blijven zoeken we de besten' startte het bedrijf eind 2007 een *crowd-recruitment*-initiatief. Binnen korte tijd wist het driehonderd 'recruiters' aan zich te binden, die allemaal binnen hun eigen netwerk op zoek gingen naar geschikte kandidaten. Hoe gaat het in zijn werk? Op www.headhuntersgezocht.nl kunnen potentiële recruiters zich aanmelden. Na aanmelding hebben ze toegang tot een afgeschermd gedeelte van de site met daarop allerlei recruitmenttips. Iedereen die mensen kent met een ICT-achtergrond of ze denkt te kunnen vinden, kan zich aanmelden. Je hoeft dus niet zelf ICT'er te zijn. Wanneer iemand een geschikte kandidaat aandraagt die daadwerkelijk aangenomen wordt, krijgt hij of zij het 'vindersloon' van minimaal 1.500 euro.

Om het netwerkeffect verder te versterken worden er ook offline events georganiseerd waar recruiters, medewerkers en potentiële kandidaten samenkomen. Hiermee zet CSC de eerste stap naar de vorming van een heuse headhunterscommunity. Zo bindt het bedrijf een aantrekkelijk sociaal netwerk aan zich. Hoe langer het netwerk actief is, hoe beter bedrijf en recruiters op elkaar ingespeeld raken. 'Wat we hebben geleerd is dat je eigenlijk niet genoeg de cultuur van je organisatie kunt uitdragen. Want voor de headhunters is het zeer belangrijk om bekend te zijn met die cultuur om een goede match te kunnen vinden voor CSC. Dus is het belangrijk dat binnen een virtueel netwerk de CSC-cultuur ook gevoeld en gevoed wordt. We doen dit door ze consequent te ondersteunen met beeld, tekst en gerichte acties. Wellicht wel het belangrijkste is de ondersteuning op het hoogste niveau', aldus Arjen Mollee, marketing- en pr-manager Nederland.

Hoewel werven via online sociale netwerken veel kan opleveren, vraagt het dus veel commitment en input vereist het dat de cultuur goed wordt overgedragen en is er een lange adem voor nodig. Deze manier van werven zou bij uitstek een rol kunnen zijn voor HRM-medewerkers. Zo houden ze feeling met oud-werknemers en potentiële werknemers en kunnen ze deelnemen aan discussies over het bedrijf.

'Wat doe je' in plaats van 'wie ben je'

Voordat je als organisatie een eigen online ambassadeursnetwerk start, is het belangrijk om zelf de basis, een goed wervingsportaal, op orde te hebben. Deloitte lanceerde in het najaar van 2009 zijn portaal. Op deze website komen alle sociale mediakanalen zoals Twitter, YouTube en blogs samen. Een dergelijke stap vergt uiteraard een behoorlijke investering. Roos van Vugt, bij Deloitte verantwoordelijk voor e-recruitment, daarover: 'Onze directie ziet denk ik het nut van recruitment via sociale netwerken wel degelijk. Er wordt in ieder geval aanzienlijk in geïnvesteerd. Naast een compleet nieuwe site werken we met een e-recruitmentteam van vier mensen. Alleen wanneer het op de persoonlijke betrokkenheid van henzelf aankomt, dan wordt het lastig. Daar is nog veel koudwatervrees. Met een dergelijke Web 2.0-site wordt het ook nuttig en van belang voor bijvoorbeeld een partner om een keer in de week eens een paar uur via deze portal in contact te staan met de "buitenwereld".'

Van Vugt roert een belangrijk punt aan. Tot nu toe was arbeidsmarktcommunicatie vooral gericht op het communiceren van het *wat* van een bedrijf. Het *hoe* ontdekte je meestal pas wanneer je daadwerkelijk aan de slag ging. Dit is een essentieel onderscheid. Het overkomt me geregeld dat gesprekspartners bij organisaties min of meer verontschuldigend beginnen met een uitspraak in de trant van: 'We zijn een veel leuker bedrijf dan je van de buitenkant zou denken hoor.' In mijn beleving blijkt dat dan ook vaak te kloppen. Bedrijven zijn in veel gevallen erg naar binnen gekeerd. Wouter van Voorst tot Voorst van Deloitte: 'Er gebeuren hier heel veel interessante dingen. Hoe zorgen we ervoor dat we alles wat we bij Deloitte doen naar buiten kunnen brengen? We willen niet vertellen hoe geweldig we zijn, we willen het laten zien. En dan moeten mensen zelf maar beslissen of ze daarbij willen horen. Vind je het interessant, dan komen we graag met je in contact.'

'Door het effect van social media zal in de nabije toekomst de scheidingslijn tussen privé en zakelijk vervagen.'
Jordy Houtman, designer

Ook – of vooral juist – als het gaat om het werven van personeel, is het van belang zo authentiek mogelijk over te komen. Voor veel van de huidige sollicitanten is het belangrijker om te weten wie er bij een bedrijf werken en wat ze er doen dan welk bedrijf het is. Dat betekent dan ook dat een organisatie ervoor moet zorgen dat zoveel mogelijk van haar medewerkers zichtbaar en 'aanraakbaar' zijn. Dit geldt voor alle niveaus, maar voor leiders in het bijzonder. Zij moeten in organisaties het goede voorbeeld geven.

Het is dus niet alleen nodig dat de top het belang van werving via online sociale netwerken inziet en betrokken is, maar ook dat de mensen in de top zelf het goede voorbeeld geven en actief zijn in deze netwerken. Want als zij het niet doen, dan vinden de mensen in de rest van de organisatie het bijna als vanzelf ook niet zo belangrijk. 'Onze raad van bestuur zegt regelmatig: "Wat gaat het hard." Ze vragen nu aan ons hoe het moet. Vaak is het ook gewoon praktische ondersteuning: "Kom een keer naast me zitten om me erdoorheen te loodsen." Het heeft een jaar geduurd, maar nu wordt er steeds meer om praktisch maar ook strategisch advies gevraagd. Hoewel de top de impact toch nog onderschat. We krijgen wel ruimte en budget, maar het is nog onvoldoende gekoppeld aan een overkoepelende strategie. We hebben er baat bij dat, naast onze directie, zoveel mogelijk collega's online zijn. Want dat zijn allemaal contactpunten die helpen bij werving', aldus Van Vugt.

Luisteren, meepraten en enthousiasmeren

Deloitte hanteert geen harde spelregels. Spelregels zijn ook lastig op te stellen in het geval van communicatie met online sociale netwerken. Het is namelijk een erg persoonlijk instrument en door te veel regels raak je direct de authenticiteit kwijt. In de aanpak van Deloitte staan drie zaken centraal: luisteren, meepraten en enthousiasmeren.

Er wordt actief geparticipeerd in vijf sociale netwerken: Hyves, LinkedIn, Twitter, Facebook, YouTube en Flickr. Binnen het e-recruitmentteam heeft elke medewerker een of meer specifieke netwerken onder zijn beheer. Deloitte is al enige tijd vrij stevig aanwezig op Hyves. De Deloitte-hyve bestaat dan ook al sinds juli 2006 en is vooral sinds medio 2009 heel snel gegroeid naar meer dan vijftienhonderd leden, waaronder een aanzienlijk aantal Deloitte-medewerkers. YouTube wordt vooral gebruikt om bijvoorbeeld video's te plaatsen die gemaakt zijn op de business courses, HR-dagen of andere evenementen waaruit de organisatiecultuur naar voren komt. Deze aanpak sluit goed aan bij de cultuur van het delen van 'content en fun' van de digital natives. Met het Deloitte YouTube-kanaal wordt hun een platform geboden om hun content met anderen te kunnen delen en zo in hun behoeften te voorzien.

Begin april 2009 startte Deloitte met een Twitter-account gericht op recruitment: www.twitter.com/deloittebanen. Ongeveer tweehonderdvijftig mensen (eind 2009) volgen daar updates over vacatures, business courses en andere baangerelateerde nieuwsfeiten. Deloitte gebruikt de aanwezigheid op Twitter nog vooral om contacten te leggen en ook om zelf kennis op te doen en kennis te delen met andere organisaties. Van Vugt: 'Onze doelgroep zit nu vooral nog op Hyves en LinkedIn. Daar richten we ons primair op. Zelf gebruik ik Twitter vooral omdat het me vakinhoudelijk helpt. Bijna al mijn vragen worden er beantwoord. Ik volg op Twitter alle discussies over Deloitte. Als bijvoorbeeld een sollicitant tweet dat hij een gesprek heeft, dan reageer ik vaak even en vraag ik of ik nog kan helpen of wens hem gewoon succes. Sociale media is verbinden, anderen prikkelen.'

Twitter lijkt als wervingskanaal voorlopig toch vooral interessant voor recruiters die naar specifieke profielen op zoek zijn. Twittergebruikers, grotendeels ICT'ers en marketeers tussen de dertig en veertig jaar, vormen momenteel een niche op de arbeidsmarkt. Deloitte laat bewust al deze kanalen terugkomen op de corporate recruitmentsite. Doordat al deze sociale media realtime informatie geven, krijgen toekomstige werknemers een beeld van wat er zoal in het bedrijf gebeurt. Van Vugt: 'We willen graag dat nu naast de collega's van e-recruiting het lijnmanagement aanhaakt en ook sociale media gaat gebruiken. Het moet een olievlek worden. We werken daar hard aan en langzaam komt het besef.'

De uitdaging voor organisaties zoals Deloitte is inderdaad niet alleen het opzetten van een gedegen strategie voor recruitment binnen sociale netwerken, maar vooral ook het vinden van aansluiting bij de rest van de organisatie. Vaak is de overgang groot. Talenten zijn gecharmeerd van de persoonlijke benadering door sociale media. Dan is het wel van belang dat deze aanpak wordt doorgezet in het bedrijf zelf. Met andere woorden, het bedrijf moet zich ontwikkelen tot een online netwerkorganisatie.

De werving van digital natives

Een organisatie die meer nog dan Deloitte te maken krijgt met de digital natives, is de krijgsmacht. De doelgroep van de krijgsmacht bestaat vooral uit schoolverlaters van rond de achttien jaar. Begin 2009 startte de Koninklijke Luchtmacht met een officiële Hyves-pagina, een initiatief van het DienstenCentrum PersoneelsVoorziening in Amsterdam. Er bestonden al Hyves-pagina's voor verschillende krijgsmachtonderdelen, maar dat waren vaak privé-initiatieven van medewerkers of 'fans'. Er was behoefte om ook zelf een pagina te starten en zo zelf de richting te kunnen bepalen. Het had nogal wat voeten in de aarde voordat men kon beginnen met een zelfgeregisseerd kanaal op een online sociaal netwerk. Maaike Scholtens, hoofd arbeidsmarktcommunicatie, daarover:

'Onder andere met onze reclamebureaus kijken we regelmatig waar onze doelgroep zich ophoudt. Wat betreft schoolverlaters zagen we dat Hyves daar enorm belangrijk in is. Daarbij wilden we onze communicatie met die doelgroep wat verfrissen. We konden het niet alleen meer af met bonnetjes in de tv-gidsen, advertenties en tv-commercials. Digitale communicatie wordt steeds belangrijker. Van eenrichtingsverkeer naar echte gesprekken. Daar komt nog bij dat we een technisch geavanceerde organisatie zijn en dus ook met moderne middelen geassocieerd willen worden. Anderzijds zijn we een overheidsinstelling en hoeven we ook weer niet de allereerste te zijn. Het gaat om de balans.
Daarmee zijn we intern de boer op gegaan. Er heerste nogal wat koudwatervrees. Vooral over hoe de controle te houden over de conversaties. Dat ligt natuurlijk bij de krijgsmacht nog wat gevoeliger dan in een andere willekeurige organisatie. Niemand zei keihard ja, maar ook geen nee. Toen zijn we gewoon zelf begonnen, kleinschalig en met stapjes.'

Min of meer als experiment begonnen ontwikkelt de Luchtmacht Base-X Hyve (http://luchtmachtbase-x.hyves.nl) zich als een van de belangrijkste wervingskanalen voor schoolverlaters. Medio 2009 waren er 3500 leden en een veelvoud aan bezoekers en vragen per maand. Naast relatief veelvoorkomende vragen zoals 'Wat zijn de eisen om jachtvlieger te worden?', brengt de hyve ook andere zaken aan het licht. Zo worden er vragen gesteld waarvan men niet op de hoogte was dat deze leefden. Er melden zich bijvoorbeeld af en toe jonge moeders die informeren of zij kunnen solliciteren – een totaal onverwachte doelgroep. Gilbert Stout, stafofficier arbeidsmarktcommunicatie: 'We krijgen bijvoorbeeld ook vragen van jongeren die willen weten of ze op zondag naar de kerk kunnen. Wanneer we merken dat dit soort vragen vaker gesteld worden, dan kunnen we daar in onze communicatie rekening mee houden. Onze directe betrokkenheid wordt door de doelgroep op Hyves heel erg op prijs gesteld. Dat legt aan onze kant de lat ook wel weer hoog. Men verwacht bijvoorbeeld heel snel, eigenlijk direct, een reactie op een bericht, ook 's avonds. Als ze die dan ook vlot krijgen, zijn ze ook wel weer blij verrast.'

Er zijn binnen het DienstenCentrum PersoneelsVoorziening twee mensen aangewezen die verantwoordelijk zijn voor de Hyves-account en zij besteden daar dus ook heel wat uren aan. Nu de omvang van het aantal leden stijgt, blijkt ook dat leden elkaar onderling gaan helpen. Stout hierover: 'Bijvoorbeeld een jachtvlieger in opleiding die lid is van de hyve en die, voordat ik dat kan doen, uitgebreid antwoord geeft op de vraag van een scholier. Vooral de communicatie tussen de leden onderling komt nu goed van de grond. Jongeren die online afspreken om samen naar een keuring te reizen bijvoorbeeld. Al die communicatie heeft ook weer een positieve uitstraling op de Luchtmacht.'

Als ontwikkeling voor de komende jaren verkent de Luchtmacht voorlichtingen per video. Nu nog vinden er overal in het land fysieke voorlichtingsbijeenkomsten plaats. Tijd- en plaatsonafhankelijke videochatsessies zouden daar wellicht een toevoeging op kunnen worden.

Een andere organisatie die zeer succesvol online sociale netwerken inzet om digital natives te werven, is Detailresult Services, de serviceorganisatie van de winkelketens DekaMarkt en Dirk van den Broek. Ze verzorgt onder andere HRM-diensten. Voor de werving van personeel voor een vestiging in Amstelveen werd in 2009 voor het eerst Hyves ingezet. Binnen heel korte tijd werden op die manier diverse nieuwe collega's gevonden. Voor het distributiecentrum in Sassenheim werden juist de werknemers ingezet om via hun profielen op Hyves op zoek te gaan naar vakantiekrachten. Via http://drlogistiek.hyves.nl werden zeventig vacatures ingevuld en worden ook nu nog vacatures geplaatst.

Van zenden naar een dialoog voeren

Door de opkomst en impact van online sociale netwerken verandert het vak van de HRM-professional. Er ontstaat meer dialoog en daardoor wordt het vak een stuk interessanter. De HRM-professional wordt veel meer een netwerker en daardoor ook een min of meer publieke figuur. Je bent ten dele een communitymanager en zo worden luisteren, meehelpen en daardoor weten wat er gebeurt in de sociale netwerken de belangrijkste taken van de HRM-professional.

HRM-afdelingen kunnen online sociale netwerken gebruiken om meer te weten te komen over medewerkers. Als je hun voorkeuren en bezigheden kent, wordt het makkelijker om talent te vinden. Ook kunnen HRM-afdelingen zo een beter beeld krijgen van wat voor medewerkers belangrijk is, wat ze weer tot uiting kunnen laten komen in hun beleid. Maar wees alert, want sociale netwerken zijn ook heel goed in staat om met elkaar actie te voeren tegen organisaties. Het betreft dan vaak oud-medewerkers die – terecht of niet – denken nog een appeltje te schillen te hebben met hun vroegere werkgever. Als zij vermeende lotgenoten vinden, kan er snel een krachtig, negatief sociaal netwerk ontstaan.

'Vandaag zit er iemand in de schaduw omdat lang geleden iemand een boom geplant heeft.'
Warren Buffett, ondernemer en investeerder

Websites zoals In de Wandelgangen (www.indewandelgangen.nl), Jobinsider.nl en CompanyRating (www.companyrating.nl) verzamelen zelf positieve en negatieve ervaringen van werknemers. Het is belangrijk dat organisaties vroeg ingrijpen als een (oud-) werknemer een probleem uit in een sociaal netwerk, dit om imagoschade te voorkomen. Om tijdig te kunnen ingrijpen moet je deze sites goed monitoren en snel op eventuele berichten reageren.

Nieuwe rol voor tussenpersonen

Wanneer bedrijven door gebruik te maken van sociale netwerken meer rechtstreeks contact hebben met potentiële werknemers, heeft dat effect op de tussenpersonen: uitzendbureaus, headhunters en detacheerders. USG People is een van deze tussenpersonen. Het is met een groot aantal merken actief op het gebied van detachering, uitzending en HRM-advies. Het bedrijf stelde zichzelf de vraag hoe het sociale netwerken zou kunnen inzetten om zo een nieuw businessmodel te creëren. 'Iedereen met een e-mailadres kan bijvoorbeeld via Ning een online sociaal netwerk starten, maar dan ben je er nog lang niet. De mate van relevantie voor de gebruikers bepaalt het verschil tussen succes en falen van een netwerk. Wat voegt het toe aan de al bestaande, vergelijkbare diensten? Welke voordelen zijn er voor de gebruikers? Deze en andere vragen worden niet altijd even goed beantwoord. Volgens ons is er vooral behoefte aan online nichenetwerken die een duidelijke waarde vertegenwoordigen voor de gebruikers. Voor ons resulteerde dit in het concept Ikki.nl', aldus Marco Hurne, directeur van Ikki.nl. Op deze site staat de carrière van mensen centraal. Ze kunnen er testen doen, hun netwerk uitbreiden, zichzelf profileren en uiteraard een nieuwe baan zoeken. Online coaches geven advies en deelnemers kunnen ook elkaar helpen.

Ikki.nl ging in augustus 2008 van start. De oorspronkelijke insteek was om het online sociale netwerk te positioneren als een online carrièrenetwerk voor *young professionals* tussen de twintig en dertig jaar. Nadat de young professional een eigen profiel had aangemaakt, werd hij of zij gematcht met beschikbare vacatures. Dergelijke profiel- en vacaturesites waren er echter al volop en daarom werd eind 2008 de strategie ingrijpend veranderd. Er werd gekozen voor een specifiek 'domein', in dit geval de 'carrièreswitch'. Dus niet gewoon een nieuwe baan, maar bijvoorbeeld de overstap van consultant naar meubelmaker of omgekeerd. 'We willen onze leden verlokken om te kiezen voor wat ze qua werk écht willen – terug naar hun eigen passie en authenticiteit. Als je het vergelijkt met bijvoorbeeld Hyves of LinkedIn, dan is bij deze online netwerksites het belang van "Wie ken ik?" (profilering) groter dan bij Ikki.nl, waar het vooral gaat om "Wie ben ik en wat kan ik?"', aldus Hurne.

Met het initiatief Ikki.nl zoekt USG People een deels nieuwe invulling voor zijn rol als intermediair. Ruim vijftig jaar heeft het model van tussenpersoon tussen werknemer en werkgever uitstekend gefunctioneerd. Nu werkgevers zelf meer en meer online sociale netwerken gaan inzetten om rechtstreeks in contact te komen met werkzoekenden, is het voor intermediairs zoals USG People van belang hun toegevoegde waarde voor een deel opnieuw te evalueren.

Dat geldt ook voor branchegenoot Randstad. Dit bedrijf experimenteerde in 2007 al met het online sociale netwerk Second Life, waar zowel virtuele als fysieke banen aangeboden werden. Marc Feitsma, manager internet & social media:

'We zagen deze initiatieven als een manier om je op een andere manier te verbinden met mensen die nog niet tot onze doelgroep behoorden. Nu bleek in het geval van Second Life dat dit een relatief kleine groep was. Nu online sociale netwerken volwassener worden, kijken we nog intensiever hoe we daar meer van kunnen profiteren. We hebben natuurlijk al een eigen netwerk van zestig- tot zeventigduizend mensen die elke dag via ons werken, en niet te vergeten de paar duizend intercedenten. Hoe kun je die massale virtuele verbondenheid omzetten naar een businessmodel?
Bij alle dingen die we op het gebied van online sociale netwerken proberen, is het dus van belang dat op voorhand de doelstellingen helder zijn. Aan de hand daarvan kunnen we dan ook na afloop bepalen of een middel effectief was of niet. Uit ons experiment met het doorplaatsen van vacatures via Twitter bleek bijvoorbeeld dat we op deze manier een aanzienlijk grotere scoringskans behalen dan wanneer we dezelfde vacatures op onze site zetten.
In een grote organisatie als Randstad is het dus van belang om zo snel mogelijk de commerciële relevantie van een nieuwe ontwikkeling te laten zien. Dat staat wel eens haaks op het vrij kunnen experimenteren en er ook wel eens naast zitten.'

Net als USG People kijkt Randstad nadrukkelijk naar zijn toegevoegde waarde. Er wordt bijvoorbeeld gekeken hoe het proces van matching inzichtelijker gemaakt kan worden. Nu stapt een werkzoekende een filiaal binnen, schrijft zich in en vertrekt vervolgens. Het verdere proces is een *black box*. Door werkzoekenden actiever te betrekken bij het proces van matching kunnen hun betrokkenheid en trouw vergroot worden. Dit vraagt ook nadrukkelijk om een andere houding van het personeel. Om relevant te worden voor online sociale netwerken die Randstad aan zich wil binden, zullen individuele medewerkers zich meer moeten profileren. Ze moeten immers wel gevonden worden in deze netwerken. Een duidelijk profiel en een eigen stem hebben is daarvoor essentieel. De tijd dat alleen het lidmaatschap van de plaatselijke businessclub volstond, is voorbij.

Cultuurverandering gewenst

De overgang van het industriële naar het digitale en creatieve tijdperk zal onder andere zijn weerslag hebben op het leiderschap binnen organisaties. Juist hier liggen uitdagende kansen voor HRM-afdelingen, bijvoorbeeld bij de belangrijke taak om nieuwe leiderschapsprofielen te formuleren: Welke competenties hebben leidinggevenden in de 21ste eeuw nodig? Wat betekent dat voor het HRM-beleid? Daarbij valt te denken aan het gehele scala: werving en selectie, beoordeling, opleidingen, managementdevelopment, arbeidsvoorwaarden et cetera.

De uitdaging voor HRM-afdelingen op het gebied van online sociale netwerken is wellicht nog complexer dan die voor andere stafafdelingen al is. Zij krijgen namelijk ook te maken met een generatie, de oudere digital immigrants, die waarschijnlijk niet van nature mee kan gaan in de genoemde omslag. Juist in een periode waarin werknemers over het algemeen langer zullen doorwerken, is het voor de continuïteit en diversiteit in bedrijven van groot belang dat zowel digital natives als digital immigrants op een volwaardige manier kunnen blijven deelnemen. Een stuk van deze verantwoordelijkheid ligt bij de HRM-afdelingen.

Behalve dat HRM-afdelingen zelf online sociale netwerken op alle HRM-vakgebieden moeten omarmen, moeten zij nieuwe strategieën ontwikkelen om medewerkers te ondersteunen. Ik begon met voorbeelden van een geheel nieuwe manier van peer-to-peerbeoordeling, werving via online sociale netwerken en het crowdsourcen van functieprofielen, maar je kunt ook aan heel praktische instrumenten denken, bijvoorbeeld duocoaching, waarbij juist digital natives worden gekoppeld aan digital immigrants. Beide groepen kunnen elkaar dan ondersteunen en elkaars kwaliteiten versterken. Willen HRM-afdelingen ook in de toekomst relevant blijven, dan moeten zij een aantal stappen vooruit zetten, van vooral naar binnen gekeerd naar verkennend, innovatief en verbindend.

10

Sociale netwerken en marketing

In een te warme zaal zat ik in de zomer van 2009 te lang te luisteren naar het toenemende geklaag van marketeers. Achtereenvolgend probeerden ze de toehoorders, overwegend collega-marketeers, deelgenoot te maken van *hun* grote probleem. Een probleem dat voor bijna alle aanwezigen hetzelfde leek te zijn: *hun* consumenten waren niet meer te bereiken. Ze hielden zich steeds meer doof voor de prachtige tv-spots van dertig seconden en weigerden de telefoon te pakken om bijvoorbeeld te reageren op een fullcolour advertentie in de krant. Er was duidelijk wat mis met de consument.

Mijn gedachten dwaalden af naar de zomer van 2006. Samen met een collega bezocht ik in vijf dagen Denemarken, Zweden en Finland op zoek naar innovatieve bedrijven en concepten. Driehoog achter kwamen we in Stockholm terecht bij het *creativity agency* Acne. Aron Levander, een van de initiatiefnemers, vertelde ons hoe een reclamebureau een eigen jeansmerk begint. In 1997 maakte het bureau honderd jeans voor honderd vrienden. Vervolgens bevroegen ze hun netwerk uitgebreid over hun ervaringen en wat voor hen een jeans tot de allerbeste jeans zou maken. Ze werden overspoeld met tips en suggesties, waarmee ze vervolgens een jeans ontwikkelden die zonder reclame een succes werd.

Het is een misvatting om te denken dat consumenten niet meer te bereiken zijn. Het tegendeel is waar, ze zijn juist meer dan ooit te bereiken. Waar consumenten zich tot voor kort als anonieme en statische profielen ophielden in grote databases, zijn ze nu 'aanraakbaar' in de online sociale netwerken. Om ze te kunnen bereiken is het essentieel om naar ze te luisteren. Net zoals ze bij Acne luisterden naar hun vrienden en zo de basis legden voor een succesvol modemerk.

Tot op de dag van vandaag adverteert Acne niet of nauwelijks. Wel zijn ze op allerlei manieren in contact met diverse sociale netwerken waar ze voortdurend vragen hoe ze hun kleding kunnen verbeteren.

Social shopping

Februari 2012. Ik loop door de Media Markt op zoek naar een nieuw espressoapparaat. Uiteraard heb ik me eerst georiënteerd op het internet, maar wat vertwijfeld sta ik voor een enorme rij met glanzende – voor mij nog onbekende – machines. Tja, welke zou nu voor mij de beste zijn? Ik pak mijn smartphone en maak een foto. Tegelijk open ik het programmaatje dat ik gisteren heb gedownload van de site van mijn telefoonprovider. Het vergelijkt mijn foto met de profielen van al de mensen in mijn contactenlijst en haalt daaruit een aantal recensies naar boven. Snel lees ik even de kern daarvan en besluit op basis daarvan het apparaat te kopen. Tegelijk leest de smartphone de barcode van het apparaat waar mijn keuze op gevallen is en laat mij direct de prijzen zien waarvoor verschillende webwinkels hetzelfde apparaat aanbieden.

Dit is een voorbeeld van wat men *social shopping* noemt: het kopen van een product of dienst (mede) op basis van realtime reacties van anderen uit je sociale netwerk. Binnen afzienbare tijd zal dit vrij gangbaar zijn. Sociale netwerken zullen dan ook een enorme impact hebben op wat we nu reclame en marketing noemen. Sterker nog, ik voorspel dat ze in hun huidige vorm over tien jaar nauwelijks nog bestaan. Communicatie door organisaties van 'een naar velen' wordt niet meer geaccepteerd. We zijn uniek. We willen worden aangesproken op wie we zijn, waar we van houden et cetera. De marketing binnen veel organisaties is nog erg traditioneel en veel marketeers hebben dan ook grote moeite om deze nieuwe beweging te volgen.

Shula Rijxman is commercieel directeur bij IDTV, een van de grootste onafhankelijke productiemaatschappijen in Nederland. IDTV ontwikkelt en produceert (gesponsorde) televisieprogramma's, films, documentaires, evenementen en websites. Ook Rijxman ziet dat adverteerders pas langzaamaan online sociale netwerken en media gaan inzetten voor hun marketingactiviteiten:

'Het succes van de online campagne van president Obama tijdens de Amerikaanse verkiezingen heeft eens en voor altijd de enorme impact van online sociale netwerken bewezen. In Nederland wordt zowel in de politiek als in het bedrijfsleven nog maar beperkt ingezet op deze netwerken. Het is ook lastig om de impact ervan duidelijk te maken aan adverteerders. Er zijn simpelweg nog maar weinig succesvolle cases. Toch gaat hier geen voorstel voor een programma, event of site de deur uit zonder dat daar online sociale netwerken een rol in spelen. Overigens wel altijd in combinatie met massamedia, die blijven voorlopig nodig om de consument voldoende te attenderen op het product dat of de dienst die gepromoot wordt. Zeker als je je als organisatie op jongeren richt, dan moet je wel. Zij hebben een totaal andere manier van mediaconsumptie. Adverteerders met grote budgetten zien dat vaak nog onvoldoende en blijven op de massamedia inzetten. Jongeren wisselen vooral informatie uit via sociale netwerken. Content verspreidt zich daardoor veel makkelijker en sneller. Dat jongeren, als ze iets interessant vinden, het vooral aan elkaar doorvertellen via sociale netwerken, daar moet je adverteerders nog wel eens van overtuigen.'

Het einde van traditionele branding, marketing en reclame

Laten we voor ik verder inga op de kansen die sociale netwerken bieden voor marketingactiviteiten, eerst nog even kijken naar de basis. Waar hebben we het precies over? We beginnen bij de *branding* van een product of dienst. Bij branding wordt de gewenste perceptie gecommuniceerd, de manier waarop de fabrikant wil dat de consument het product of de dienst 'ervaart'. Vervolgens worden door middel van marketing de functionele toepassingen gecommuniceerd zodat de consument weet dat

'Niets beïnvloedt een persoon meer dan de aanbeveling van een vertrouwd persoon.'
Mark Zuckerberg, ceo en oprichter Facebook.com

het product of de dienst er is en wat hij of zij ermee kan. De verpakking van deze communicatie in een bepaald medium – zoals tv-spot, banner en krantenadvertentie – is vervolgens de reclame.

Bij zowel het communiceren van de perceptie en de gewenste product- of dienstbeleving als het verpakken van de boodschap in reclame liggen het initiatief en de controle bij de aanbieder van het product of de dienst. Uiteraard is veel hiervan zinvol voor de consument, want die weet dan zijn weg te vinden naar het product of de dienst.

Maar het gebeurt ook vaak dat de voordelen van een product of dienst niet direct duidelijk zijn, of dat het product zelfs geheel overbodig is. Dus wordt er regelmatig een markt 'gecreëerd'. Door middel van bijvoorbeeld radio- en tv-spotjes, advertenties en banners wordt 'bereik' gekocht. Met genoeg bereik en een herhaalde boodschap is er een statistisch te berekenen kans dat een product of dienst aanslaat, ook als anders het product of de dienst het niet op eigen kracht gered zou hebben.

Door met name te vertrouwen op massamedia zijn veel merken de afgelopen decennia flink verwijderd geraakt van hun klanten. Deze kloof wordt nog eens versterkt door de manier waarop veel organisaties georganiseerd zijn: hiërarchisch, top-down, verkokerd en voornamelijk naar binnen gericht. In veel grote organisaties hebben marketeers nog maar heel weinig binding met de consument.

Wat gebeurt er nu als onder invloed van de digitalisering markten met elkaar verbonden raken? In een verbonden wereld ontstaat vergaande transparantie. Consumenten worden door al deze contacten en informatie in een razendsnel tempo 'slim'. Ze prikken dan ook steeds meer door branding, marketing en reclame heen. De wereld van homogene consumentenmarkten is voorbij. Er is niet langer een arbeidersklasse of iets dergelijks, we hebben te maken met het individu en niet meer met een eenduidige groep die zich als zodanig laat aanspreken.

'Denk als een uitgever, niet als een marketeer.'
David Meerman Scott, auteur

Consumenten willen niet meer klakkeloos de fabrikant volgen, maar zelf invulling en betekenis geven aan de producten en diensten die ze gebruiken. En dat doen ze graag met elkaar. 'Wat goed bevonden wordt door een ander, is vast ook goed voor mij', zo redeneert de consument. Marketing betekent dan niet meer dat je de consument lastigvalt, maar dat je deelneemt aan de conversatie of deze zelfs faciliteert. Ook in de marketing verschuift dus de macht van bedrijven naar sociale netwerken.

Dichter bij de klant

Hoe kunnen organisaties de band met hun consumenten dan weer aanhalen? Door – en dat is het allerbelangrijkste – relevantie, eenduidigheid en eenvoud te bieden. Als gevolg van de ondoorzichtige markt worden we overspoeld met producten en diensten die weinig tot niets toevoegen. Er zijn simpelweg te veel producten en diensten die te weinig toevoegen, die enkel bestaan bij de gratie van hard en veel roepen. Bedrijven stellen zich te weinig de vraag: 'Zitten mensen op mij te wachten en weet ik dan waar zij op zitten te wachten?'

Hierdoor zijn steeds meer consumenten onderhand keuzemoe. Een gemiddelde supermarkt heeft soms bijna dertigduizend producten, terwijl dat er in de jaren zestig hooguit vijfhonderd waren. Dit zorgt voor een verhoogd gevoel van onmacht. Om te beginnen hebben consumenten weinig tot geen controle over welke producten worden aangeboden, en dan komen ze ook nog in grote hoeveelheden op hen af.

Het gevolg is dat ze steun en advies zoeken, en hun sociale netwerk is nooit ver weg. Online aanbevelingen van vrienden, familie en bekenden blijken de vorm van marketing waarin consumenten het meeste vertrouwen stellen. Uit de Nielsen Global Online Consumer Survey uit 2009 blijkt dat 90 procent van de consumenten online aanbevelingen vertrouwt van mensen die ze kennen. Verder vertrouwt 70 procent algemene online consumentenopinies. Het percentage mensen dat aanbevelingen in tv-reclames gelooft, is 62 procent.

Voor bedrijven is het heel moeilijk om deze onderlinge aanbevelingen te beïnvloeden. Wanneer ze een product of dienst bieden met een duidelijke toegevoegde waarde, kunnen ze eigenlijk alleen nog maar om aanbevelingen vragen. Bedrijven kunnen niets meer verdoezelen met marketing. Aandacht kopen door middel van reclame wordt steeds goedkoper omdat steeds minder bedrijven reclametijd kopen. Bereik wordt steeds minder relevant. Het gaat erom dat je een betekenisvolle relatie met je klanten creëert.

Snoepbedrijf Skittles heeft vanuit deze gedachte ervoor gekozen een groot deel van de inhoud van zijn nieuwe website samen te stellen met input uit diverse sociale netwerken, zogenoemde *user generated content*. Op www.skittles.nl zijn voortdurend actuele berichten over het merk te vinden die consumenten plaatsen op bijvoorbeeld Twitter en Facebook. Of dit de manier is om als merk om te gaan met online sociale netwerken, is de vraag. De informatie op de website wordt in dit geval geleverd door zowel het bedrijf als talloze consumenten. Hierdoor is het voor de consumenten lastig te bepalen welke informatie van het bedrijf afkomstig is en welke niet. En dat is nou juist erg relevante informatie als het gaat om veiligheidsvoorschriften of informatie over ingrediënten. Daarbij zullen ook veel mensen de site bezoeken die niet actief zijn op bijvoorbeeld Twitter en daardoor de interactie met Skittles missen. Hoe zullen zij de site ervaren? Door meer mogelijkheden tot interactie toe te voegen zou Skittles het concept kunnen versterken.

'Verandering in klantgedrag en merkwaarde zal binnen 5 jaar voor 80 procent gebaseerd zijn op conversaties.'
Wilco Turnhout,
oprichter Rapid Circle

Ook Unilever zet in op user generated content. In juli 2009 werd in samenwerking met Microsoft Advertising en Sanoma Uitgevers gestart met een nieuw vrouwenplatform: Yunomi (www.yunomi.nl en www.yunomi.be). Het werd gelanceerd na het stoppen van het Nederlandse tv-programma *Life & Cooking* (dat door Unilever werd gesponsord) en vervangt in België het consumentenplatform *100 Ideeën*. Naar verluidt betekent Yunomi 'theekopje' in het Japans. Dit 'babbelplatform' richt zich op vrouwen tussen de dertig en vijftig jaar. Het is de bedoeling dat de bezoekers actief participeren op de site en zo bijdragen aan de content.

Deze focus op online sociale netwerken past in de nieuwe mediastrategie van Unilever. Deze strategie houdt in dat het bedrijf zoveel mogelijk online en offline contactmomenten wil creëren met de consument, op de tijd wanneer en de plaats waar die dat wil. Dit is het zogenaamde 'superdistributiemodel'. Dit concept is bedacht door media director Harry Dekker. In zijn visie zijn consumenten niet alleen meer te bereiken door een massamedium zoals tv, maar moet Unilever ook nieuwe middelen inzetten zoals online sociale netwerken.

In lijn met het superdistributiemodel kreeg Yunomi ook een Hyves-pagina – die overigens met slechts 450 leden niet bepaald floreert. In september 2009 is gestart met de verspreiding van een gelijknamig tijdschrift in een oplage van één miljoen exemplaren. Voor Unilever is deze hernieuwde mediastrategie waarin online sociale netwerken een belangrijke rol spelen, nog steeds een experiment. Tegelijk kan het bij succes een belangrijke indicatie zijn voor de toekomstige ontwikkelingen bij adverteerders.

Decentraal of toch centraal?

De conversaties over bedrijven in online sociale netwerken vinden heel verspreid plaats. Hier kom ik nog uitgebreid op terug in hoofdstuk 11. De branding van een merk is daardoor nog maar beperkt door de producent te beïnvloeden. De positie van bijvoorbeeld een *brand manager* komt daardoor in het geding, want wat valt er nog aan een merk te managen als de controle voor een aanzienlijk deel overgenomen wordt? Ik pleit voor *conversation managers*: medewerkers die voortdurend in gesprek zijn met klanten in online sociale netwerken. Deze conversation managers zouden elk een specifiek aandachtsgebied kunnen oppakken, bijvoorbeeld de werving van potentiële werknemers of het reageren op klachten of andere reacties op een merk. Uiteindelijk dragen al deze activiteiten weer bij aan de merkbeleving en zijn het dus eigenlijk ook vormen van marketing.

Voor sommige merken, zoals Skittles, worden de belangrijkste gesprekken over het bedrijf weer centraal samengebracht op de corporate website. Dat werkt goed, zolang het een authentieke en complete afspiegeling is van de door klanten gevoerde gesprekken. Zodra een bedrijf deze gaat manipuleren, zijn de gevolgen niet te overzien.

Aan de andere kant zijn merken gebaat bij een zo breed mogelijke verspreiding over zoveel mogelijk online sociale netwerken. Veel van de strategieën zijn daar dan ook op gericht. Tegelijk worden daardoor de huidige centrale bedrijfs- of merkensites steeds minder belangrijk. Het realtime 'gesprek' vindt namelijk ergens anders plaats.

Authenticiteit

Behalve op de juiste plek aanwezig zijn en participeren in het gesprek met en tussen consumenten is een aspect dat bedrijven in deze tijd succesvol maakt authenticiteit. Merken moeten weer menselijk worden. Veel bedrijven en marketeers worden gedreven door angst voor het onbekende. Ze proberen krampachtig de controle te behouden over product of dienst – een onhoudbare situatie. Consumenten waarderen juist 'dappere' merken die met de billen bloot durven gaan, omdat zij zichzelf via sociale netwerken ook kwetsbaar opstellen en steeds meer van zichzelf laten zien. Ze verwachten dat ook van merken en bedrijven. Die mogen soms serieus en soms grappig zijn, uit de band springen en dan weer ingetogen en professioneel zijn. Natuurlijk gebeurt er wel eens iets wat niet elke consument even leuk vindt, maar als merken werkelijk laten zien dat ze authentiek zijn, dan zijn consumenten erg vergevingsgezind.

'Als je doelgroep niet luistert, dan is het niet hun fout, maar die van jou.'
Seth Godin, auteur

Een dergelijke opstelling past natuurlijk niet in een uit steen gehouwen *brand manual*. Merken en bedrijven moeten dus de controle een beetje durven loslaten. Dat zal dan automatisch betekenen dat anderen, consumenten en misschien zelfs wel concurrenten, zich een deel toe-eigenen. Dit zal er dan ook toe leiden dat een merk heel verschillende verschijningsvormen krijgt, in het ultieme geval voor elke consument een precies passende.

In het geval van het vrouwenplatform Yunomi is juist de authenticiteit een delicate zaak. In nagenoeg elk redactioneel artikel wordt namelijk wel een product van Unilever genoemd. Het is de vraag hoe de doelgroep hier uiteindelijk op zal reageren. Daarbij is het de vraag of er in de bijdragen van de consumenten ruimte is om bijvoorbeeld andere producten te bespreken of wellicht zelfs te promoten. Sluikreclame verhoudt zich slecht met online sociale netwerken waar het vooral draait om de ontmoetingen onderling en waar van de initiatiefnemer een terughoudende rol verwacht wordt.

Een voorbeeld waar juist authenticiteit centraal stond was de online sociale netwerkcampagne van de Zoo Antwerpen. Hierbij werd ingehaakt op de geboorte van een olifantje, een gebeurtenis die bij veel mensen emoties oproept. Het was een positief verhaal dat aansluit bij de kernwaarden van de dierentuin: plezier, verbinding, natuurlijk en duurzaamheid. Via de website www.baby-olifant.be, maar vooral via sociale netwerken zoals Flickr, YouTube en Facebook, konden mensen de ontwikkeling van het olifantje voor, tijdens en na de geboorte volgen.

De campagne ging december 2008 van start en zou doorlopen tot de eerste verjaardag van het olifantje. Op zich een gedurfde actie, want bij de geboorte van olifanten is de sterftekans 50 procent. Als het olifantje zou overlijden, zou dat natuurlijk een enorme domper zijn. Er was voortdurend interactie met het online sociale netwerk. Toen de eerste opname van de foetus gemaakt was en die op YouTube geplaatst was, kon het netwerk met elkaar proberen te ontdekken waar het hoofdje zat. Op 17 mei 2009 werd het olifantje geboren. Meer dan 1,2 miljoen mensen keken naar de live online uitgezonden bevalling. Nog eens 8000 mensen deden mee aan de aansluitende crowdsourceactie voor een passende naam.

Uiteindelijk was de campagne een groot succes. De totale media-investering was 50.000 euro. De gerealiseerde mediawaarde daarentegen werd geschat op 3 miljoen euro. In totaal schreven meer dan 40.000 mensen zich in als lid van het online sociale netwerk en kreeg de website meer dan 800.000 unieke bezoekers.

Sociale netwerken en marketing: waar staan we nu?

Marketeers hebben het dus moeilijk om aansluiting te vinden bij sociale netwerken. Het is overigens niet zo dat ze niet willen. Van alle Nederlandse marketeers heeft maar liefst 80 procent de intentie om in 2010 'aanwezig' te zijn in een of meer sociale netwerken. Dit blijkt uit een grootschalig onderzoek uitgevoerd door het bureau InSites Consulting (2009) bij zowel consumenten als adverteerders in de Nederlandse, Engelse en Belgische markt. Wat verder direct opvalt in het onderzoek is dat maar 40 procent van hen zelf aan een online sociaal netwerk deelneemt.

En dan geven de ondervraagde consumenten ook nog aan dat ze niet willen dat merken hun sociale netwerken 'misbruiken' om te adverteren. Deze combinatie van factoren maakt het er voor bedrijven niet makkelijker op om een goede strategie te ontwikkelen. Het is goed als bedrijven zichtbaar aanwezig zijn op online sociale netwerken, maar ze moeten oppassen dat wat ze daar doen niet als 'spam' gezien wordt.

Als we kijken naar de marketingactiviteiten die bedrijven nu ontplooien in sociale netwerken, dan gebruiken ze die vooral nog als enkel een extra communicatiekanaal. Het is lastig omdat consumenten nauwelijks denken in termen van sociale netwerken en sociale media. Ze willen zich graag met elkaar en met merken en bedrijven verbinden en gebruiken daar de middelen voor die voorhanden zijn. Een individu ziet Hyves niet als specifiek sociaal medium, zijn hele leven is sociaal. De huidige consument wil verbindingen leggen via online sociale netwerken, terwijl bedrijven die nog te veel zien als een kanaal om hun boodschap te zenden.

Uit de Social Media Monitor van oktober 2009 (Social Embassy, 2009) blijkt dat ongeveer een derde van de bedrijven aanwezig is op online sociale netwerken zoals Hyves, Facebook, Twitter, LinkedIn, YouTube en Flickr. Dat lijkt hoopgevend, maar uit datzelfde onderzoek blijkt ook dat bedrijven online sociale netwerken vooral inzetten voor eenrichtingscommunicatie. Tot een conversatie komt het niet of nauwelijks. Het zijn vooral mediabedrijven en jongerenmerken die echt actief zijn. Dick Buschman, een van de oprichters van het toonaangevende interactieve bureau Achtung, merkt dat veel bedrijven worstelen met online communicatie en sociale netwerken: 'Bij veel bedrijven wordt van alles onder digitale communicatie geschaard. Het gaat over adverteren op Google, zoekmachineoptimalisatie, branding, sociale netwerken, service, verkoop et cetera. Dit is voor bedrijven en voor veel bureaus nog steeds een geheel nieuw vakgebied. Traditioneel is de insteek: bereik behalen door te "zenden" in combinatie met de kracht van de herhaling. Online sociale netwerken zorgen juist voor een heel andere dynamiek. Daar gaat het om verbinden en zelf ontdekken. Hoewel we nog vaak de relevantie van online sociale netwerken moeten aantonen, worden we sinds begin 2007 steeds vaker gebeld door bedrijven die er iets mee willen. Eerst was het de *viral* – een dusdanig leuk filmpje dat daardoor zorgt voor een virusgelijke online verspreiding – nu bellen klanten om een online sociaal netwerk te "bestellen".

Veel bedrijven zijn bang om de boot te missen. Te vaak leidt deze angst tot onvoldoende doorgedachte strategieën die slecht verankerd zijn. Hier ligt ook een verantwoordelijkheid voor reclamebureaus om in een vroegtijdig stadium te adviseren. Als bedrijven de implicaties van het werken met online sociale netwerken te zeer onderschatten, moet het reclamebureau adviseren om eerst eens intern meer draagkracht te creëren of zelfs om het niet te doen.

De nieuwe marketingformule

Om het verschil tussen de Connected!wereld en de niet-Connected! wereld inzichtelijk te maken heb ik voor beide een eigen marketingformule geformuleerd. Voor de niet-Connected!wereld luidt deze als volgt:

verwarring × bereik = marge (V × B = M)

Oftewel: door een diffuus aanbod ondersteund door heel veel marketingimpulsen word er een vraag en dus omzet en marge gecreëerd.

De marketingformule voor de Connected!wereld is:

gemak × vertrouwen × verbondenheid = marge (G × V × V = M)

In essentie betekent deze nieuwe marketingformule dat bedrijven gebruikmaken van conversaties in bestaande sociale netwerken. Dit lukt als ze zulke goede producten of diensten maken dat mensen er graag met anderen over willen praten. Apple past dit principe tot in de finesses toe. Het is niet ongebruikelijk om bijvoorbeeld op een feestje groepjes mensen in de weer te zien met hun iPhones.

Laten we elk van de onderdelen van de nieuwe marketingformule eens nader bekijken.

Gemak

Ik begon dit hoofdstuk met een vooruitblik naar 2012, wanneer social shopping gemeengoed zal zijn. Dat duurt dus nog even, maar er zijn al wel degelijk ervaringen mee opgedaan. Zo werd er in 2007 in de Verenigde Staten drie dagen geëxperimenteerd met een heel bijzondere paskamer. Het New Yorkse online-adviesbureau IconNicholson bedacht een bijzondere toegevoegde waarde gebaseerd op sociale netwerken. Indachtig het concept van social shopping ontwikkelden ze een manier om een combinatie te maken van online sociale netwerken en een fysieke winkel.

In een filiaal van Bloomingdale's werd een paskamer geïnstalleerd met daarin een speciale spiegel. Elk kledingstuk werd uitgerust met een chip. De software in de paskamer herkent daardoor het kledingstuk. De klant voert via een touchscreen in de spiegel haar lengte en maten in. Vervolgens wordt het kledingstuk via de spiegel geprojecteerd. Zo lijkt het alsof de klant het kledingstuk daadwerkelijk aan heeft. Tegelijk is ook via het scherm informatie te zien zoals prijs, beschikbaarheid en tips voor accessoires.

Door haar telefoon met infraroodverbinding te richten op de spiegel kan de klant haar contactenlijst uploaden. Door middel van een functionaliteit in de spiegel kan ze uit deze contactenlijst vrienden per mail of sms uitnodigen om mee te kijken. Een vriendin die inlogt, kan via live video meekijken. Per sms of mail kan ze vervolgens commentaar geven, dat dan direct op de spiegel zichtbaar wordt. Vriendinnen kunnen ook alternatieven voorstellen, die ook direct 'gepast' kunnen worden. De passessie wordt ook onder een persoonlijke account opgeslagen op de website van de winkel en kan daar later opnieuw bezocht worden. Vriendinnen die online meekijken, kunnen ook de winkelcatalogus inzien en eventueel zelf iets bestellen. Het experiment bij Bloomingdale's zorgde voor een verdrievoudiging van de omzet gedurende de proefperiode van drie dagen.

Dit experiment richtte zich vooral op jongeren van 16 tot 25. Juist zij zijn er volledig aan gewend om elke dag hun vrienden 'bij zich te dragen' via hun smartphone. Uit een onderzoek van IBM (IBM Institute for Business Value, 2009) blijkt dat twee derde van de jongeren tijdens het winkelen per sms of mail advies vraagt aan vrienden.

Door het aanbieden van deze service speelt Bloomingdale's in op de andere belangrijke drijfveer voor consumenten als ze de aankoop van een product of dienst overwegen, namelijk vertrouwen. Uit diverse onderzoeken blijkt dat vooral vrouwen het vertrouwen willen hebben dat ze de juiste aankoop doen. Het gebrek aan dat vertrouwen is vaak een reden waarom ze afzien van een aankoop. Door sociale netwerken een onderdeel te maken van het winkelen kan de keuze direct bevestigd of afgeraden worden.

Een andere manier waarop Bloomingdale's zijn klanten faciliteert, is door samen te werken met cosmeticamerk Estée Lauder. In een aantal filialen kunnen klanten gratis een make-upbehandeling krijgen, waarna er een professionele profielfoto gemaakt wordt die op het eigen online profiel op bijvoorbeeld Facebook geplaatst kan worden. In deze foto is op een zichtbare, maar subtiele manier het logo van Estée Lauder verwerkt. Het merk ondersteunt de campagne verder door die onder de aandacht te brengen van zijn al meer dan 27.000 'vrienden' op Facebook.

'Je merk is niet wat jij zegt dat het is, maar wat Google zegt dat het is.'
Chris Anderson, auteur

De doelgroep van Estée Lauder zijn vrouwen tussen 35 en 55 jaar. Die werden tot voor kort niet als erg actieve gebruikers van online sociale media beschouwd, maar vormen sinds enige tijd een van de snelst groeiende groepen op een site als Facebook. Juist deze groep die nog niet zo ervaren is met online sociale netwerken, wil Estée Lauder met deze actie faciliteren. Daarnaast probeert het cosmeticabedrijf met deze actie ook een jongere doelgroep aan te spreken die al op sociale netwerken aanwezig is.

Ondanks de grote impact van sociale netwerken blijven ook massamedia hun kracht behouden. Dick Buschman hierover: 'Ik zou niet snel adviseren om massamedia zoals tv en kranten helemaal op te geven. Wat mij betreft bestaat een goed merk uit twee persoonlijkheden: de held en de vriend. De held wordt vooral gevoed door massamedia. Dit is niet voor elk bedrijf weggelegd, maar met het nodige budget kan een merk een symbool worden. De inzet van massamedia geeft een merk een bepaalde afstandelijkheid en onaantastbaarheid die door veel consumenten als aantrekkelijk ervaren worden. Aan de andere kant is het, vooral door de enorme opkomst van online sociale netwerken, van belang om ook als "vriend" in rechtstreeks en zo persoonlijk mogelijk contact te staan met je doelgroep. Anders loop je snel de kans als arrogant gezien te worden. Je kunt het je in deze tijd niet permitteren om niet te luisteren en terug te praten.'

Juist deze door Buschman geschetste schizofrene positie is iets waar bedrijven maar heel moeilijk mee kunnen omgaan. Het is bijna te vergelijken met de positie van een monarchie. Veel mensen vinden een bepaalde magie aantrekkelijk. Dit wordt mede gevoed door bepaalde symbolen en een zekere afstand. Tegelijk is er een enorme behoefte aan verbinding, authenticiteit en communicatie. Dit is voor bedrijven, net als voor de monarchie, een behoorlijke evenwichtsoefening.

Vertrouwen

Ook marketingafdelingen zijn verwijderd geraakt van waar het om gaat, namelijk het bereiken en vooral raken van de consument. Te veel marketeers hebben zich – letterlijk – teruggetrokken in hun bedrijven en proberen vertrouwen te kopen door vooral de inzet van massamedia. En dat terwijl de verbintenissen in sociale netwerken juist voor een belangrijk deel gebaseerd zijn op vertrouwen. Voor het creëren van vertrouwen is een authentieke verbinding nodig. Als bedrijven die onvoldoende weten te leggen, vertrouwen consumenten maar op zichzelf en vooral op de mensen in hun online sociale netwerken.

Het is voor marketeers ook niet makkelijk om werkelijk authentiek te communiceren en al helemaal niet om beproefde massacommunicatieconcepten te vertalen naar een campagne voor sociale netwerken. De campagne van Cup-a-Soup uit 2009 laat zien hoe lastig het is.

In deze campagne staat 'directeur' Cees Jan Blom centraal. In traditionele tv-reclamespotjes van dertig seconden maakt hij zijn excuses voor de kredietcrisis. Cup-a-Soup zou de managers tot te grote hoogten (wie herinnert zich niet John de Manager) hebben opgeklopt, met alle gevolgen van dien. Op zich een insteek zoals we die gewend zijn: een grappige wending in het verhaal en leuk gespeeld door een acteur. Hetzelfde idee is ook doorgezet naar sociale netwerken. Dus komt Cees Jan Blom tot ons via Twitter en Facebook, waar we hem vragen kunnen stellen.

Nu worden de verschillen tussen massamedia en sociale media duidelijk. Blijkbaar is er geen nieuwe toegevoegde waarde te melden voor Cup-a-Soup, dus wordt er aandacht gecreëerd door gebruik te maken van humor. Hoewel je zeker zou kunnen discussieren over de effectiviteit van dergelijke acties, past het wel in het beeld dat consumenten hebben van een massamedium zoals tv: communicatie van enkelen (producenten) naar velen (consumenten). Per definitie wordt het dan een min of meer algemene boodschap, zeker als er niets onderscheidends te melden is. Echter, dezelfde campagne staat in Facebook en Twitter haaks op de uitgangspunten van sociale media: relaties bestaan uit conversaties en deze worden gevoerd door échte mensen. Maar Cees Jan Blom is een reclametypetje. In een omgeving waar vertrouwen en een-op-een contact centraal staan, is dit een misser. Juist op de sociale netwerken zou ik dan graag de echte directeur tegenkomen die bijvoorbeeld toelicht hoe ze tot de campagne gekomen zijn.

'Reclame is de prijs die bedrijven betalen voor niet-origineel zijn.'
Yves Béhar, industrieel designer

Het radiostation Studio Brussel kiest er juist bewust voor om voor marketing 'echte mensen' in te zetten. Vlak na de dood van Michael Jackson startte het station de website www.eternalmoonwalk.com als eerbetoon aan de bekende achterwaartse dansbeweging van het popidool. Fans over de hele wereld werden opgeroepen om hun eigen moonwalk te filmen en in te zenden. Deze filmpjes werden vervolgens aaneengesloten vertoond om zo de 'grootste' moonwalk ter wereld te vormen. Binnen anderhalve week hadden meer dan anderhalf miljoen mensen de site bezocht. Een groot deel daarvan kwam via een van de online sociale netwerken met de actie in aanraking. Het laat zien hoe een simpele, authentieke en persoonlijke actie zorgt voor een enorme collectieve actie.

Een ander voorbeeld van een campagne in een sociaal netwerk die wel op een heel speciale manier inhaakt op het thema vertrouwen is de actie van het ministerie van Justitie op Hyves. Het ministerie wilde met onder andere de website www.veiliginternetten.nl mensen wijzen op de gevaren van identiteitsdiefstal. Om de site te lanceren werd een campagne ontwikkeld voor Hyves onder het mom: 'Op Hyves is niet iedereen je vriend, dus let op je persoonlijke gegevens.' Als je je eigen naam of die van iemand anders invulde, was vervolgens een filmpje te zien hoe fake Russische ondernemers er zogenaamd met je identiteit van doorgaan om fraude te plegen. Op ingenieuze wijze waren in het filmpje bestaande foto's van het 'slachtoffer' te zien.

'Social media vergen een lange adem; merken met een kortetermijnvisie zullen de gunst van de consument spoedig en definitief verliezen.'
Thijs Balm, communicatiestrateeg

Het succes van dergelijke campagnes is vooral gebaseerd op het feit dat filmpjes binnen de sociale netwerken worden doorgestuurd, zodat ze zich als het ware als een virus verspreiden. Daarom worden dit ook 'virale campagnes' genoemd.

Op zich was de campagne heel kunstig gemaakt, maar niet bijzonder opzienbarend. Dat veranderde toen vlak voor de lancering bleek dat door een fout ook foto's te zien waren van profielen waarvan de gebruikers hadden aangegeven dat deze niet openbaar waren. Dit gegeven werd vervolgens massaal opgepakt door diverse (sociale) media en zorgde zo weer, onbedoeld, voor nog veel meer geïnteresseerden. Zo werd het filmpje in zeven dagen tijd zeven miljoen keer doorgestuurd. Na een week stopte het ministerie de campagne omdat, naar eigen zeggen, de doelstelling behaald was.

Verbondenheid

Het derde element in de nieuwe marketingformule is verbondenheid. Organisaties kunnen een belangrijke rol spelen in het faciliteren van verbindingen tussen hun consumenten in een bepaald domein. Ze worden hiermee dan ook producenten en regisseurs van ontmoetingen. Veel marketeers denken dat ze daarvoor zelf een community moeten starten. De uitdaging hierbij is dat het gekozen domein zo sterk is dat mensen zich bij de nieuwe community willen aansluiten. En dat is maar zelden het geval. Online sociale netwerken als instrument voor verbondenheid laten zich lastig organiseren. Als consumenten de community die een adverteerder aanbiedt al interessant vinden, kunnen de meeste organisaties die op langere termijn niet onderhouden. Want naast producent en regisseur worden ze dan ook uitgever van content. Dat vereist een businessmodel, vaak een afzonderlijke organisatie en nog meer aanpassingen.

Wanneer een bedrijf een community rondom een domein wil organiseren, moet het daar dus veel energie in stoppen. Content onderhouden is iets anders dan campagnes laten maken. Organisaties en bureaus zijn gewend om in marketingcampagnes te denken en vinden het maar lastig om daarbuiten verbonden te blijven met consumenten. Marketeers willen graag een goed idee horen en het vervolgens door een bureau laten uitvoeren, maar sociale netwerkstrategieën gericht op verbondenheid vragen veel meer van organisaties: strategische verankering, andere competenties van de betrokken medewerkers en vooral uithoudingsvermogen.

De marketeer van de 21ste eeuw

De enorme impact van het internet en sociale netwerken zet het marketingvak flink onder druk, en dat terwijl het vak de afgelopen decennia bij veel bedrijven sowieso al veel aan belang heeft ingeboet. Uit een telling uit 2007 (Mirck, 2007) bleek er in Nederland slechts bij drie beursgenoteerde bedrijven een bestuurslid te zijn met de specifieke portefeuille marketing, de zogenoemde chief marketing officer. En dat zegt natuurlijk al wat over de strategische positie of de afwezigheid daarvan bij veel bedrijven.

Om de uitdagingen van deze tijd het hoofd te kunnen bieden moet de marketeer leiderschap tonen. In veel bedrijven zijn de verschillende bedrijfsfuncties zoals research & development, marketing, communicatie en sales grotendeels gescheiden. Igor Milder, nu ceo bij LostBoys, vertelt over zijn ervaring als marketeer bij Renault: 'We waren acht jaar bezig met de ontwikkeling van een nieuw model. Na zes jaar was er een auto. Tot die tijd waren er alleen nog maar engineers bij het project betrokken. Wij kregen dan de sleutels van een auto die al af was. Deze moest dan "alleen" nog naar de markt gebracht worden. We waren de "zenders" geworden van het werk van de engineers.'

De marketeer kan de verbinder worden tussen het bedrijf en sociale netwerken daarbuiten, de organisator en aanjager van crowdsourcinginitiatieven. Hij kan op zoek gaan naar de vraag waarom iemand een verbinding wil aangaan met het merk. Bas van Berkesteijn, ceo van het communicatiebureau Woedend!, heeft zo zijn eigen kijk op de rol van marketeers: 'Het is jammer dat, zo lijkt het althans, marketeers vooral worden afgerekend op kortetermijndoelstellingen. Een actie of campagne moet dus altijd direct commercieel effect hebben, waardoor er weinig ruimte lijkt voor experimenteren met toekomstig interessante methodes. Ze zouden in veel gevallen wat meer ballen kunnen tonen. Vaak zijn marketeers, vooral in grote bedrijven, op zoek naar synthese en daardoor durven ze geen grote stappen te zetten. Zeker in deze tijd dien je je als marketeer voortdurend te vernieuwen. Er zijn bedrijven die altijd blijven innoveren, ook in slechte tijden, of juist niet achteroverleunen als het goed gaat. Die actief onderzoeken hoe ze kunnen profiteren van bijvoorbeeld sociale netwerken of op een andere manier de dialoog opzoeken. Verder begint het volgens mij voor marketeers bij het accepteren dat je het niet meer op dezelfde manier kunt doen als je voorganger. Dat dat niet meer werkt. Marketeers zouden zich, bijvoorbeeld door gebruik van sociale netwerken, veel meer moeten verbinden met de buitenwereld.'

De toekomst van de adviseur

'Wat gaat de macht van online sociale netwerken betekenen voor marketing-, internet- en reclamebureaus?' vroeg ik aan Igor Milder. Zijn antwoord luidde: 'De rol van bureaus gaat drastisch veranderen. Niet direct volgend jaar, maar wel binnen hooguit tien jaar. Als een wereld niet verbonden is, maak je hoge zuilen. Maar dat is verleden tijd, we zijn meer verbonden dan ooit en dat zal ook niet meer veranderen, het zal alleen maar meer worden. We moeten dus af van de zuilencultuur, zowel wijzelf als onze klanten. Deze moeten we doorbreken door onze bedrijven op een andere manier te organiseren. Kleiner en decentraler, naar analogie van guerrillabewegingen.'

Veel bureaus zijn net als hun klanten onderdeel van een zuil en zijn op dezelfde manier georganiseerd. Bedrijven zijn vaak behoudend en zoeken ook wat betreft hun marketingactiviteiten zekerheid, en die vinden ze deels nog steeds bij bureaus die in ieder geval voor een deel hun cultuur en structuur spiegelen. In sommige bedrijven werken honderden marketeers. Je kunt je afvragen waar die allemaal mee bezig zijn. Veel van deze marketeers komen zelden buiten de muren van het bedrijf en zijn dan ook aangewezen op bureaus om hen bij te praten over wat er in de wereld gebeurt. Alleen zijn ook lang niet alle bureaus even goed verbonden met de buitenwereld. Igor Milder: 'We worden uiteindelijk betaald per uur. Daardoor kunnen we maar beperkt vernieuwen. De *daily business* prevaleert meestal. Daardoor lopen we altijd een beetje achter de muziek aan. Een dienstverlener kan beter een jaar te laat zijn dan een jaar te vroeg. Alleen redden we het daarmee op termijn niet meer. We moeten ingrijpend innoveren. Uiteraard wil je dat graag doen in trajecten voor en met klanten. Dat is lastig, want in de meeste grote bedrijven wordt nauwelijks iets nieuws ondernomen. We zullen dan ook zelf risicodragende, innovatieve projecten moeten initiëren. Onze eigen research & development opzetten. Om dat te realiseren zullen we ons veel meer als sociale netwerken gaan organiseren.'

'De wereld waar je reputatie het belangrijkste marketingmiddel is.'
Martin Blonk, coach en trainer

Marketing komt vaak pas aan het eind van een innovatieproces aan bod. Dat geldt ook voor bureaus. Veel marketeers briefen hun bureaus met een oplossing. Igor Milder:

'Als de klant ons brieft met een probleem, dan komen wij wel met een oplossing. Je wilt dan producten of diensten ontwikkelen die waarde toevoegen aan sociale netwerken en ook nog onderdeel zijn van het DNA van het bedrijf. Je wilt eerder in het proces zitten.

Alleen betekent dat dan vaak dat de hele structuur van het bedrijf dient te veranderen. Wat natuurlijk heel ingrijpend is en het idee van een leuke marketingcampagne ver overstijgt.
(...) Nu staan we regelmatig achter in de rij, in de marketingbriefing waarmee een bedrijf komt, staat dan eigenlijk alles al. Het hoeft alleen nog maar uitgevoerd te worden. Dan moet je als bedrijf eigenlijk niet bij ons zijn, maar naar een reclamebureau gaan, die maken daar een mooi filmpje van en zenden dat uit.'

Veel marketeers geloven nog steeds vooral in 'veel is goed' en niet in 'gericht is beter'. En consumenten vinden het ook vaak leuk om iets met elkaar te bespreken wat ze de dag ervoor in een tv-reclame gezien hebben. Niet voor niets zijn het nog steeds de massamedia die bij veel online initiatieven zorgen voor de belangrijkste toevloed van bezoekers. Maar de stap om vervolgens met mensen buiten het eigen domein te communiceren, is voor velen nog te groot. Bureaus kunnen hun klanten helpen die doelgroep te vinden en vervolgens voor die groep een interessegebied uitkiezen waarbinnen het bedrijf de groep gaat faciliteren door content aan te bieden en ontmoetingen te faciliteren. Om dat te kunnen zullen deze bureaus echter hetzelfde veranderingsproces moeten doormaken als de bedrijven die ze adviseren.

11

Sociale netwerken en klantenservice

Toen op een kwade dag mijn Mvix-mediaharddisk ermee ophield, ondervond ik zelf de impact van online conversaties. Op mijn mediaharddisk stond voor bijna 500 GB aan foto's, muziek en films. Nu was ik al wat teleurgesteld omdat ik een apparaat had gekocht waar geen software-updates meer voor zouden volgen, dus ik luchtte mijn hart per mail naar de helpdesk, maar ook via Twitter. Binnen een paar minuten ontspon zich een openbare discussie over de al dan niet technische tekortkomingen van het merk. Ik kreeg al snel ook tips over andere merken. Echter, wat schetste mijn verbazing, binnen twintig minuten had ik ook een reactie van het bedrijf Mvix. Blijkbaar was de discussie op Twitter gevolgd. Razendsnel kwam men, ook weer publiekelijk, met een goede oplossing.

Het belang van goede klantenservice in sociale netwerken

Bedrijven beginnen deze kracht van online sociale netwerken te ontdekken. Over nagenoeg elk merk, elk product en elke dienst wordt wel online gecommuniceerd. Positief, maar vaker ook juist negatief. Daarbij komt dat uit onderzoek blijkt dat consumenten het meeste vertrouwen stellen in elkaars beoordelingen van producten en diensten. Meer dan dat ze afgaan op marketingboodschappen, zoals ik in hoofdstuk 10 al beschreef.

In online sociale netwerken wordt door de intensieve communicatie de beleving van merken voortdurend gevormd. Dit vergroot het belang van een goede klantenservice in deze netwerken. Want waar marketing tot nu toe vooral gericht is op afgebakende campagnes, kunnen klantenserviceafdelingen direct deelnemen aan discussies. Uiteindelijk heeft dit een grote uitwerking op hoe consumenten een merk ervaren. Alle gevoerde discussies zijn immers transparant en door iedereen te volgen. Daar komt nog bij dat in veel gevallen de ervaringen van consumenten zelfs jaren later nog op het internet terug te vinden zijn. Uiteindelijk zullen marketing en klantenservice meer met elkaar gaan vervloeien.

Voor de opkomst van het internet en later online sociale netwerken was elke ontevreden klant een individueel geval. Klagers waren maar zelden van elkaars bestaan op de hoogte. Zo nu en dan wist men samen op te treden, geholpen door bijvoorbeeld een consumentenprogramma op tv, maar dat waren beperkte incidenten. Nu weten consumenten zich, dankzij het bestaan van sociale netwerken, razendsnel te verenigen om onderling klachten, ervaringen en meningen te delen. Er zijn duizenden online omgevingen te vinden waar consumenten elkaar ontmoeten rondom een organisatie of product.

Sociale netwerken stellen mensen dus in staat om zonder enige drempel hun ervaring of mening over een bedrijf met anderen te delen. Een aantal branches ligt daarbij meer onder vuur dan andere. Vooral telecom- en kabelaanbieders, verzekeraars en banken hebben te maken met veel online klachten en discussie over hun diensten. Onder andere het tv-programma *Radar* en de Consumentenbond verzamelen deze klanten op online fora. Daarnaast zijn er ook allerlei privé-initiatieven, zoals www.nooitmeeroxxio.nl en Chelloo.com, waar ontevreden consumenten publiekelijk hun gal spugen.

De – vaak negatieve – conversaties nemen een aanzienlijke omvang aan. Een zoekopdracht op Google op 'Oxxio klachten' leidt eind 2009 bijvoorbeeld tot bijna 19.400 resultaten. Eenzelfde zoekactie met de woorden 'UPC klachten' leidt zelfs tot meer dan 50.200 verwijzingen, en KPN spant de kroon met 104.000 verwijzingen.

Webcare

Om deze conversaties te kunnen monitoren en om erop te kunnen anticiperen, starten steeds meer bedrijven een webcareteam. Een dergelijk team bestaat uit een aantal medewerkers die vaak met speciale software actief zijn op diverse sociale netwerken. In Nederland was UPC een van de eerste bedrijven die daarmee ging werken. Als onderdeel van de strategie om de klanten proactief en interactief te benaderen, startte het bedrijf al in 2006 met een webcareteam. Ronald van der Aart was als director corporate communications direct betrokken bij dit initiatief. Nu is hij eigenaar van zijn eigen pr-adviesbureau RepMen, gespecialiseerd in online reputatiemanagement. 'Een goed functionerend webcareteam heeft voortdurend de vinger aan de pols bij de consument. De leden van het team weten als geen ander wat er leeft onder (potentiële) klanten. Hoe ze denken over het bedrijf, de producten en de dienstverlening. Wat er misgaat bij bijvoorbeeld leveringen of bij de facturering. Je zou als management wel gek zijn om geen gebruik van te maken van deze waardevolle kennis', aldus Van der Aart.

'Als je klanten op internet ontevreden maakt, dan zal elk dat aan zesduizend vrienden vertellen.'
Jeff Bezos, oprichter en ceo Amazon.com

De klant centraal is het toverwoord bij webcare. Het is erg interessant om te zien dat dit principe zo nadrukkelijk naar voren wordt gehaald. Het illustreert treffend dat veel bedrijven ver verwijderd zijn geraakt van hun klanten. Want luisteren naar en interacteren met klanten is natuurlijk de basis voor elke organisatie, of zou dat moeten zijn. Toch blijkt dat het initiatief voor het contact nog vaak bij de klant ligt.

Bijvoorbeeld in het geval van energiebedrijf Oxxio. Op Google is het eerste zoekresultaat voor 'Oxxio klachten' een gesponsorde link van het bedrijf zelf met de tekst: 'Niet tevreden? Laat het weten. Oxxio helpt u graag verder!' De link verwijst naar de corporate website. Vervolgens is het daar nog aardig zoeken naar meer informatie over het indienen van een klacht. Bij deze aanpak ligt het initiatief dus nog geheel bij de consument. Een meer proactieve aanpak onderneemt Oxxio door de inzet van de 'oxxiomedewerker'. Dit is het alter ego voor de medewerkers van de helpdesk en is volgens het bedrijf 'actief op fora, weblogs, twitter, e.d. met als doel om klachten van klanten op te lossen of vragen over Oxxio te beantwoorden.'

In 2008 concludeerde Oxxio dat het bedrijf nog steeds achtervolgd werd door klachten waarvan een aanzienlijk deel stamde uit de periode 2005-2006. Het internet is geduldig, dus op diverse fora bleven oude reacties en klachten staan die zichtbaar werden bij Google-zoekacties. Men wilde al eerder actief deze klachten online gaan aanpakken, maar de organisatie bleek daar niet goed genoeg voor uitgerust. 'Eind 2008 waren er intern al dermate veel verbeteringen doorgevoerd dat wij er klaar voor waren om op discussies op online sociale netwerken te gaan reageren. De reden hiervoor was het oplossen van klachten en zo onze klanten en niet-klanten laten zien dat wij hen serieus nemen. Online sociale netwerken zien wij als een extra kanaal waar klanten hun onvrede kunnen uiten, dus daar willen we ook actief zijn', aldus Richard Spaans, pr-manager bij Oxxio.

Het webcareteam van Oxxio heeft als doelstelling zoveel mogelijk vragen te beantwoorden en klachten op te lossen die klanten plaatsen op fora en weblogs. Het probeert zoveel mogelijk online reacties en klachten op te pakken. Webcare werkt samen met de afdelingen E-Business (zoekmachineoptimalisatie) en Corporate Communications. Het bedrijf heeft onder andere twee experts van de klantenservice vrijgemaakt die zich bezighouden met de webcareactiviteiten. Spaans: 'We vinden dat heel erg belangrijk, het moeten echt mensen zijn die heel veel weten over de materie. Elke dag zit ik vijf à tien minuten bij hen om te kijken of er nog vragen zijn en of er reacties zijn waarvan we enigszins betwijfelen of we er überhaupt actie op moeten ondernemen. Ik rapporteer tweewekelijks over de vorderingen aan onze algemeen directeur, die het belang van een goede online reputatie absoluut onderkent.'

Koppeling met strategie

Ondanks voorzichtige pogingen om te interveniëren in de discussie op online sociale netwerken, geven de ervaringen in sommige branches de indruk dat het dweilen met de kraan open is. Mensen blijven vaak steeds weer online hun klachten delen. Meestal blijken webcareteams niet verder te komen dan te proberen de imagoschade te beperken. Daarom is het van essentieel belang dat er een koppeling is met de strategie van de organisatie zodat klachten die binnenkomen kunnen bijdragen aan blijvende oplossingen van interne problemen.

Telfort doet hiertoe een poging door een blog bij te houden waarop het bedrijf regelmatig laat weten welke acties het onderneemt als reactie op klachten en opmerkingen van klanten. Telfort geeft zo voeding terug aan klanten en laat ook zien dat het actief omgaat met hun input. Iedereen die dat wil, krijgt hierdoor letterlijk een kijkje achter de schermen van de helpdesk.

In veel organisaties zijn de webcareactiviteiten een onderdeel van de afdeling klantenservice. Dit maakt de koppeling naar de strategie vaak moeizaam.

Ook AEGON Bank is bezig door de inzet van sociale media, en dan vooral Twitter, de afstand met de consument te verkleinen. 'AEGON Bank probeert het contact met de klant laagdrempelig te maken en te communiceren in een stijl en omgeving die de klant kiest. Sociale media willen we een belangrijke rol geven in ons consumentencontact om zo echt deel te nemen aan de zich ontwikkelende samenleving. Omdat we niet weten welk online sociaal platform in de toekomst leidend zal zijn, kijken we hier breed naar', aldus Gijsbert van de Nieuwegiessen, marketingdirecteur bij AEGON Bank.

AEGON Bank volgt een route die gebruikelijk is voor veel bedrijven die beginnen met sociale media. In september 2008 startte de bank met Twitter, puur als eenrichtingskanaal om te zenden. Toen de bank eenmaal redelijk de weg wist op Twitter, zocht ze de dialoog. Hiervoor werden twee 'TweetBanketten' georganiseerd. Gedurende een uur was een 'twitterteam' aanwezig om vragen van klanten rondom een specifiek onderwerp te behandelen. In september 2009 was het thema 'Stoppen met werken bepaal je zelf', waarbij de mogelijke verhoging van de AOW-leeftijd naar 67 jaar centraal stond.

Vodafone op zijn beurt heeft geen webcareteam dat actief op zoek gaat naar klachten om op te lossen, maar werkt met wat zij zelf noemen een *web relations team*. Dit in juli 2007 opgerichte team pikt kansen en bedreigingen voor de reputatie van het merk op en zet deze uit in de organisatie. Daarvoor wordt gebruikgemaakt van verschillende online 'reputatiemonitors' en tools om de conversaties, ook wel de *buzz* genoemd, rond het merk in kaart te brengen.

Tegelijk is het web relations team ook opgezet om de interne organisatie bewust te maken van de impact van online sociale netwerken. Het team werkt nauw samen met het pr-team. In totaal zijn er zes medewerkers die integraal samenwerken en taken uitwisselen op het gebied van online en offline pr. Patrick Leenheers, head of internet services van Vodafone, ziet die twee werelden als volkomen met elkaar verbonden: 'We merken dat intern een steeds grotere online bewustwording ontstaat en we worden ook steeds meer vanuit de organisatie gevraagd naar de manier waarop mensen in de diverse online sociale netwerken naar een issue zouden kijken. Door deze verbeterde online bewustwording krijgen klanten die zich uiten via online sociale netwerken niet alleen een gezicht binnen de organisatie, maar ook een duidelijke stem. Elke organisatie zegt te luisteren naar de klant, maar de discussie aangaan buiten een gecontroleerde testomgeving, in het hart van je doelgroep, is iets anders. Je krijgt ongezouten kritiek, maar ook complimenten en die helpen je bij het beter aansluiten bij je klanten.'

Bedrijven zijn op verschillende manieren aan het experimenteren met de online conversaties in sociale netwerken. Over het algemeen worstelen ze met de enorme snelheid en veelvormigheid van deze netwerken. In alle gevallen leiden de experimenten tot het inzicht dat interne structuren en afspraken moeten veranderen. Het groeiende volume van de online conversaties zou er wel eens toe kunnen leiden dat het de huidige webcare-, pr- en klantenmanagementafdelingen boven het hoofd gaat groeien. Tot nu toe stellen veel bedrijven, waaronder Vodafone, dat alleen deze afdelingen namens het bedrijf online met consumenten mogen communiceren. Verderop in dit hoofdstuk zal ik een case beschrijven waar, naar blijkt met succes, juist honderden medewerkers, op eigen initiatief, online klachten en vragen van klanten behandelen.

'De ideale klant is al een relatie van je.'
Thijs Sprangers,
social-media-adviseur KREM

Crowd rage

Wat gebeurt er als niet een enkele persoon online zijn ongenoegen kenbaar maakt, maar duizenden mensen dat doen en dan ook nog min of meer tegelijk?

Dit gebeurt op donderdag 1 oktober 2009. In het tv-programma *Goedemorgen Nederland* roept de vertegenwoordiger van de Stichting Hypotheekleed, een stichting voor mensen die zich slachtoffer voelen van de verkooppraktijken van DSB Bank, spaarders op hun spaartegoeden bij de bank weg te halen. De stichting vertegenwoordigt de belangen van ongeveer twaalfhonderd mensen. De bank failliet laten gaan door massaal spaartegoeden weg te halen, zou de beste oplossing zijn voor de gedupeerden, aldus de stichting.

Bijna onmiddellijk wordt deze opmerking opgepakt op diverse online sociale netwerken. Vooral via Twitter ontstaat een stroom van geruchten. Vanaf een uur of tien die bewuste ochtend komt er om de paar seconden ergens op een sociaal netwerk een bericht voorbij waarin de bedrijfsnaam DSB wordt genoemd. Helaas zijn het geen lofbetuigingen op het merk, maar vooral uitingen van frustratie, leedvermaak en soms zelfs agressie.

Tegen het middaguur is de telebankingwebsite van de bank niet meer bereikbaar. Urenlang is er geen reactie van de directie van DSB, pas laat in de middag komt er via de woordvoerder een verklaring. 's Avonds zijn bestuursleden te zien in diverse tv-programma's. Dit is een vrij gebruikelijke, traditionele reactie op dergelijke gebeurtenissen. Ware het niet dat online de storm al een volle werkdag woedde. Met deze storm krijgt het webcareteam van DSB, dat nog in de oprichtingsfase verkeert, te maken. Natuurlijk een verre van prettige start.

Tot de oprichting van het team was al eerder besloten, omdat ook DSB Bank met veel negatieve publiciteit geconfronteerd werd en daar zo goed mogelijk op wilde inspelen. Hiervoor was het volgens Joyce Musch, coördinator van het webcareteam, van belang dat het team zich door alle afdelingen heen vrij kon bewegen. In een interview met Marketingfacts (Van der Aart, 2009) zei ze hierover: 'Het webcareteam heeft een vrije rol binnen de organisatie en moet primair informatie kanaliseren tussen consument en bestaande afdelingen. De afdeling kan autonoom werken omdat er binnen de gehele organisatie vanuit alle afdelingen en lagen veel betrokkenheid is.'

Toen de pr-crisis rondom de oproep om de bank failliet te laten gaan ontstond, was dit webcareteam nog in de fase waarin vooral de conversaties gevolgd worden. Dit verklaart voor een deel de grotendeels gemiste kans om ook online de imagoschade te beperken.

In het geval van DSB Bank blijkt de impact van de publieke opinie dermate groot dat er in korte tijd zoveel geld wordt opgenomen dat de bank op 12 oktober onder curatele wordt gesteld en een week later failliet verklaard. Het is zeer onwaarschijnlijk dat een meer adequate online interventie een dergelijke neergang had kunnen voorkomen. Toch geeft het voorbeeld van DSB Bank ons aanknopingspunten om te zien wat een organisatie kan doen als ze ineens, in zeer korte tijd, de speelbal wordt van massale negatieve, online gesprekken.

Imagoschade beperken

Om te beginnen is het van belang de conversaties voortdurend tot in detail te volgen met professionele software. Op die manier is een klein brandje al te ontdekken en wellicht te blussen voordat het uitgroeit tot een fikse brand. Ronald van der Aart: 'Een webcareteam kan niet zonder een goede applicatie voor online monitoring. Deze zijn er te kust en te keur. Sommige zijn gratis, terwijl meer geavanceerde systemen met bijvoorbeeld volautomatische sentimentanalyse prijzig kunnen zijn. Er zijn ook steeds meer leveranciers die webcare als externe oplossing aanbieden, als onderdeel van of parallel aan een extern callcenter. Mijn ervaring is dat webcare het beste werkt met een intern team. Ervaren medewerkers van verschillende achtergronden die handig zijn met het gebruik van internet.'

Als dan door de inzet van goede applicaties een eruptie van negatieve berichten rond het bedrijf ontdekt wordt, is het belangrijk om direct te reageren. Direct reageren is überhaupt essentieel voor webcare. Consumenten willen niet meer wachten, zeker niet wanneer ze communiceren via een realtime sociaal netwerk zoals Twitter – waar men al binnen een paar minuten een reactie verwacht. Men neemt ook geen genoegen meer met bijvoorbeeld een standaardverklaring. Dat betekent dus dat een webcareteam zo zelfstandig mogelijk moet kunnen werken. Er is simpelweg geen tijd om bij elke vraag ruggespraak te houden. Bovendien verwachten consumenten een persoonlijke reactie en niet een algemene reactie.

Ondanks de voornemens van DSB Bank gaat het hier wat betreft de webcare fout op die bewuste eerste dag van oktober. Waarschijnlijk werd men totaal verrast door de enorme hoeveelheid berichten. Er komen dan ook maar mondjesmaat reacties op berichten en ook rechtstreekse vragen worden nauwelijks beantwoord. Uiteindelijk verschijnt er een onpersoonlijke verwijzing naar een standaardpersverklaring:

'De Raad van Bestuur van DSB Bank deelt mede dat, naar aanleiding van berichtgeving over problemen bij DSB Bank:

- DSB Bank is een door en door gezonde bank.
- DSB Bank heeft als een van de weinige banken geen staatssteun nodig.
- DSB Bank een zeer ruime liquiditeitspositie heeft.

Wellicht ten overvloede: DSB Bank valt ook nog onder het Depositogarantiestelsel van De Nederlandsche Bank (€ 100.000 per rekening is gegarandeerd).
Dirk Scheringa: "Er is totaal geen enkele reden tot ongerustheid."'

Hierdoor miste DSB een kans om direct bij het ontstaan van de discussie de nodige nuanceringen aan te brengen. Online crisismanagement vraagt om een persoonlijke en authentieke aanpak. Massamedia en sociale media versterkten elkaar in deze crisis. Optredens van DSB-bestuurders werden doorlopend becommentarieerd op diverse sociale netwerken en andersom sprongen traditionele media in op het online rumoer. Op beide terreinen was DSB onvoldoende voorbereid om het schip te keren. Waarschijnlijk was in de periode voorafgaand aan de acute crisis ook al te veel krediet verspeeld.

Hoe het ook kan blijkt uit dit voorbeeld over autofabrikant Ford. In december 2008 ontvangt Jim Oakes een brief van Ford. Oakes is de beheerder van een populaire Ford-fansite, The Ranger Station, die al tien jaar bestaat. In de brief eist Ford dat Oakes de fansite aan hen overdraagt en legt hem ook een 'boete' op van 5.000 dollar. Niet precies wetend wat hij met de situatie aanmoet, plaatst Oakes een kort bericht hierover op zijn eigen fansite. Binnen enkele minuten komt er een storm van reacties op gang. Hoe durft Ford een dergelijke actie te ondernemen, en dan nog wel gericht op een platform waar nota bene fans samenkomen, dat is ongeveer de teneur. In totaal reageren er in de eerste 22 uur bijna duizend mensen op het bericht van Oakes. De discussie wordt vervolgens overgenomen door andere fansites en blogs. De bermbrand breidt zich in de avond en nacht rap uit.

Als Scott Monty, de manager global digital & multimedia communication van Ford, de volgende ochtend wakker wordt, kijkt hij op Twitter. Het is onderdeel van zijn ochtendritueel om te kijken wat er de dag ervoor over Ford besproken is op de diverse sociale netwerken. Al snel heeft hij in de gaten dat er iets gaande is. De impact daarvan wordt nog duidelijker als dezelfde ochtend blijkt dat de klantenservice van Ford per mail meer dan duizend reacties binnen heeft gekregen over de actie tegen de fansite.

Monty gaat als een ware online crisismanager aan de slag. Hij reageert op zoveel mogelijk berichten. Al snel wordt hem duidelijk dat hij dat alleen niet kan bijhouden. Daarom vraagt hij de mensen die hem volgen op Twitter het bericht waarin hij aangeeft met de situatie bezig te zijn, via een *retweet* door te sturen naar hun eigen volgers. Op deze manier weet hij in één keer zo'n 13.500 mensen te bereiken.

Ondertussen blijft Monty via Twitter communiceren. Zijn tweets zijn persoonlijk, concreet, maar soms ook humoristisch. Hij slaagt er zelfs in nog andere informatie te delen. Achter de schermen is hij in druk overleg met de juridische afdeling van Ford. Het blijkt dat de zaak gebaseerd is op het feit dat de fansite zonder toestemming producten met het Ford-logo verkoopt. De eis tot opgave van de fansite en de 5.000 dollar boete zijn simpel bedoeld als dreigement om de site te dwingen de verkoop van Ford-producten te staken. Monty vraagt de juridische afdeling met een nieuwe, in begrijpelijke bewoordingen opgestelde, verklaring te komen. Hierin stelt Ford dat Oakes de fansite mag houden als hij in de toekomst niet zonder hun toestemming producten met het Ford-logo verkoopt.

Nu zou een logische stap zijn om de verklaring online te publiceren en mensen erop te wijzen. Monty kiest er echter voor om eerst telefonisch contact te zoeken met Oakes. In het gesprek blijkt dat Oakes vooral uit paniek heeft gehandeld en niet volgens een vooropgezet plan om het Ford moeilijk te maken. Ze komen tot de afspraak dat Oakes als eerste de overeenkomst op de fansite zal publiceren, waarna Ford hetzelfde zal doen op de eigen website.

Wanneer beiden dat gedaan hebben, blijkt de discussie al zo wijdverbreid te zijn dat lang niet iedereen verneemt dat men eruit is. Het vuur laait dus regelmatig opnieuw op doordat iemand weer een blok op het vuur gooit. Weer grijpt Monty naar het middel van de retweet. Hij vraagt al zijn volgers het bericht met daarin de link naar de tekst van de overeenkomst door te sturen naar hun eigen volgers. Nu bereikt hij daarmee al meer dan 21.000 mensen en beginnen mensen te begrijpen dat de zaak tot een goede oplossing gekomen is.

'Klantervaringen zijn 24/7, het delen ervan dus ook.'
Lucien Engelen,
Zorg 2.0-ambassadeur UMC St. Radboud Nijmegen

Toch is Monty daarna nog uren actief om vragen te beantwoorden. Uiteindelijk blijkt dat hij gedurende de gehele crisis zelf 138 tweets verstuurd heeft. (Bron: Ploof, 2008.)

Het underdogeffect

Welke lessen kunnen bedrijven nu leren uit deze case? Om te beginnen is het goed om nog een keer te kijken naar de impact van webcareactiviteiten op de opinie van de klagende consument. Uit onderzoek van Peter Kerkhof, universitair hoofddocent aan de Vrije Universiteit in Amsterdam, blijkt onder andere dat hoe menselijker en transparanter een organisatie zich opstelt in de online communicatie, des te meer sympathie dat oproept bij de consument (Kerkhof, Beukeboom & Utz, 2009). Bovendien draagt het bij aan het vertrouwen dat de consument in het bedrijf heeft.

Kerkhof en zijn medeonderzoekers keken ook naar wat zij het 'underdogeffect' noemen: een reactie die bij mensen zou kunnen ontstaan wanneer ze online de 'strijd' lezen tussen een 'kleine' individuele consument en een 'groot' bedrijf. Niet geheel onverwacht blijkt dat mensen vooral sympathie hebben voor de underdog, en dat zijn bijna uitsluitend medeconsumenten. Volgens Kerkhof zou dit principe tegen bedrijven kunnen werken als ze gaan meepraten in sociale netwerken. Ook hier blijkt dat met een authentieke, menselijke opstelling het underdogeffect kleiner wordt.

Iedereen helpt de klant

Alle goede intenties ten spijt lijken veel webcare-initiatieven toch nog een druppel op een gloeiende plaat. Ook de integratie van de online-servicegedachte in de organisatie blijkt vaak lastig. Slechts een klein gedeelte van de organisatie is actief betrokken bij de conversatie met de klant. Wat zou er gebeuren als alle medewerkers in gesprek zouden treden met de klanten? En als deze gesprekken niet alleen zouden voortkomen uit gerichte vragen en klachten van klanten, maar medewerkers ook actief het gesprek zouden beginnen?

'We are advertis'd by our loving friends.'
William Shakespeare

Best Buy doet hiertoe een poging met het initiatief Twelpforce. Het bedrijf stimuleert alle medewerkers om vragen van klanten te beantwoorden en zelf marketingacties te verspreiden. Medewerkers kunnen zich online registreren met hun Twitter-account. Na aanmelding kunnen ze berichten versturen vanaf hun eigen @twelpforce-account. Alle berichten die verstuurd worden, komen samen op een overzichtspagina (http://bbyconnect.appspot.com). Best Buy faciliteert de medewerkers met een webpagina* met de uitgangspunten van Twelpforce en verschillende tips. Wat het extra interessant maakt, is het feit dat deze pagina openbaar is.

* Zie http://bbyconnect.appspot.com/tips_and_expectations.

Eerder in dit hoofdstuk wees ik op het belang van een koppeling tussen webcare en de bedrijfsstrategie. Best Buy maakt deze koppeling nadrukkelijk. In alle communicatie naar de klanten geeft Best Buy aan al zijn kennis met hen te willen delen: 'Alles wat wij weten, zullen we jullie ook direct laten weten.' Dat is natuurlijk een stevige belofte. Best Buy vervolgt: 'Dit betekent dat klanten ons vragen kunnen gaan stellen over de keuzes die ze willen gaan maken, over de producten die ze gebruiken, en ze zullen op zoek zijn naar advies. Advies dat wij kunnen geven. Via Twitter kunnen we dat snel doen met veel input van medewerkers zodat klanten afgewogen beslissingen kunnen nemen. Andere klanten kunnen weer leren van eerder gevoerde discussies.'

Best Buy laat hier de traditionele controle over communicatie tussen de organisatie en de buitenwereld gaan. Of in elk geval in zoverre dat het bedrijf die niet probeert te kanaliseren in afdelingen en beleid. Wel voorziet Best Buy zijn medewerkers van de benodigde tools om deze rol te kunnen vervullen en stelt een aantal sociale normen op. Wat ook interessant is aan deze case is het feit dat het initiatief gebaseerd is op vrijwillige deelname. Ondanks – of eigenlijk dankzij – deze instelling hebben zich honderden medewerkers aangemeld.

De sociale normen die zijn opgesteld, beslaan nog geen A4'tje. Ze zijn simpel en volgen voor iedereen te begrijpen normale omgangsvormen. Best Buy is zich er goed van bewust dat sociale netwerken geen direct verkoopkanaal zijn:

'Vertel altijd dat je een medewerker bent van Best Buy (...). Wees proactief en betrokken zodat je weet wat er gaande is, maar wees niet te opdringerig. Als bijvoorbeeld iemand vertelt ergens anders een product te willen gaan kopen dat wij ook verkopen, spring er dan niet op in om te proberen de klant over te halen hetzelfde product bij ons te halen. Als klanten op zoek zijn naar ons advies, zullen ze er zelf om vragen.
Praat niet over vertrouwelijke interne zaken en vraag klanten niet om persoonlijke gegevens via Twitter, laat ze die informatie altijd per mail sturen.

Verwijs mensen door naar andere externe bronnen of Best Buy-medewerkers als dat relevant is. Als je antwoord meer vergt dan 140 tekens, maak dan een tijdelijk blog aan waar je de klant naartoe verwijst. (...)
En bovenal (...) reageer altijd snel en zorg voor een goede follow-up. Verontschuldig je voor eventuele vertragingen en misverstanden.'

Eerste stappen op het gebied van webcare

Voor veel bedrijven is een aanpak zoals Best Buy die toepast nog erg ver weg, maar hoe kunnen ze dan wel zelf de eerste stappen zetten op het gebied van webcare? Ronald van der Aart heeft mede vanuit zijn ervaring bij UPC een aantal praktische tips: 'Webcare is geen heilige graal. Als directie moet je kritisch naar je bedrijf kijken. Zijn we er klaar voor? Hebben we ons portfolio en onze dienstverlening op orde? Webcare werkt contraproductief als er nog lange wachttijden bij het callcenter blijken te zijn of als brieven en e-mail alleen met grote vertraging worden beantwoord.'

Hoewel uit diverse onderzoeken blijkt dat consumenten grote waarde hechten aan de mening van andere consumenten, zijn er ook organisaties die er bewust voor kiezen niet te reageren op online meningen en recensies. Dit geldt bijvoorbeeld voor Philips. Zij geven aan, uit respect voor de klant, niet te reageren op recensies van klanten. Wanneer het aantal reacties van consumenten nog beperkt is, is dat wellicht een te kiezen strategie. Wanneer echter, zoals in het geval van Philips, door het volume de impact zo groot wordt, is het verstandig dit te heroverwegen. Dus de mate waarin de doelgroep actief is op sociale netwerken, is erg van belang. Van der Aart: 'Indien je erover nadenkt om webcare te gaan inzetten, laat dan onderzoeken of je klanten daadwerkelijk online zijn, gebruikmaken van sociale media en wat ze precies doen. Wordt er wel over je product of dienst informatie uitgewisseld? Is er een community of een forum waar wordt gediscussieerd? Of zijn je klanten alleen geïnteresseerd in informatie over het bedrijf?'

Best Buy laat natuurlijk in optima forma zien dat webcare iets is wat het hele bedrijf aangaat. Het is wel van belang daarin een focus aan te brengen, helemaal als het, zoals in het geval van Best Buy, om de inzet van veel mensen gaat. 'Webcare is geen stand-alone oplossing. In grotere organisaties zijn er meestal meerdere afdelingen actief op het gebied van sociale media. Naast customer care en corporate communicatie valt te denken aan een afdeling als marketingcommunicatie, marktonderzoek en zelfs HR. Coördinatie is noodzakelijk. Vervolgens is het belangrijk dat management en team afspraken maken over de precieze taakverdeling binnen het team en de modus operandi. Waarop reageer je wel en waarop niet? Ga je in discussie of juist niet? Wat is de toon? Leg deze afspraken vast zodat iedereen houvast heeft', aldus Van der Aart.

Bedrijven blijken nog erg terughoudend in het online aangaan van conversaties met hun klanten via klantenservice. In veel gevallen wordt het als bedreigend ervaren om zo open en bloot de doelgroep tegemoet te treden. Anderzijds verwachten consumenten dat bedrijven online benaderbaar zijn. Uiteindelijk zullen zij zich afwenden van bedrijven die hen daarin niet tegemoetkomen. Bedrijven hebben dus weinig keus. Gelukkig staat de ontwikkeling van webcare en online pr nog in de kinderschoenen. De consument is er nog niet aan gewend en is vaak bereid om eventuele missers te vergeven. Daarom is dit het moment voor bedrijven om ermee te experimenteren. Zolang de poging tot online verbinding maar authentiek is, zullen consumenten dat zeer waarderen en uiteindelijk belonen.

Bijlage
Ondernemers en professionals actief in sociale netwerken

'Kai-lan en wat vissigs, waren de ingrediënten die @suzanneschmeetz gisteren via Twitter voorstelde. Maar waar koop je Kai-lan in Arnhem? Via de groenteboer op de Steenstraat getipt en bij Oriental op de Johan de Witlaan geslaagd. Vis gekocht en aan de slag! Roerbakken lag voor de hand, daarom eens iets heel anders: een soep van Kai-lan met gegrilde tonijn, coquille en kabeljauw! Erg leuk om zo te worden geïnspireerd! Wie tweet de volgende ingrediënten?'

Aldus het verslag van Edwin Hofs op zijn website EdsKitchen.nl. Onder het mom 'Wat eten we vandaag?' staat daar elke dag een recept met foto. Veel recepten komen tot stand via inbreng door volgers op Twitter. Hofs is ook graag bereid om op maat een recept te bedenken. Twitter of mail hem de ingrediënten die je in huis hebt en de volgende dag ontvang je een passend recept.

Hofs was meer dan tien jaar hoofd engineering bij een machinefabriek en is vervolgens als zelfstandige gaan werken. Dat ging jarenlang goed, maar nu wordt hij door de crisis veel minder ingeschakeld. Daarom probeert hij de activiteiten van EdsKitchen, dat eigenlijk een uit de hand gelopen hobby is, verder uit te bouwen met behulp van sociale netwerken. Hiermee is hij een van de groeiende groep professionals en ondernemers die gebruikmaken van sociale netwerken voor hun zakelijke activiteiten. Met professionals doel ik op mensen met een min of meer zelfstandig beroep, zoals advocaten, accountants, trainers en adviseurs die in loondienst of als freelancer werken. In het laatste geval zijn ze ook ondernemer.

Vooral deze zelfstandige ondernemers hebben een behoorlijke voorsprong op grote bedrijven. Door hun beperkte omvang staan ze per definitie dichter bij hun consumenten. En juist sociale netwerken vragen om een ambachtelijke en persoonlijke benadering. Hiermee kunnen professionals en ondernemers een reikwijdte en impact creëren die tot voor kort voorbehouden was aan grote organisaties. Of om met Charles Darwin te spreken: 'Niet de sterksten van een soort overleven, noch de meest intelligenten, maar zij die zich het beste aanpassen aan verandering.'

Connected!ondernemers: ambachtelijk en persoonlijk

Hofs begon zijn website ooit als een soort digitaal receptenboekje voor zichzelf. Zo kon hij recepten makkelijk terugvinden en had hij er ook direct een foto bij. Het begon als pure hobby. Het onderdeel 'Wat eten we vandaag?' is de basis van EdsKitchen.

In de loop van de tijd wilde hij meer kwijt op zijn website, bijvoorbeeld dat hij ergens een bijzondere slager had ontdekt. Zo kreeg EdsKitchen meer en meer vorm. Eind vorig jaar is Hofs gaan kijken of hij er ook commercieel wat mee zou kunnen doen. Hij kreeg toch wel erg veel leuke reacties. Hofs: 'De eerste gedachte was dan ook (en is nog steeds): als je wilt dat zoveel mogelijk mensen van je horen en naar je luisteren, heb je een groot publiek nodig dat vindt dat je wat zinnigs te melden hebt. Kortom: veel bezoekers genereren en zorgen voor goede content.'

> *'Van de individuele mens wordt verwacht dat die steeds veelzijdiger en wendbaarder wordt, zichzelf binnen de organisatie doorlopend evalueert en corrigeert.'*
> Jaap van Ginneken, massapsycholoog en mediadeskundige

In die tijd leerde hij een aantal mensen kennen in Arnhem die zich veel bezighouden met online sociale netwerken. Al snel besloot hij zelf dit middel ook te gaan inzetten: 'Op die manier zou ik in staat zijn om bij veel mensen EdsKitchen onder de aandacht te brengen. Overigens had ik toen nog geen idee over een verdienmodel, eerst wilde ik zoveel mogelijk bezoekers trekken.'

Door simpelweg veel te vertellen over eten en drinken, door gesprekken aan te gaan met volgers, door bewust de communicatie over en weer op te zoeken, werd de groep die hem volgde steeds groter en steeg het aantal bezoekers van de site. 'Je verhaal moet goed zijn, maar je moet het zeker niet alleen vertellen. Ook ernaar vragen! Verder probeer ik me overwegend positief op te stellen en dat uit te stralen', aldus Hofs.

Inmiddels is Hofs een samenwerking aangegaan met wijnimporteur Samuel Sanders van Spumante.nl, die hij ook weer via Twitter leerde kennen. Samen met hem organiseert hij nu wijn/spijs-proeverijen. Tijdens deze proeverijen zet hij ook weer sociale media in.

Ook actief met sociale netwerken op het culinaire vlak is het bedrijf Utaste. Dit in 2007 door Niek van de Werken en Sjoerd Schwering opgerichte en in Lent bij Nijmegen gevestigde bedrijf zet nagenoeg elk beschikbaar sociaal netwerk in. Het bedrijfje biedt wijnproeverijen op locatie aan en heeft naast een fysieke winkel ook een webwinkel. Schwering: 'Wijn is een gevoelsproduct. Het is best lastig om dat op traditionele wijze via een webwinkel te verkopen. Onze doelgroep heeft vaak minimale kennis van wijn en heeft een focus op prijs. Daarbij is men gevoelig voor autoriteit. Om ons product in de markt te zetten moeten wij dus onze kennis delen over onze producten. Deze kennis moeten we goed onderbouwen of we moeten zelf een autoriteit worden op dit gebied. En we moeten onze doelgroep duidelijk kunnen maken waar het verschil in prijs in zit.'

Door gebruik te maken van sociale netwerken kan Utaste rechtstreeks communiceren met zijn doelgroep. Door op een authentieke manier relevante informatie te geven wordt het bedrijf al snel een autoriteit. Ze zoeken bijvoorbeeld op Twitter op het woord 'wijn' om zo mensen te kunnen volgen. Dit is een tactiek die door steeds meer bedrijven wordt toegepast. Toen ik zelf eens twitterde over een ophanden zijnde vakantie naar Sardinië, werd ik direct gevolgd door zeven reisaanbieders. Schwering: 'Via de Twitterdomeinen @utaste, @utastes (Sjoerd) en @utasten (Niek) houden we contact met onze doelgroep. De afwisseling van privé- en wijngerelateerde content is erg goed. En we letten erop dat de privéberichten wel een zeker doel hebben. In beperkte mate maken deze berichten onze accounts ook weer persoonlijk. Het voordeel van Twitter is dat het werkt als een soort RSS-reader, veel relaties gebruiken alleen nog maar Twitter om zo op de hoogte te blijven. Daarnaast is het een gratis kennisbank, je geeft en ontvangt veel relevante content in de hoop er in de toekomst tastbare handel uit te halen. Via Twitter kunnen we erg makkelijk vragen stellen aan specialisten. We merken dat iedereen via dit medium ook erg bereid is om je te helpen, wat we zelf ook graag doen.'

Op het blog Utastewine.nl worden wat langere artikelen geplaatst. Het dient als centraal verzamelpunt van waaruit de content wordt verspreid over de andere sociale media. Er worden nu andere schrijvers uitgenodigd om zo meer informatie te kunnen aanbieden en het bereik te vergroten. Schwering: 'We denken dat we door samen te werken veel sneller in staat zijn om groter te worden. Door "gebruik" te maken van de netwerken van anderen kunnen we veel sneller meer mensen bereiken.'

Utaste gebruikt Hyves en LinkedIn vooral als een soort van online rolodex. Berichten van het blog en Twitter worden ook daar geplaatst zodat zakelijke contacten die bijvoorbeeld geen Twitter-account hebben, ook op de hoogte blijven. Af en toe worden er artikelen geplaatst in wijngerelateerde groepen op LinkedIn. En als klap op de vuurpijl zijn er op YouTube en het blog video's te vinden van proefsessies. Per keer worden een paar wijnen geproefd en besproken.

De mannen van Utaste hebben natuurlijk goed gekeken naar Gary Vaynerchuk. Deze Rus van geboorte is een van de oprichters van het bedrijf Wine Library gevestigd in de Verenigde Staten. In 2006 startte hij met het uitzenden van video's van proefsessies op YouTube. Sinds die tijd verschijnt er elke werkdag een nieuwe video. Van maandag tot donderdag bespreekt hij drie à vier wijnen en op vrijdag slechts één, maar dan beantwoordt hij ook vragen die gesteld zijn via zijn pagina op Facebook. Sommige shows worden door meer dan honderdduizend kijkers bezocht. Hij runt inmiddels een miljoenenbedrijf en is een van de voorbeelden van individuen of kleine bedrijfjes die door het gebruik van sociale netwerken bijzonder succesvol zijn.

Ik zie twee belangrijke redenen voor zijn succes. Om te beginnen is hij zichtbaar en herkenbaar. Hoewel hij een expert is op het gebied van wijn, praat hij over allerlei uiteenlopende zaken. Vooral over onderwerpen die we allemaal herkennen: sport, de crisis, zijn hekel aan feestdagen et cetera. Dit zorgt ervoor dat hij heel authentiek overkomt. Verder is hij niet alleen zichtbaar, hij is ook heel benaderbaar. Hij heeft zichzelf verplicht om elke e-mail te beantwoorden, ook al betreft het een vraag die hij al ontelbare keren beantwoord heeft.

We blijven nog even in het culinaire domein voor nog een voorbeeld van één enkele ondernemer die door gebruik te maken van sociale media een aardig imperium opgebouwd heeft. Rocco DiSpirito is een Amerikaanse chef-kok en auteur van kookboeken. Voor zijn nieuwste boek vraagt hij op het internet welke recepten erin moeten komen. Uiteraard bepaalt hij zelf uiteindelijk de exacte inhoud van zijn boek, maar voor een boek met de ondertitel 'De populairste recepten' leek het hem toch passend zijn doelgroep te bevragen. Normaal zijn kookboeken een verzameling van recepten die in voorgaande jaren vergaard zijn. Per definitie zijn ze niet actueel. Dankzij sociale media kan de auteur inhaken op de eettrend van nu. En DiSpirito maakt gebruik van de 'geefcultuur' van sociale netwerken. Hij ontdekt zo inzichten die anders voor hem verborgen zouden blijven. Hij zegt daar zelf het volgende over: 'Chef-koks hebben de afgelopen vijftien jaar heel goed werk gedaan om zoveel mogelijk mensen enthousiast te krijgen voor eten, wijn en koken. De volgende stap is nu om ze echt te laten participeren.'

'Door social media heb ik met onbereikbare mensen over onbereikbare onderwerpen gesproken om onbereikbare doelen te kunnen realiseren.'
Martijn Aerts,
oprichter Brandexpedition

Ook in geheel andere branches ontdekken ondernemers dat de communicatie via sociale netwerken met hun doelgroep een goed alternatief is voor traditionele marketing. Wat schetste mijn verbazing? In mijn mailbox op Hyves trof ik een bericht aan van mijn vaste kapper Erna's Restyle in Arnhem. Een groot deel van de communicatie met de klanten vindt plaats via de eigen Hyves-pagina. Onderhand heeft deze meer dan vijfhonderd vrienden. Erna doet via Hyves aankondigingen van workshops en speciale acties.

Of soms heb je zin in een goede kop koffie. Alleen is die niet altijd voorhanden. Je werkt bijvoorbeeld bij een bedrijf waar alleen oploskoffie verkrijgbaar is of je stapt net uit de trein en de koffie in de kiosk laat je liever aan je voorbijgaan. Dan biedt Let's Coffee wellicht een oplossing. Deze espressobar in het centrum van Arnhem rijdt ook rond met een mobiele variant, een kek wagentje waarmee ze op steeds wisselende plekken verschijnen. Updates over waar ze gaan staan worden verstuurd via Twitter. Verder kan de mobiele espressobar ook aan kantoor besteld worden, als genoeg collega's zich via Twitter aanmelden.

Al deze ondernemers laten zien dat ze de essentie van de Connected!wereld begrijpen. Door gebruik te maken van online sociale netwerken spelen ze in op de hang van de consument naar een persoonlijke band, authenticiteit en ambachtelijkheid. Ze zijn open en heel direct benaderbaar. Op deze manier weten ze zich feilloos te onderscheiden van hun concurrenten. Gedreven door hun persoonlijke passie en enthousiasme weten ze maximaal te profiteren van de verbondenheid met hun klanten.

Connected!mkb

Onder wat grotere mkb-bedrijven is ook een aantal voorbeelden te vinden van bedrijven die als een netwerkorganisatie opereren. Zoals het bedrijf Rapid Circle, dat marketeers helpt meer controle te krijgen over hun marketingcampagnes. Wilco Turnhout, een van de oprichters, over hoe zij online sociale netwerken gebruiken: 'We gebruiken vooral Twitter om onze persoonlijke verwonderingen, ervaringen en vragen de wereld in te slingeren. Zo hebben we bijvoorbeeld recent een aantal vacatures verspreid. Dus zonder deze ergens anders online te plaatsen, laat staan een advertentie offline te plaatsen. Het was eigenlijk een test. Daar kwamen, tot onze eigen verbazing, meer dan tien geïnteresseerden op af, terwijl we toch nog maar weinig volgers hebben. Verder bekijk ik elke dag de tweets vanuit Nederland gebaseerd op de zoekwoorden die bij onze branche horen. Door zo de online conversatie goed te volgen hebben we nu twee offertes lopen en hebben we een telecomklant binnengehaald. Het ging heel erg sim-

'Als je van je vrienden klanten maakt, heb je ook geen zeurende klanten meer, ze lijken namelijk allemaal een beetje op jou.'
Petra de Boevere, ondernemer

pel. Ik stuurde een reactie en na een paar berichten heen en weer heb ik gebeld voor een afspraak. Waarna we een offerte mochten uitbrengen. Dit allemaal binnen twintig uur. We hebben nu een collega en twee stagiairs gevonden via Twitter. Daarnaast merken wij dat door het gebruik van Twitter ons netwerk enorm groeit.'

Connected!professionals

Ik gaf eens een presentatie aan consultants over de mogelijkheden van online sociale netwerken. Op een gegeven moment ging het over weblogs. Gepassioneerd deed ik mijn verhaal. Vooral over hoe je met een weblog eenvoudig je werkzaamheden, inspiratie en expertise met anderen kunt delen. Mijn toenemende enthousiasme in het geven van allerlei voorbeelden had deels een averechts effect op de aanwezigen. Op sommige gezichten was spanning en onzekerheid te zien. De climax kwam toen midden in mijn betoog een deelnemer emotioneel uitriep: 'Ik kan dit niet, dit gaat me niet lukken. Waar moet ik over schrijven? Ik ben helemaal nergens een inspirerende expert in. Geen idee waar ik het over moet hebben.'

Veel professionals staan onder druk. Accountant, trainer, advocaat, makelaar, notaris, docent, ze werden tot niet zo lang geleden vooral gewaardeerd en beloond om hun kennis. Hoe meer kennis zij hadden, des te meer zij als expert erkend werden. Kennis werd daardoor het ultieme machtsmiddel. Decennialang is op allerlei manieren geprobeerd deze kennis juist tussen professionals te laten stromen, met behulp van intranetten, kennismanagementsystemen en wat al niet meer zij. Nagenoeg allemaal stierven deze initiatieven een stille dood.

Een professionele strategie ontwikkelen

Voor veel professionals voelt het werken met online sociale netwerken als het leren van een nieuwe taal. Waar te beginnen? Het begint met het besef dat een goed doordachte strategie essentieel is. Zonder strategie je op allerlei sociale netwerken begeven leidt zelden tot een bevredigend resultaat en mensen stoppen er dan al snel weer mee. Talloze LinkedIn-groepen liggen er verlaten bij en het aantal slapende blogs is ontelbaar. Natuurlijk is het goed om te experimenteren. Het is voor elke zichzelf respecterende professional zelfs een voorwaarde, maar vaak komen dergelijke ongerichte initiatieven al snel op een dood spoor. Je hebt dan behoefte aan een strategie. Hoe ontwikkel je een dergelijke professionele sociale netwerkstrategie?

Ik zal hiervoor mijn eigen situatie als uitgangspunt nemen. Begin 2008 concludeerde ik dat mijn aanwezigheid op een aantal online sociale netwerken niet veel bijdroeg aan mijn professionele ontwikkeling. Ik was er in 2006 vlot bij met een LinkedIn-account en had al snel een blog waar ik af en toe iets op schreef. Met Twitter was ik na een poging van twee weken in 2007 echter al snel weer gestopt, want het leek me zinloze tijdverspilling. Links en rechts had ik dus wat aanstalten gemaakt. Ik had een aantal profielen waar ik af en toe eens naar keek, maar het leverde me eigenlijk niet veel op en anderen hadden er ook al niets aan. Een situatie die waarschijnlijk representatief is voor de situatie waarin heel veel mensen zich bevinden.

Hoe bracht ik daar verandering in? Om te beginnen stelde ik mezelf de vraag hoe online sociale netwerken zouden kunnen bijdragen aan mijn strategie. Maar wat was mijn strategie eigenlijk? Of in drie deelvragen geformuleerd: Wat is mijn professie? Wat wil ik bereiken? Met wie wil ik dat doen? Nu is het voor professionals in kennisintensieve en/of creatieve bedrijven vaak nog helemaal niet zo makkelijk om hun strategie te benoemen. Wat is nu je vak? Wat doe je precies en wie heeft daar profijt van? Tijdenlang hakkelde ik me regelmatig op familiefeestjes met vage teksten langs vragen naar wat ik nu eigenlijk zo de hele dag deed.

'Social media zijn een uitkomst voor de introverte netwerker.'
David van Tongeren, communicatieadviseur

Maar om te beginnen met mijn professie. Begin 2008 omschreef ik die voor mezelf als volgt: 'Ik wil me richten op de impact van digitalisering op organisaties en leiderschap.' Dat kon beter: 'Ik wil kennisintensieve en creatieve bedrijven en de professionals die daar werken, leren maximaal te profiteren van online sociale netwerken.' En hoe dan? 'Door erover te lezen, schrijven, spreken en adviseren.'

Ik ben een kenniswerker. Creativiteit, toegang tot relevante kennis en een goed netwerk zijn mijn belangrijkste instrumenten. Tenminste, dat heb ik voor mezelf zo benoemd. Wat betreft een deel van mijn werk voor de Baak is dat een redelijk radicale keuze, in die zin dat ik maar een beperkt deel van mijn tijd bezig ben met het begeleiden, coachen en trainen van groepen. Voldoende om er feeling mee te houden, maar niet meer, want dan kom ik niet toe aan bezigheden zoals bedrijven adviseren, verbindingen leggen tussen mensen, workshops en presentaties geven en columns en artikelen schrijven.

Op basis van dit inzicht en dit statement ben ik gaan werken aan een sociale netwerkstrategie. Om te beginnen heb ik ervoor gekozen deze netwerken vooral zakelijk te gebruiken. Dat wil niet zeggen dat ik nooit iets uit mijn privéleven deel, maar ik doe het wel beperkt. Ik houd hiervoor globaal de 80/20-regel aan: 80 procent van mijn communicatie via sociale netwerken is zakelijk, 20 procent privé. Zo zorg ik ervoor dat ik relevant blijf voor de mensen die mij volgen. De ervaring leert dat te veel communicatie over alledaagse beslommeringen meestal door een kleine kring intimi als interessant wordt ervaren.

De basis: representatieve en authentieke online aanwezigheid

Ik ben begonnen bij de basis: een goede, zo representatief en authentiek mogelijke online aanwezigheid. Een handig middel om dit te onderzoeken is je eigen naam in te voeren op Google. Hoe ziet de eerste pagina met treffers eruit? Komen er zaken naar voren die wellicht niet bijdragen aan het gewenste profiel? Bijvoorbeeld ooit onder je volledige naam geplaatste advertenties op Marktplaats? Of discussies op een forum waar je je even te veel hebt laten gaan? Zitten er zaken tussen die je eigenlijk liever niet publiek wilt delen, kijk dan of je die kunt weghalen of kunt laten verwijderen door de beheerder van de betreffende site.

Als je lid bent van zakelijke sociale netwerken zoals LinkedIn, Naymz en Xing, dan verschijnen die vermeldingen meestal als eerste in de zoekresultaten. Zelf gebruik ik deze sites vooral als een soort van virtueel profiel. Ik zorg dat het profiel bij de tijd is en verzorgd is. Tips over hoe je een goed profiel maakt, zijn overal op het internet te vinden. Je kunt de profielen ook aan een paar andere mensen voorleggen, dat leidt vaak ook al tot de nodige tips ter verbetering. Om makkelijk gevonden te worden heb ik profielen aangemaakt in verschillende zakelijke sociale netwerken, waarbij ik zorg voor zoveel mogelijk consistentie wat betreft profielteksten en -foto's. Verder gebruik ik deze netwerken als een virtueel adressenboek. De mensen van wie ik een visitekaartje ontvang, stuur ik een uitnodiging. Omdat mensen zelf hun profiel bijhouden, heb ik zo altijd een actueel inzicht in iemands carrière. Daarnaast gebruik ik de netwerken ook als persoonlijk 'marketinginstrument'. Mensen hebben aanbevelingen voor mij geschreven en soms vraag ik daar ook gericht om. Af en toe schrijf ik zelf ook een aanbeveling voor iemand als ik dat op zijn plaats vind.

Stroom van nieuwe informatie en interessante contacten

Steeds meer mensen bereiken het stadium dat ze een goed en overzichtelijk profiel hebben, maar online sociale netwerken creëren pas echt waarde wanneer er sprake is van communicatie over en weer. Hierbij is het van belang te zorgen voor een voortdurende stroom van nieuwe, interessante informatie. Want dat is voor mij een van de twee belangrijkste grondstoffen. De andere is contacten. Dit zijn communicerende vaten. Interessante contacten leiden bijna altijd tot interessante informatie of weer nieuwe contacten. Andersom werkt het ook: als ik interessante informatie deel, trekt dat ook weer potentiële contacten aan.

Dit gedeelte schrikt vaak mensen af. Het lijkt al snel dat het vergaren van te delen kennis een extra dagtaak is. Bijna iedereen is echter een bron van interessante informatie. Het is wel belangrijk dat je heel helder formuleert wat je expertise is. Om je te helpen om informatie uit allerlei verschillende bronnen te distilleren, kun je gebruikmaken van allerlei tools.

Ik streef ernaar meer kennis te delen dan te vragen. De informatie die ik deel komt grotendeels uit gesprekken die ik voer, boeken en artikelen die ik lees, seminars en congressen die ik bezoek of de interactie tijdens workshops, strategiesessies en presentaties die ik geef. Ook komt er veel inspiratie en kennis 'binnen' via allerhande weblogs en sites. Op mijn Google-startpagina heb ik daarvoor diverse RSS-feeds (korte updates van websites) samengebracht. Verder heb ik Google Alerts ingesteld op een aantal kernwoorden. Als deze woorden online voorbijkomen, ontvang ik een mailtje.

Een ander instrument om kennis te delen is bijvoorbeeld de leeslijst op LinkedIn. Met deze applicatie van Amazon houd ik een leeslijst bij van boeken die ik al gelezen heb en boeken die ik nog wil lezen. In het laatste geval is het ook direct een handige geheugensteun. Regelmatig schrijf en plaats ik ook recensies over de boeken die ik lees. Daarbij abonneer ik me op de leeslijsten van een aantal mensen om zo zelf ook weer interessante tips te krijgen.

De belangrijkste instroom en uitstroom van contacten en kennis loopt via Twitter. Als ik behoefte heb om wat dieper in te gaan op een onderwerp, doe ik dat via mijn blog. Content zoals video's of presentaties deel ik via YouTube en SlideShare. Op Twitter volg ik mensen die zich bezighouden met onderwerpen uit mijn 'strategie'. Er zijn diverse zoekmachines voor Twitter waarmee je op trefwoord kunt zoeken. In mijn geval zijn dat termen als 'innovatie', 'sociale netwerken', 'online marketing' en 'strategie'. Uit de resultaten heb ik een mix van mensen samengesteld die ik ben gaan volgen, weer volgens de 80/20-regel. Het zijn voornamelijk mensen uit Nederland, maar ook een aantal internationale experts/auteurs op de genoemde gebieden. Het merendeel van de mensen is vervolgens ook mij gaan volgen op basis van onze gedeelde interesses.

'Social media geven de vrijheid om latent of manifest aanwezig te zijn.'
Fiorenza Mella, managing director EMEA Wall Street Communications

Al deze versplinterde activiteiten heb ik teruggebracht naar een platform: www.mennolanting.nl. Daar komen alle bronnen zoals Twitter, YouTube, Facebook en LinkedIn samen.

Uiteindelijk hebben al deze activiteiten me veel gebracht. Vooral heel veel contacten en ontmoetingen met leuke en interessante mensen. Daar komen af en toe de meest onverwachte zaken uit. Bijvoorbeeld dit boek. Via Twitter werd ik door Sandra Wouters, redacteur bij uitgeverij Business Contact, benaderd om eens te kijken of er geen boek in het verhaal zat. En uiteindelijk blijkt dat boek ook weer perfect in mijn strategie te passen.

Tot slot nog twee voorbeelden van succesvolle Connected!professionals.

Huisarts 2.0

De klanten van professionals zijn in toenemende mate aanwezig op online sociale netwerken. Het wordt ook een steeds meer geaccepteerd verschijnsel om via deze netwerken met professionals te communiceren. En waarom dan ook niet met je huisarts?

In oktober 2009 startte huisarts Erik Jansen met een 'tweetspreekuur'. Twitteraars kunnen via @tweetspreekuur vragen stellen aan een aantal huisartsen. Deze proberen op hun beurt de vragen zo goed mogelijk te beantwoorden en mensen eventueel door te verwijzen. Via de website http://test.webspreekuur.nl kunnen mensen met een individuele inlogcode rechtstreeks chatten met een van de artsen. Volgens Jansen is dit een extra service. Veel mensen gaan zelf zoeken op Google als ze zich niet goed voelen. Ze worden dan al gauw overspoeld met talloze sites waar ze vaak geen wijs uit kunnen worden. Met deze service kunnen de betrokken huisartsen volgens Jansen de eerste onrust wegnemen. Een bijkomend voordeel is dat mensen er ook buiten de reguliere praktijkuren terecht kunnen en dat de service gratis is.

De kracht van online sociale netwerken om over bepaalde medische zaken te communiceren ervoer Sander Duivestein al voordat Jansen met zijn initiatief startte. Medio 2009 liet een vriend hem een wond zien die hij had opgelopen tijdens de avondvierdaagse: een grote, opgezwollen, rode plek met een gaatje in het midden. Duivestein maakte er een foto van en plaatste een berichtje op Twitter met de vraag of iemand wist wat het was. Hij ontving diverse reacties, waaronder een van Bart Brandenburg, arts bij Medicinfo. Hij had de foto onder ogen gekregen en kon de diagnose stellen dat het hier ging om een insectenbeet. Hij voegde in zijn reactie nog even een link toe naar een pagina over insectenbeten.

Uiteraard zijn dergelijke initiatieven met online sociale netwerken in de medische zorg hooguit een aanvulling op de bestaande dienstverlening. Ze zullen natuurlijk nooit volledig het persoonlijk contact vervangen.

Docent 2.0

Maarten Hendrikx is docent aan de Belgische basisschool De Halte in Martenslinde. Hendrikx is samen met zijn klassen uit het vijfde en zesde leerjaar (groep 7 en 8 in Nederland) op diverse online sociale netwerken actief. In het schooljaar 2004-2005 startte meester Maarten met zijn klasseweblog www.mees.ws ('mees' is een afkorting van meester). Op het weblog werden allerlei onderwerpen gezet: leuke foto's van klasse-uitstapjes, YouTube-filmpjes, moppen en stukjes over nieuwsfeiten zoals de verkiezing van Obama.

Al snel na de start van het weblog begon de klas ook met een podcast. Elke week werd er een 'radioprogramma' van ongeveer vijftien minuten gemaakt en online uitgezonden, met daarin allerlei wetenswaardigheden, raadsels en aankondigingen. Ze waren hiermee de eerste 'podcastklas' van België. Hendrikx daarover: 'Een paar jaar geleden, na het lezen van een artikel in de Belgische krant *De Standaard*, ben ik met mijn klas begonnen met podcasten. Aanvankelijk was dat niet meteen gestructureerd, we namen "iets" op als we zin en tijd hadden, maar tegenwoordig maken we wekelijks op donderdag een radioprogramma met de klas. Ik treed daarbij op als moderator en de leerlingen zorgen voor de inhoud in de vorm van moppen, raadsels, een quiz, stukje actualiteit uit de krant et cetera. Mijn leerlingen vinden dit heel leuk en vragen op maandag al wie wat mag doen op de podcast. De onderwerpen van de wekelijkse podcast zijn misschien niet altijd even educatief, maar ik denk toch dat het voor mijn leerlingen leerzaam is: spreken voor een publiek, luisteren naar elkaar, noem maar op.'

> *'Social media heet niet voor niets social, als je niet sociaal bent, zul je er ook geen succes mee hebben.'*
> Petra de Boevere, ondernemer

In oktober 2008 ontdekte meester Hendrikx Twitter. Aangezien de kinderen de teksten op het weblog vaak te lang en saai vonden, leek hem dit een ideaal instrument. 'Natuurlijk heb ik wel een en ander moeten uitleggen. De spelregels van een sociaal netwerk uitleggen op het niveau van elf- en twaalfjarigen: beetje op je taal letten want iedereen kan meelezen, geen al te persoonlijke gegevens, dat soort dingen. Aanvankelijk zagen de leerlingen Twitter vooral als een chatbox. Dat heb ik natuurlijk wat moeten bijsturen. Twitter is geen chatbox. Je moet het meer zien als een soort bord waar je berichten kunt achterlaten. Soms hangt dat bord er maar en soms wandelt er eens iemand voorbij, leest wat je hebt geschreven en besluit te reageren. Op die manier heb ik getracht hen dat min of meer duidelijk te maken', aldus Hendrikx.

Verder maken meester Maarten en zijn klas veel gebruik van de iPhone van de klas, waarmee ze op elk gewenst moment tekstjes of foto's kunnen plaatsen op hun weblog. Leerlingen krijgen ook geregeld opdrachten via Twitter, zogenaamde 'Twittersnuffels'. Hendrikx bedenkt deze vragen en de leerlingen leren de antwoorden te vinden via Google en Wikipedia. De klas kan daarmee punten verdienen. Een voorbeeld van zo'n Twittersnuffel:

'maartenhendrikx: @meesklas #twittersnuffel Morgen gaan we het hebben over onze buurlanden: Wie somt ze eens allemaal op? 1 punt per land!'

Hendrikx sluit met zijn gebruik van online sociale netwerken op speelse wijze aan bij de belevingswereld van zijn leerlingen. Zij zijn namelijk niet anders gewend dan dat ze altijd en overal beschikking hebben over het internet. Door ze op deze manier te begeleiden leert hij hun op een verantwoordelijke manier om te gaan met online sociale netwerken en media. In plaats van zich tegen deze ontwikkeling te verzetten – er zijn altijd de nodige obstakels te noemen – stelt hij zich open op en onderzoekt hoe deze zijn werk en de ontwikkeling van zijn leerlingen kan ondersteunen.

Conclusie

Wanneer professionals de mogelijkheden van online sociale netwerken omarmen, zullen zij een belangrijke bijdrage leveren aan de transitie van de bedrijven waar ze werken naar een open en transparante netwerkorganisatie. Hiervoor is het echter wel nodig dat ze vanuit deze organisaties worden gefaciliteerd en beloond voor een deels nieuwe manier van werken. Als zij echter op termijn onvoldoende ondersteund worden in het gebruik van online sociale netwerken, dan bestaat de kans dat zij juist deze netwerken gaan gebruiken om zich, buiten de bestaande organisaties om, te verenigen. Waardoor organisaties juist beroofd worden van een belangrijke innovatiekracht.

Postscriptum

Niet zo lang geleden hoorde ik het verhaal hoe een tienjarig meisje haar eerste spreekbeurt gaf. Op de zondagavond voorafgaand aan het moment suprême, had zij een presentatie die haar erg aansprak, gedownload van SlideShare. Op deze site plaatsen duizenden mensen hun presentaties, die voor een groot deel weer vrij door anderen te gebruiken zijn. Het meisje zette vervolgens het PowerPoint-document op haar USB-stick en plugde deze de volgende ochtend in de schoolcomputer om zo 'haar' presentatie te geven. Ze scoorde zowel voor presentatiestijl als inhoud een 9. Haar aanpak vond veel navolging onder haar klasgenootjes. De docente was licht in verwarring over zoveel inhoudelijke kwaliteit. Van SlideShare had zij nog nooit gehoord en ook met andere online sociale netwerken deed ze nauwelijks iets.

Voor veel mensen zal dit niet de manier zijn om je voor te bereiden op een spreekbeurt – net zoals we overleggen tijdens een examen toch echt als fraude zien en niet als bewijs dat je over de belangrijke vaardigheid om met anderen samen te werken beschikt. Wanneer we op ons werk zijn, is het vaak niet de bedoeling dat we sociale netwerksites bezoeken, want dat zou ten koste gaan van de productiviteit. En via een blog of Twitter anderen vertellen waar je mee bezig bent, past toch ook niet helemaal bij onze Hollandse moraal van 'doe maar gewoon, dan doe je al gek genoeg'.

Ik heb het zelf soms ook ervaren in de aanloop naar dit boek en tijdens het schrijven ervan: 'Nou, nou jij durft, om zo overal op internet je gezicht te laten zien.' 'Waar haal je al die tijd vandaan? Lijden je werk en je relatie er niet enorm onder?' 'LinkedIn? Dat lijkt me vooral iets voor opportunistische baantjesjagers.' 'Twitter, daar wil iemand die zich toch ook maar een beetje een intellectueel acht, zich toch niet ophouden?' 'Iemand die zoveel mailt, die kan toch geen zinnig leven hebben?' 'Ik bewonder dat jij het doet, maar voor mij is het niets.' 'Ik ben zo druk, ik snap dat het belangrijk is, maar heb geen tijd om me erin te verdiepen.' 'Je lijkt wel gek dat je zoveel weggeeft, daar moet je gewoon geld voor vragen, want anders gaan anderen dat doen.' Et cetera. Daartegenover staan, net zo waardevol, de handreikingen, gedeelde experimenten, complimenten, onverwachte ontmoetingen, (zakelijke) successen, vrijgevige uitwisseling van kennis en de ontdekking van onvermoede talenten bij anderen en mijzelf.

Voor een groot deel herken ik de genoemde sentimenten, alleen al omdat ik ze zelf soms ook gevoeld en gedacht heb. Want is het exhibitionistisch gedrag om je inzichten via een blog te delen of is het juist een manier om je visie samen te vatten en een oefening in publiek optreden? Kost aanwezig zijn op LinkedIn en Facebook je nu juist meer van je al kostbare tijd of helpt het online sociale netwerk je die tijd efficiënter te besteden? Is twitteren een grove inbreuk op de privacy van jezelf en anderen of juist een oefening in kwetsbaar en transparant werken en leven?

Impliciet hebben we veel ideeën over wat hoort en wat niet hoort. Generaties lang zijn deze ingesleten. Ze bleken een succesvolle strategie om ons te bewegen in het industriële tijdperk. Zoals ik in de afgelopen hoofdstukken heb willen laten zien, hebben we andere strategieën, samenwerkingsvormen en leiderschapsstijlen nodig om definitief aan te haken bij het digitale tijdperk van online sociale netwerken.

Dit boek is niet alleen een handreiking aan medewerkers, professionals en ondernemers die binnen hun beroep of bedrijf beter gebruik willen maken van de kracht van online sociale netwerken. Het is vooral ook een oproep aan de managers en leiders in deze organisaties. Vooral zij zullen degenen zijn die door het tonen van leiderschap en strategisch inzicht organisaties zo kunnen veranderen dat ze een betere afspiegeling zijn van de Connected!wereld waarin we leven.

Ik wens iedereen een eigen antwoord, zoals ik ook iedereen het waardevrije experiment gun. Dat is voor mij de essentie van leren in een werkelijkheid die niet komt, maar er al is.

Literatuur

Aart, R. van der, 'Ook DSB Bank van start met webcare'. Marketingfacts, www.marketingfacts.nl/berichten/20090919_ook_dsb_bank_van_start_met_webcare, 19 september 2009.

Bijl, D., *Het nieuwe werken: op weg naar een productieve kenniseconomie*. Den Haag: Sdu, 2007.

BusinessWeek, 'Best of 2005: Ideas', 19 december 2005 (http://images.businessweek.com/ss/05/12/bestideas/index_01.htm).

Connolly, S., '7 Key Attributes of Social Web Applications', http://connollyshaun.blogspot.com/2008/05/7-key-attributes-of-social-web.html, 24 mei 2008.

Cornelis, A., *Logica van het gevoel: filosofie van stabiliteitslagen van de cultuur als nesteling der emoties*. Amsterdam: Boom, 2000.

Curtis, G.A., K. Dempski & C.S. Farley, 'Does your company have an IT generation gap?' *Outlook* nr. 1, 2009 (www.accenture.com/Global/Research_and_Insights/Outlook/By_Issue/Y2009/YourCompanyITGenerationGap.htm).

Dijk, J. van, *The Network Society: Social Aspects of New Media*. Londen: Sage, 1999. (Nederlandse editie: *De netwerkmaatschappij: sociale aspecten van nieuwe media* (4e druk). Alphen aan den Rijn: Samsom, 2001.)

Fortune, 'Steve Jobs speaks out'. CNNMoney.com, http://money.cnn.com/galleries/2008/fortune/0803/gallery.jobsqna.fortune/index.html, 7 maart 2008.

Gibson, R. (red.), *Rethinking the Future: Rethinking Business Principles, Competition, Control and Complexity, Leadership, Markets and the World*. Londen: Nicholas Brealey, 1998. (Nederlandse editie: *Rethinking the Future: visies op leiderschap, organisaties, markten en de wereld*. Zaltbommel: Thema, 1997.)

Hayes, T., *Jump Point: How Network Culture is Revolutionizing Business*. New York: McGraw-Hill, 2008.

Hill, L.A. & P. Hemp, 'Where will we find tomorrow's leaders? A conversation with Linda A. Hill', http://harvardbusiness.org/product/where-will-we-find-tomorrow-s-leaders-a-conversati/an/R0801J-PDF-ENG?Ntt=linda+hill, 1 januari 2009.

Howe, J., 'The Rise of Crowdsourcing'. *Wired* 14.06, juni 2006.

IBM, *VirtualWorlds, Real Leaders: Online games put the future of business leadership on display*, 2007 (www.ibm.com/ibm/gio/media/pdf/ibm_gio_gaming_report.pdf).

IBM Institute for Business Value, *Retail opportunities in a world of extremes: Understanding today's teens and boomers*, 2009 (www-935.ibm.com/services/us/gbs/bus/pdf/g510-6565-01-teensboomers.pdf).

InSites Consulting, marktonderzoek september 2008.

InSites Consulting, *Marketers & Consumers, Digital & Connected*, 2009.

Intelligence Group, Monitor Arbeidsmarktonderzoek 2009, uitgevoerd in opdracht van Make a Move, 2009.

Internet World Stats, 'World Internet Usage and Population Statistics', www.internetworldstats.com/stats.htm, 30 september 2009.

Kerkhof, P., C. Beukeboom & S. Utz, 'Het vermenselijken van een bedrijf: effecten van persoonlijke vs. onpersoonlijke bedrijfsreacties op negatieve online consumenten reviews', www.peterkerkhof.info/wordpress/wp-content/uploads/Abstract-Etmaal-cw-2010.pdf, 2009.

Kim, W.C. & R. Mauborgne, *De blauwe oceaan: creatieve strategie voor nieuwe, concurrentievrije markten*. Amsterdam: Business Contact, 2005.

Levine, R. et al., *The Cluetrain Manifesto: The End of Business as Usual*. New York: Perseus Publishing, 2000. (Nederlandse editie: *Het cluetrain manifest: communicatie als bron van verandering*. Amsterdam: Financial Times/Prentice Hall, 2001.)

Li, C. & J. Bernoff, *Groundswell: Winning in a World Transformed by Social Technologies*. Boston: Harvard Business School Press, 2008.

Martin, D., 'Twitter Quitters Post Roadblock to Long-Term Growth'. Nielsen Wire, http://blog.nielsen.com/nielsenwire/online_mobile/twitter-quitters-post-roadblock-to-long-term-growth, 28 april 2009.

Metselaar, M., L. Tierney & W. Bastmeijer, 'The phenomena of social networking in businesses in Dutch society: The opportunities and challenges', 2009.

Mirck, J., 'Wanted: Chief Marketing Officer'. Adfoblog, http://blog.adformatie.nl/index.php/entries/wanted-chief-marketing-officer, 31 januari 2007.

Nielsen Consumer Research, Nielsen Global Online Consumer Survey 2009.

Overdiek, T. 'Twitter en de NOS, de Notitie'. NOS Weblogs, http://weblogs.nos.nl/hoofdredactie/2009/07/10/twitter-en-de-nos-de-notitie, 10 juli 2009.

Pear Analytics, *Twitter Study – August 2009* (www.pearanalytics.com/wp-content/uploads/2009/08/Twitter-Study-August-2009.pdf).

Ploof, R., 'The Ranger Station Fire: How Ford Motor Company Used Social Media to Extinguish a PR Fire in less than 24 Hours', 2008.

Prensky, M., 'Digital Natives, Digital Immigrants'. *On the Horizon* Vol. 9 No. 5, 2001 (www.marcprensky.com/writing/Prensky%20-%20Digital%20Natives,%20Digital%20Immigrants%20-%20Part1.pdf).

Reeves, B., T.W. Malone & T. O'Driscoll, 'Leadership's Online Labs'. *Harvard Business Review*, mei 2008.

ScanSafe, 'Employers crack down on social networking use', www.scansafe.com/content/employers-crack-down-social-networking-use, 2009.

Schouten, E., 'Eerste hulp bij webdiscussie'. *NRC Handelsblad*, 17 januari 2007 (www.nrc.nl/media/article1760860.ece/Eerste_hulp_bij_webdiscussie).

Shirky, C., *Iedereen: hoe digitale netwerken onze contacten, samenwerking en organisaties veranderen*. Amsterdam: Business Contact, 2008.

Social Embassy, *Social Media Monitor* 2, 19 oktober 2009.

Surowiecki, J. *The Wisdom of Crowds: Why the Many Are Smarter Than the Few and How Collective Wisdom Shapes Business, Economies, Societies and Nations*. New York: Anchor, 2004. (Nederlandse editie: *Twee weten meer dan een: waarom het beter is groepsbeslissingen te nemen*. Amsterdam: Business Contact, 2006.)

Taylor, W.C., 'The Leader of the Future'. *Fast Company* nr. 25, mei 1999. (Online gepubliceerd op www.fastcompany.com/magazine/25/heifetz.html, 19 december 2007.)

Toffler, A., *The Third Wave*. New York: Morrow, 1980. (Nederlandse editie: *De derde golf*. Utrecht: Veen, 1989.)

Trendwatching.com, 'Trendwatching.com's February 2009 Trend Briefing covering Generation G', http://trendwatching.com/trends/generationg, 2009.

ÜberCEO, 'It's Official: Fortune 100 CEOs are Social Media Slackers'. *ÜberCEO*, www.uberceo.com/home/2009/6/23/its-official-fortune-100-ceos-are-social-media-slackers.html, 23 juni 2009.

Universal McCann, 'Power to the people: Social Media Tracker Wave 3', 2008 (www.universalmccann.com/Assets/wave_3_20080403093750.pdf).

University of Melbourne, 'Freedom to surf: workers more productive if allowed to use the internet for leisure'. Persbericht, http://uninews.unimelb.edu.au/news/5750, 2 april 2009.